四川大学马克思主义学院学术专著出版资助
四川大学出版社与期刊社编辑出版人才发展基金资助

新中国成立初期的
新闻宣传实践与经验（1949—1956）

邱 爽 ／ 著

四川大学出版社
SICHUAN UNIVERSITY PRESS

图书在版编目（CIP）数据

新中国成立初期的新闻宣传实践与经验：1949—1956 / 邱爽著. — 成都：四川大学出版社，2023.7
（博士文库）
ISBN 978-7-5690-5677-8

Ⅰ.①新… Ⅱ.①邱… Ⅲ.①新闻工作－宣传工作－研究－中国－ 1949-1956 Ⅳ.① G219.2

中国版本图书馆CIP数据核字（2022）第180144号

书　　名：新中国成立初期的新闻宣传实践与经验（1949—1956）
Xinzhongguo Chengli Chuqi de Xinwen Xuanchuan Shijian yu Jingyan(1949-1956)
著　　者：邱　爽
丛 书 名：博士文库

丛书策划：张宏辉　欧风偃
选题策划：黄蕴婷
责任编辑：黄蕴婷
责任校对：罗永平
装帧设计：墨创文化
责任印制：王　炜

出版发行：四川大学出版社有限责任公司
　　　　　地址：成都市一环路南一段24号（610065）
　　　　　电话：（028）85408311（发行部）、85400276（总编室）
　　　　　电子邮箱：scupress@vip.163.com
　　　　　网址：https://press.scu.edu.cn
印前制作：四川胜翔数码印务设计有限公司
印刷装订：成都市新都华兴印务有限公司

成品尺寸：170 mm×240 mm
印　　张：17.25
字　　数：329千字

版　　次：2023年8月 第1版
印　　次：2023年8月 第1次印刷
定　　价：86.00元

本社图书如有印装质量问题，请联系发行部调换

版权所有◆侵权必究

前　言

　　宣传思想工作是党的一项极端重要的工作。党的十八大以来，以习近平同志为核心的党中央把宣传思想工作摆在全局工作的重要位置，作出一系列重大决策，实施一系列重大举措，不断深化对新闻宣传工作的规律性认识。同时，习近平总书记多次强调意识形态和新闻宣传工作在引领社会、凝聚人心、推动发展方面的强大支撑作用及其战略性意义。这是党对马克思主义理论的丰富和发展，是习近平新时代中国特色社会主义思想的重要内容，不仅进一步明确了新闻宣传工作的意识形态属性、"喉舌"地位和党性原则，而且彰显了中国共产党坚持用正面声音和先进文化"讲好中国故事，传播好中国声音"、构筑"中国精神、中国价值、中国力量"的坚强决心，成为新时代党领导新闻宣传工作的重要理论指南。

　　新闻宣传，是宣传工作中最为重要的方式。当前社会思想多元多变、舆论生态深刻变化、网络空间对现实社会的影响加剧，新闻宣传从组织到队伍、从内容到渠道都面临诸多挑战。新闻宣传研究也需要深入吸收历史经验，并结合历史环境正确评价重要历史阶段的新闻宣传工作。

　　综观中国共产党历史，新闻宣传工作在党领导中国革命、建设、改革和发展的艰难历程中，可谓居功至伟。新中国成立前，以革命为导向的新闻宣传工作为反法西斯战争的胜利和新中国成立奠定了深厚的思想舆论基础；新中国成立至改革开放前，以价值重塑为重心，新闻宣传工作完成了社会重构与整合；改革开放以来，新闻宣传工作为凝聚社会共识、形成合力、开辟中国特色社会主义蓬勃发展局面发挥了至关重要的作用。今昔对照，党的新闻宣传工作既有珍贵经验需要科学总结和遵循，也有部分思想和方法需要突破创新。鉴于此，对历史的追问与反思在研究党的新闻宣传工作中尤为重要。

　　"新中国成立初期"（指从1949年中华人民共和国成立到1956年社会主义改造基本完成、社会主义制度基本建立的七年时间）是党在新中国领导新闻宣传工作的开端和马克思主义新闻理论中国化的重要阶段，此期的新闻宣传工作取得了价值重塑、体制重构、力量与渠道整合的成功，确立了马克思主义在意识形态领域的指导地位，构筑了新中国国家形象，形成了中华民族独特的自我意识与阐释方式，初步实现了在国内巩固政权与凝聚民心，在国际社会中建构认同与争取支持的历史使命。习近平总书记指出，"新时代坚持和发展中国特色社会主义，更加需要系统研究中国历史和文化，更加需要深刻把握人类发展历史规律，在对历史的深入思考中汲取智慧、走向未来"[①]。搞好新时代的新闻宣传工作，需要汲取新中国成立初期这一中国社会全面转型的特殊时期党的新闻宣传工作的智慧与经验。本书拟通过系统梳理此期党的新闻宣传工作的历史背景、顶层设计、内容与渠道建设、机构与队伍整合等历史实践，认真总结其主要经验，以期对新时代党的新闻宣传工作提供些许历史借鉴。

新中国成立初期，政权鼎革，新闻宣传作为党和人民的喉舌，在推动中国社会由新民主主义社会向社会主义社会顺利过渡与转型过程中发挥了至关重要的作用。这一时期是新中国新闻宣传事业的开端和马克思主义新闻理论中国化的关键阶段，对这一时期新闻宣传研究的学术价值和现实意义均十分突出。学术界近年来对党的新闻宣传工作的研究注入了巨大热情，新论纷呈，但在中国共产党新闻宣传自身发展脉络与规律的系统把握方面还存在不足。具体到新中国成立初期的新闻宣传研究，虽成果颇丰，但把这一时期新闻宣传的战略策略、理念定位、体制机制、渠道方法、价值意义作为一个完整对象进行整体性宏观审视的研究还不够深入。此外，已有研究对中国共产党运用新闻媒介推动马克思主义国家意识形态建立过程中的基本思路及新闻宣传在马克思主义中国化过程中的作用与影响认识不足。因此，加强对新中国成立初期党的新闻宣传的研究，既是深化学术研究的需要，也是基于当前壮大主流思想舆论、巩固马克思主义在意识形态领域指导地位的时代要求。

基于上述认识，本书以新闻宣传为切入点，立足新中国成立初期中国共产党面临国际上美、苏两种力量泾渭分明的抗争格局与国内新生政权亟待巩固的宏大时代背景，以党的新闻宣传实践为整体，以价值重塑、体制重构、渠道与力量整合为轴线，借助马克思主义新闻宣传理论和政治传播理论等跨学科理论方法所提供的多维学术视野，力图全面深入地反映党的新闻宣传的外部环境与内在体系及运行模式之间的逻辑关系，从理论上勾勒、揭示新中国成立初期新闻宣传的特征、规律、经验、局限，为当前新闻宣传工作提供理论指导和实践借鉴。

本书认为，新中国成立初期的新闻宣传发展不是自发的，也不是线性发展

---

① 本刊编辑部：《为文化自信提供坚实保障》，《求是》2020年第23期，第12页。

的，而是在与国内外环境互动和多重条件耦合中实现的，是历史与现实、必然与偶然相互作用的结果。从国内环境看，政治、经济、社会制度、思想文化环境共同决定了新闻宣传的发展概貌，是新闻宣传变革发展的重要动因。新中国成立初期，政权的建立巩固构建了相对稳定的政治环境；社会制度的重构对新闻宣传体制机制建构和战略策略布局发挥重要作用；阶级阶层的变迁为新闻宣传工作提供必要的组织力量和情感动力；国民经济的复苏为新闻宣传奠定重要的物质基础，也为民众提供了智力充分发展、思想自由解放的经济环境。从国际环境看，世界基本矛盾、政治力量与国际格局变化等全球性环境因素也对新闻宣传发展有重要影响。此期中国共产党在美苏激烈对抗的国际形势下坚持"一边倒"，新闻宣传的战略策略和原则立场得以确立。从发展条件看，党的坚强领导、新民主主义的制度保障、苏联新闻宣传经验的学习借鉴、革命时期新闻宣传传统的承继，为新闻宣传发展创造了组织的、制度的、外部的、历史的条件。从新闻宣传工作的现实紧迫性看，国内新旧意识形态交锋，亟须加强新闻宣传引导，向人民群众传播马克思主义主流意识形态；国际上美苏对峙，西方在对外宣传中对新中国重点进攻，我国亟待通过新闻宣传在国际社会中动员舆论、建构认同、争取支持。从理论与实践基础看，马克思与恩格斯新闻宣传思想、列宁新闻宣传思想是新闻宣传的直接理论根据，中国共产党在民主革命时期的新闻宣传实践及理论总结为新中国成立初期的新闻宣传提供了丰富经验。基于以上对新中国成立初期新闻宣传的实践与理论基点分析，本书具体从顶层设计、内容体系、机构与队伍、渠道与方法、策略与效果五个层面展开对新中国成立初期新闻宣传的全面探研：

顶层设计方面，新中国成立初期党的新闻宣传的历史使命、指导思想、管理体制、依靠力量为新政权新闻宣传工作的具体展开提供基本遵循，构建了凸显人民主体地位的新闻宣传新理念和新机制。面对在国际上建构认同、争取支持，在国内确立社会主义意识形态、赢得人民群众对新生政权广泛认同的重要历史使命，新中国成立初期总结出一套行之有效的新闻宣传指导思想，建立了与经济政策相适应的新闻宣传体制和政策，初步构建了新闻宣传事业体系，并且形成了以中国共产党为核心的工人群众组织及以大众传播媒介为中心的新闻宣传依靠力量。

内容建设方面，党的新闻宣传工作围绕转型时期的政权建设、经济建设、社会建设和思想文化建设铺展开来，对符合新政权意识形态理念的各项工作进行了卓有成效的宣传，主要包括五个方面：推进社会主义意识形态大众化，塑造中国共产党全面执政新形象，呈现国民经济恢复发展成就，展现人民当家作主的角色转换，推动思想文化的转型与重构。

机构与队伍建设方面，中国共产党不断推动新闻宣传机构系统化、完善化建设，构建了从中央到地方再到基层的上下贯通的层级系统。在构建层次分明的新闻宣传管理机构的基础上，科学选拔、培育了大批立场、观点、作风和业务素质都符合要求的优秀新闻工作者，为展开卓有成效的新闻宣传，保障新中国从新民主主义向社会主义顺利过渡做出了卓越贡献。

渠道建设方面，中国共产党建立了满足各阶层人民需求的新闻宣传媒体网络。规模宏大的广播收音网、覆盖全面的报刊宣传网、加速布局的国家通信网、初步成形的新闻摄影与新闻漫画宣传、生动活泼的群众宣传等形成合力，成为党进行思想引导和理论宣传的重要阵地。

策略与效果方面，中国共产党确立了立足群众主动宣传、立足实际正面宣传、立场鲜明集中宣传、重点突出典型宣传的新闻宣传策略。新闻宣传为建立社会主义意识形态，赢得人民群众对新生政权的广泛认同做出了突出贡献：宣传党的主张，奠定了党的执政合法性基础；发挥喉舌功能，形成马克思主义意识形态与舆论导向；凝聚人民共识，培育国家民族观念与阶级意识；完善机构设置，构建层次分明的新闻宣传体系。马克思主义的精神实质与根本方法最终作为一种工具理性和方法论，在思想文化领域得到普及。

新中国成立初期的新闻宣传取得了价值重塑、体制重构、力量与渠道整合的巨大成功，确立了马克思主义国家意识形态，初步实现了在国内巩固政权与凝聚民心，在国际社会中建构认同与争取支持的历史使命。这一时期，中国共产党形成的坚持马克思主义指导地位、坚持党性与人民性统一，宣传内容全面化、宣传渠道立体化、宣传队伍专业化等行之有效的经验做法一直影响至今。这些富有生命力的宣传经验是新中国革命与建设事业取得辉煌成就的精神导线。此期形成了体现新闻宣传意识形态的政治性规律、体现宣传内容决定因素的客观性规律和体现宣传方式重要构成的群众性规律。总结经验，形成深切洞明的体悟，有助于进一步提炼新闻宣传的运行规律。

当今新闻宣传的条件、环境与六十多年前已不可同日而语，新闻宣传的理念、内容、体裁、形式、方法、手段、业态、体制、机制都发生了很大改变，但新闻宣传的导向、原则、本质没有变。探寻新闻宣传的当代路径，需要在坚持马克思主义指导地位和坚持党性与人民性统一的基础上，构建中国特色话语体系，增强宣传内容的阐释力；完善新闻宣传体制机制，把握战略策略的转换力；创新新闻宣传方法业态，提升表达方式的亲和力；拓展新闻宣传辐射范围，保持与国际环境的协调力。

目 录

绪 论 ……………………………………………………………（ 1 ）
 第一节 文献综述 ……………………………………………（ 1 ）
 第二节 研究旨趣与内涵 ……………………………………（ 9 ）
 第三节 研究理路与方法 ……………………………………（ 24 ）
 第四节 学术创新与不足 ……………………………………（ 30 ）

第一章 新中国成立初期党的新闻宣传的理论与实践基点 ……（ 32 ）
 第一节 国内外背景考察 ……………………………………（ 32 ）
 第二节 多重条件的历史耦合 ………………………………（ 41 ）
 第三节 加强新闻宣传工作的极端紧迫性 …………………（ 46 ）
 本章小结 …………………………………………………………（ 51 ）

第二章 新中国成立初期党的新闻宣传的顶层设计 ……………（ 53 ）
 第一节 历史使命：确立马克思主义在意识形态领域的指导地位
     ………………………………………………………（ 53 ）
 第二节 指导思想：构建马克思主义中国化新闻宣传思想体系……（ 57 ）
 第三节 管理体制：构建社会主义新闻宣传事业一元格局 …（ 63 ）
 第四节 依靠力量：奠定新闻宣传广泛群众基础 ……………（ 77 ）
 本章小结 …………………………………………………………（ 82 ）

第三章 新中国成立初期党的新闻宣传的内容建设 ……………（ 84 ）
 第一节 推进社会主义意识形态大众化 ……………………（ 84 ）
 第二节 呈现国民经济恢复发展的成就 ……………………（ 92 ）
 第三节 展现人民当家作主的角色转换 ……………………（ 95 ）
 第四节 推动思想文化的转型与重构 ………………………（ 99 ）
 第五节 塑造中国共产党全面执政形象 ……………………（102）
 本章小结 …………………………………………………………（111）

第四章　新中国成立初期党的新闻宣传的机构与队伍建设 (113)
  第一节　党的新闻宣传机构的设立 (113)
  第二节　新闻工作者的选用 (121)
  第三节　新闻工作者的引导培育 (127)
  本章小结 (131)

第五章　新中国成立初期党的新闻宣传的渠道建设 (133)
  第一节　规模宏大的广播收音网 (133)
  第二节　全面覆盖的报刊宣传网 (142)
  第三节　加速布局的国家通讯网 (153)
  第四节　初步成型的新闻摄影与新闻漫画宣传 (158)
  第五节　生动活泼的群众宣传 (161)
  本章小结 (168)

第六章　新中国成立初期党的新闻宣传的策略与效果 (170)
  第一节　新闻宣传的主要策略 (170)
  第二节　新闻宣传的基本特征 (183)
  第三节　新闻宣传的效果评析 (192)
  本章小结 (202)

第七章　新中国成立初期党的新闻宣传的经验与启示 (203)
  第一节　新闻宣传的主要经验 (203)
  第二节　新闻宣传的规律探索 (211)
  第三节　新闻宣传的现实路径 (216)
  本章小结 (226)

余论　新中国成立初期党的新闻宣传的理论总结 (228)

主要参考文献 (249)

致　谢 (264)

绪　论

第一节　文献综述

新闻宣传是党和人民的"喉舌"与"阵地"，是联系党和群众的桥梁。当前，国内关于中国共产党的新闻宣传研究新论纷呈，大量学者在这一领域展开研究。从学术史的角度理清已有研究的成就和不足，展望其发展前景，具有重要意义。为此，笔者拟从基本历程、基本视角、问题与趋势三个层次对党的新闻宣传研究作回顾与展望。

一、基本历程

新中国成立前，新闻宣传研究已成为宣传研究的一个分支，进入研究者视野。民国时期，季达的《宣传学与新闻记者》（暨南大学文化部，1932年）、萨空了的《新闻宣传研究》（上海耕耘社，1948年）等新闻宣传研究著作已经问世。中共领导人历来重视新闻宣传工作及其相关研究，涌现出许多不朽的文献，毛泽东就著有不少新闻宣传方面的研究文章，如《增加报刊宣传的党性》《报纸是指导工作教育群众的武器》《宣传一定要适应形势的发展变化》《对〈晋绥日报〉编辑的谈话》等。新中国成立初期，中国共产党构建了从中央到地方再到基层的上下贯通、层次分明的新闻宣传机构，但是，中国学者对中国共产党的新闻宣传工作的探索研究与中国共产党对新闻媒介的运用存在较大差距。20世纪70年代末期，学界汇编了大量新闻宣传资料，但有关党的新闻宣传的论著很少，仅有党的有关领导人就对内对外宣传发表过讲话或文章。可以说，在改革开放以前，中国大陆未见集中研究中国共产党新闻宣传的学术著作。①

改革开放后 20 年，一大批党的新闻宣传研究成果井喷式涌现。复旦大学新闻系王中教授在 1982 年发表于《新闻大学》第 3 期的《论宣传》一文是改革开放后可见到的第一篇有关党的新闻宣传研究的文章，文中提到了新闻工作者一定要懂得宣传学的观点。② 学界开始重视对新闻宣传原理和一些相关基本问题的研究，并借鉴国外优秀研究成果，尝试建构国内新闻宣传的学科体系。1983 年，《新闻大学》先后发表了《大众日报》胡光的《省报理论宣传浅谈》和美国维纳·塞弗林与 J. W. 坦卡特合著的《传播学的起源、研究与应用》一书中的《宣传》一章。这一时期一批马克思主义经典作家涉及新闻宣传的论著也陆续出版，包括《马克思恩格斯论新闻》(1985)、《列宁论报刊与新闻写作》(1983)、《毛泽东新闻工作文选》(1983) 等，这些论著为新闻宣传研究奠定了坚实的理论基础。

进入 20 世纪 90 年代，有关中国共产党新闻宣传方面的研究进一步深入，表现在：对新闻宣传的研究范围扩展，从一般的原则、规律研究，开始转向对法规、政策、技巧等的思考，从主要以中国共产党开展新闻宣传的方式方法、目的意义为主体的研究，扩展到对新时期党的新闻宣传的其他专题研究；对新闻宣传的研究深度大大加深，从一般的归纳总结，到借鉴国外研究理论和研究成果，开展比较研究、深入研究。具有代表性的论著有林之达主编的《中国共产党宣传史》(1990)，顾作义的《宣传技巧》(1991)，徐宝璜主编的《新闻学》(1994)，李良荣主编的《新闻学导论》(1999)，张之华主编的《中国新闻事业史文选》(1999)，范敬宜、王君超主编的《党报宣传艺术新论》(2009)，等等。

二、基本视角

从研究的基本视角入手，对新中国成立初期党的新闻宣传研究予以系统的学术梳理，是了解该领域研究发展变迁轨迹的重要方面。兹就笔者视野所及，将学术界对这一问题的研究区分为"中国共产党的新闻宣传"整体研究以及"新中国成立初期党的新闻宣传"具体研究两个层次加以简述。但必须指出，由于论题所涉及的特殊时代背景，这里所说的研究视角以国内研究状况为主要

---

① 李宗建：《建国以来中国共产党宣传思想工作转变研究》，南开大学 2013 年博士学位论文，第 10 页。

② 邵培仁、何扬鸣、张健康：《20 世纪中国新闻学与传播学（宣传学和舆论学卷）》，复旦大学出版社 2002 年版，第 19 页。

参考系。

(一)"中国共产党的新闻宣传"整体研究

近年来,国内有关"中国共产党的新闻宣传"的研究领域及研究对象进一步拓展,从新闻宣传史、政治传播等多角度多层次展开,主要集中在以下几个视角:

第一,从"新闻宣传史"视角出发,将"党的新闻宣传作为一门科学"展开研究,对其历程或是某一特定历史阶段的概貌进行整体梳理。学界对中国共产党新闻宣传史的时期划分基本与党史划分一致,以此为基础,系统阐释中国共产党的新闻宣传内容及效果,并重点关注开展了哪些新闻宣传工作以及如何开展,总结出基本经验。这方面研究成果的代表有林之达的《中国共产党宣传史》(1990)、邵培仁等主编的《20世纪中国新闻学与传播学(宣传学和舆论学卷)》(2002),方汉奇、丁淦林、黄瑚等编写的《中国新闻传播史》(2002)等。

第二,从"政治传播"视角出发,将党的新闻宣传实践过程视作一个动态系统,厘清政治传播与大众传播、宣传与说服等关键概念,勾勒出党的新闻宣传体制机制与政治传播机制各构成部分的相互关系及运行方式,进一步探讨大众媒介的政治属性、政治功能和新闻宣传的政治原则,并为我国政府改进政治传播现状提出因应策略。较多涉及这方面研究的代表有博士学位论文《中国共产党的政治传播机制研究》(宋黎明,2007)、《宣传:政党领导的合法性建构——以中国共产党为研究对象》(张燚,2010),也有部分专著,如《政治传播与历史思维》(张昆,2010)、《政治传播活动论》(荆学民,2014)等。

第三,从马克思主义经典作家的新闻宣传思想出发,系统研究马克思、恩格斯、列宁、斯大林、毛泽东、邓小平等关于新闻宣传工作的思想及理论。这方面研究成果的代表有社科院新闻所编《马克思恩格斯论新闻》(1985),杨春华、星华编译《列宁论报刊与新闻写作》(1983),郑保卫《马克思主义新闻思想研究》(2005),陈力丹《马克思主义新闻观思想体系》(2006),李清芳编《斯大林论报刊》(1985)、中央文献研究室和新华社编《毛泽东新闻工作文选》(1983)、《毛泽东周恩来刘少奇朱德论党的宣传工作》(1989)、《胡乔木谈新闻出版》(1999),《邓小平论新闻宣传》(1998)、《邓小平宣传思想研究》(2002)等。值得注意的是,除了对马克思主义新闻宣传思想的系统整理,也有学者开始关注马克思主义新闻观在中国的运用和发展,以进一步实现马克思主义新闻宣传思想中国化,为新的历史时期中国共产党领导新闻宣传事业提供理论基础和行动指南,代表作有邵华泽的《马克思主义新闻观及其在当代中国的运用和发展》(2009)等。

第四,从微观视角出发,对中国共产党新闻宣传实践发展的具体的、专门的、重点的研究。例如围绕党的对外宣传、典型宣传等方面展开的对新闻宣传基本理论、发展历程、经验教训的总结和探讨。这方面的代表专著有刘洪潮《怎样做对外宣传报道》(2005)、习少颖《1949—1966年中国对外宣传史研究》(2010)、姚遥《新中国对外宣传史》(2014),以及博士学位论文《中国共产党典型宣传研究》(忞锋盘山,2011)、《文化软实力与党的对外宣传工作研究》(李鉴修,2011)等。又如围绕党的执政能力与大众传媒关系的深入研究,代表性著作有丁柏铨的《执政党与大众传媒——基于党的执政能力建设的研究》(2010),等等。

海外学者对中国共产党新闻宣传的研究始于20世纪中期,研究涉及中国共产党的宣传政策、宣传机构、宣传媒介等方面。如 Godwin Chu 的《巨变:毛泽东中国的传播》(*Radical Change through Communication in Mao's China*, Honolulu: University Press of Hawaii, 1977)认为,中共宣传模式综合运用全国范围的媒介宣传和人际传播,是广泛的媒介宣传与严密的人际宣传渠道的结合。Friderick T. C. Yu 的《中国共产党的大众说服》(*Mass Persuasion in Communist China*, New York: Frederick A. Praeger, 1964)指出报纸、广播、电影等西方公认的主要媒介形式和标语、墙报、黑板报、宣传工作者谈心、民间歌舞等具有中国特色的传播渠道在中国共产党"大众说服"中的重要作用。[①]

上所论及,国内对新闻宣传的研究视角多样,成果颇丰,但此类研究往往置于"宣传"的整体研究体系中,作为其组成部分,极少有关于"新闻宣传"的专门研究。但是,已有研究对马克思主义经典作家关于"新闻宣传"指导思想的总结,对中国共产党新闻宣传优良传统和经验教训的认识,对革命战争年代中国共产党新闻宣传历史的梳理,对新时期党的新闻宣传自身改革创新的思考,都为笔者研究新中国成立初期党的新闻宣传提供了思路、理论和方法方面的极大启发。相对而言,国外学者重点讨论了中国宣传所运用的大众媒体渠道,对人际传播也给予广泛关注,为笔者提供了重要启示:对新闻宣传的研究不可局限于大众媒体渠道的新闻宣传,也要充分关注人际传播对新闻宣传的配

[①] 郭云峰:《共和国初期中共宣传机制研究(1949—1956年)》,首都师范大学2009年硕士学位论文,第10页。

合补充。但特殊时空背景影响，国外学者对中国尤其是中国共产党的研究带有一定的意识形态倾向，对一些问题的看法及评价有失公允。另外，由于国外研究方向主要集中于新闻宣传手段，对新闻宣传机制体制等问题并未进行深入探讨。

(二) "新中国成立初期党的新闻宣传"具体研究

学术界近年来对党的新闻宣传工作的思考、探讨注入了巨大热情，新论纷呈，但在中国共产党新闻宣传自身发展脉络与规律的系统把握方面仍具有较大劣势。具体到新中国成立初期，学术界关于"新中国成立初期党的新闻宣传"的研究，就笔者能力所及，未见专著，论文也是寥寥无几，且淹没在对"宣传"的研究中，该主题仅作为中国共产党巩固新政权、动员群众的一种宣传手段被提及。可以说，对这一时期新闻宣传的系统、完整、专门的研究薄弱。

国内学术界对"新中国成立初期党的新闻宣传"的研究主要有以下几个角度：

第一，对这一时期中国共产党宣传机制建设的探讨中，涉及新闻宣传组织机构构建与政策制度建设，以及新闻宣传的内容与方式等。例如，章兴鸣的《新闻传播体制与政治制度关系的实证分析——1949—1956年中国的政治传播》[1]，借鉴国外大众传播学理论，分析和解构了新中国成立初期的新闻传播体制与政治传播机制，考察了报刊、广播中的理论宣传、路线与方针宣传、政策宣传等内容。对新中国成立初期党的新闻宣传机制的研究揭示了新闻宣传的局限性，主要体现在新闻宣传单纯服务于党的路线、缺乏反馈与矫正机制以及宣传内容与方式的极端化，为笔者的研究提供有益借鉴。

第二，对此期中国共产党宣传动员工作的研究中，内含新闻宣传的政策、方式、策略研究。陈定坚的《中国共产党过渡时期总路线宣传动员研究（1953—1956）》[2]，着重对宣传动员中所采取的文字宣传、语音宣传和形象宣传等进行历史考察，对宣传动员的途径，包括报纸、广播等展开论述，并从起步、普及、高潮、深入发展四个阶段深刻探讨新闻宣传在社会动员方面的历史

---

[1] 章兴鸣：《新闻传播体制与政治制度关系的实证分析——1949—1956年中国的政治传播》，《南通大学学报（社会科学版）》，2009年第4期。

[2] 陈定坚：《中国共产党过渡时期总路线宣传动员研究（1953—1956）》，西南大学2013年硕士学位论文。

成果和经验。徐兢的《建国初期中国共产党的政治动员研究》①讨论了在我国实现新民主主义社会向社会主义社会顺利过渡过程中新闻宣传如何向广大人民群众宣传路线，使总路线家喻户晓、尽人皆知。以上研究为笔者思考新中国成立初期新闻宣传与社会动员的内在联系提供了重要参考。

第三，从宣传思想工作的转变发展角度，分析判断了新闻宣传在宣传思想工作中的重要地位，提炼出宣传思想工作中新闻宣传的经验教训，并形成规律性认识。李宗建的博士学位论文《建国以来中国共产党宣传思想工作转变研究》②的第四章《改革开放以前宣传思想工作的奠基与探索》详细论述了1949—1957年"价值重塑型"宣传思想工作的发展，对新闻宣传工作发展的基本趋向和路径做出思考，是笔者历时性考察新中国成立初期新闻宣传的地位、作用的重要参照。

第四，从典型宣传工作的理论与实践角度，回顾总结了典型新闻宣传的成绩与曲折。尕锋盘山的博士学位论文《中国共产党典型宣传工作研究》③提出典型策划、典型培育、典型创新、典型总结，强调典型宣传的系统化、制度化、规范化、多样化，大大拓展了笔者研究新闻宣传中典型宣传的视角。

第五，从马克思主义大众化研究角度，考察新闻宣传对马克思主义大众化的推动作用。易如的博士学位论文《"马克思主义"：从符号到大众化——传播的视角》④，将"马克思主义"视作一个符号，通过概念符号间所指和能指的比较，从语义学角度澄清对马克思主义的误解，进一步指明了马克思主义大众化路径和归宿。这一类研究将新闻宣传作为马克思主义理论的宣传渠道和宣传方式，仔细梳理了中国共产党在构建马克思主义主流意识形态的过程中，将理论融入报刊、广播、文化出版等形式，并取得马克思主义大众化的伟大成就的历程。此类研究论文成果颇丰，为笔者对新中国成立初期新闻宣传的历史背景、战略构想、主要内容和渠道的思考提供了丰富的视角和研究资料。

第六，从宣传工作的实证考察角度，呈现新闻宣传在部分城市巩固政权、动员民众、革新社会风气中的全貌。董涛在《树立共和国新形象——建国初南京市宣传工作研究（1949—1953）》⑤中谈道："中国共产党有着丰富的办报经

---

① 徐兢：《建国初期中国共产党的政治动员研究》，华南师范大学 2003 年硕士学位论文。
② 李宗建：《建国以来中国共产党宣传思想工作转变研究》，南开大学 2013 年博士学位论文。
③ 尕锋盘山：《中国共产党典型宣传工作研究》，西南大学 2011 年博士学位论文。
④ 易如：《"马克思主义"：从符号到大众化——传播的视角》，复旦大学 2009 年博士学位论文。
⑤ 董涛：《树立共和国新形象——建国初南京市宣传工作研究（1949—1953）》，南京大学 2013 年硕士学位论文。

验，南京的《新华日报》初创即获得广泛认可，成为市民获取信息的最主要渠道。其余的方式往往在宣传中作为辅助手段使用，对宣传工作的开展也有着重要意义。"该研究的实证考察为笔者具象了解新中国成立初期党的新闻宣传的运行提供了更为立体的角度。

第七，从政治传播角度讨论这一时期新闻宣传的发展与转变。黄家勇的《建国初期政治传播研究》[①] 从新中国成立初期政治传播的功能分析、控制分析、媒介分析及受众效果分析入手，构建了新中国成立初期政治传播的结构，但论文未对传播路径进行深入分析和研究，仅勾勒出政治传播的大致轮廓，也未强调中国化的马克思主义在政治传播中的核心地位。但不可否认的是，本论文是唯一一篇研究新中国成立初期政治传播的论文。

第八，从思想政治教育角度考察新闻宣传在推动新中国成立初期社会主义意识形态建构与思想整合过程中的突出贡献。王员的《建国初期党的思想政治教育及其基本经验》[②] 以马克思主义思想政治教育理论为指导，系统研究思想政治教育及其基本经验，分析了中国共产党对教育内容、载体、方法的科学运用。此类研究对笔者所关注的新闻宣传如何改变宣传对象思想、行为，提高党员理论水平和政治修养等方面有重要启示。

国外对新中国成立初期中国共产党宣传工作的研究，主要集中在以下三个方面：

第一，研究中国共产党在朝鲜战争中的新闻宣传实践。朝鲜战争爆发后，美国研究人员通过对中国共产党新闻宣传内容的定量研究，分析中国是否参战；中国参战后，为揭示中国共产党的新闻宣传机制，美国研究人员将研究集中在"美军被俘士兵"上。其中最有代表性的研究者是艾伦·霍丁（Allen S. Whiting），他通过对中国国内传媒对朝鲜战争报道的研究，分析了中国如何引导舆论，动员民众。

第二，研究中国共产党的新闻宣传模式及影响。此类研究对中国共产党整合宣传渠道以及运用新闻宣传工具的方法展开分析，包括对中国共产党的报纸、刊物、广播、艺术和语言等的研究总结，最终建构了西方视野下的中共"宣传模式"。

第三，通过分析中国共产党的传媒报道研究中共对外政策。新中国成立后，在美苏激烈对抗的国际局势下采取"一边倒"的外交政策。为了解新中国

[①] 黄家勇：《建国初期政治传播研究》，华南师范大学 2004 年硕士学位论文。
[②] 王员：《建国初期党的思想政治教育及其基本经验》，社会科学文献出版社 2013 年版。

的外交方向与国际政策,美国政府对中国共产党的新闻宣传展开定量分析。这一方面最重要的代表是米尔·威廉(William Mills)的《中国地方媒体中的外交政策》("Treatment of Foreign Policy Issues in the Regional Chinese Press",*Asian Survey*,Vol. XXI,No.7. July 1981)一文。①

上所述及,国内对新中国成立初期党的新闻宣传研究虽只是散见于宣传动员研究、宣传思想工作研究、典型宣传研究、马克思主义大众化研究、政治宣传研究等领域,但学者们对新闻宣传的内容、方式、价值等的关注仍为笔者提供了大量可借鉴的史料、视角、观点,引导笔者进一步深入思考,研究拓展。国外对新中国成立初期中国共产党的新闻宣传研究聚焦于宣传的效果和价值。不可讳言,国外学者有关我国新闻宣传的研究,尤其是新中国成立初期新闻宣传的研究有强烈的政治色彩,时有偏颇之词,但除此之外,许多学者的研究方法和视角确有可取、可参考和中肯之处,值得借鉴。

三、问题与趋向

总结国内外相关研究成果不难发现,长期以来新闻宣传相关研究受到学界广泛关注,成为国内外社会科学研究中一个十分活跃的领域。具体到"中国共产党的新闻宣传"方面,学术界近年来虽然对党的新闻宣传工作的思考、探讨注入了巨大热情,新论纷呈,但在中国共产党新闻宣传自身发展脉络与规律的系统把握方面仍有相当的欠缺。进一步具体到"新中国成立初期党的新闻宣传",相关研究则多忽视该主题,虽已有研究涉及部分内容,但远未深入,存在诸多不足。一是将此期新闻宣传的战略策略、理念定位、体制机制、渠道方法、价值意义等内容作为一个完整对象进行整体性宏观审视的研究尚显薄弱,亟须开拓创新;二是以往研究对党运用新闻媒介推动马克思主义国家意识形态建立过程中的基本思路及新闻宣传在马克思主义中国化过程中的作用与影响认识不足,亟待深入。

第一,忽视了"新闻宣传"这一核心概念。需在马克思主义中国化视角下厘清新闻宣传的内涵与边界,推进新闻宣传研究的拓展与规范。"新闻宣传"概念本身模糊不清,相关研究常将"新闻宣传"与"新闻""宣传"混为一谈。从文献梳理来看,学术界一直强调中国共产党的"新闻宣传"这一主题,但对于该主题中最具基础意义的"新闻宣传"的内涵探讨却凤毛麟角,绝大部分研究都将新闻宣传作为约定俗成的概念。由于长期忽视"新闻宣传"这一核心概

---

① 李宗建:《建国以来中国共产党宣传思想工作转变研究》,南开大学2013年博士学位论文。

念，目前关于党的新闻宣传的理论和实践的分析都缺乏应有的广度与深度。因此，需明晰马克思主义中国化视角下"新闻宣传"的内涵与边界，确立研究方向和框架，进一步规范、拓宽"新闻宣传"研究。

第二，缺乏对中国共产党新闻宣传自身发展脉络与规律的系统把握，需准确认识当今新闻宣传所处的历史方位和基本格局，科学判断新闻宣传未来的转变趋势和创新路径。当前的新闻宣传研究要么处于对中国共产党"宣传史"的叙述性把握中；要么聚焦新闻宣传改革，尤其是党的创新理论或意识形态领域重大方针政策提出之后，较短时间内就会出现大批研究成果，但其中有一个重要问题被忽视，即党的新闻宣传本身发展历程的基本脉络和规律。这一问题也凸显了重要历史阶段的新闻宣传研究的重要性。只有对各历史阶段党的新闻宣传有清醒认识，才能准确判断新闻宣传当今所处的历史方位和基本格局，科学判断新闻宣传未来的转变趋势和创新路径。对历史阶段中的新闻宣传认识不清、把握不明，会妨碍正常的学术交流，不利于研究深入，也会影响当前新闻宣传工作对实际局势和舆论生态的判断，影响相关政策措施的制定和执行。

第三，对党的新闻宣传的纵向比较性、系统性、批判性研究较少，需增强将党的新闻宣传置于历史发展进程中的比较性研究，以总结出经验性、规律性认识。目前仅有的涉及党的新闻宣传的历史性研究，大部分仅对新闻宣传的背景、任务、内容、方式等进行概貌式研究，或总结各历史时期新闻宣传的经验教训，鲜有人将其与其他阶段的新闻宣传进行系统梳理后进行有针对性的比较分析或深入研究，并由此总结出新闻宣传发展转变的规律性认识和原则性规定。

第二节　研究旨趣与内涵

研究旨趣在很大程度上决定着学术研究所能达到的高度，而学术史的回顾与展望是准确定位研究旨趣的基石。基于对新中国成立初期新闻宣传研究现状、存在缺陷和发展趋向的认识，笔者拟从选题之研究价值与意义、时间与概念界定、思路与框架设计三个方面阐述本研究的旨趣与内涵。

一、研究价值与意义

新中国成立初期，中国社会发生了波澜壮阔的深刻变革。新闻宣传作为党和人民的喉舌与阵地，在推动中国由新民主主义社会向社会主义社会顺利过渡与转型过程中发挥了至关重要的作用，为百废待兴的中国社会带来了盎然生机。这一时期是新中国新闻宣传事业的开端和马克思主义新闻宣传理论中国化的重要阶段，全面探研这一时期新闻宣传之全貌，对当代中国社会转型中的新闻宣传工作具有重要启示意义。

（一）选题缘起

2013 年 8 月 19 日，习近平总书记在全国宣传思想工作会议上发表重要讲话，指出"意识形态工作是党的一项极端重要的工作"，"宣传思想工作就是要巩固马克思主义在意识形态领域的指导地位，巩固全党全国人民团结奋斗的共同思想基础"。① 2013 年 11 月 9 日，在中共十八届三中全会第一次全体会议上，习近平总书记进一步强调，"必须把意识形态工作的领导权、管理权、话语权牢牢掌握在手中，任何时候都不能旁落，否则就要犯无可挽回的历史性错误"，"要按照高举旗帜、围绕大局、服务人民、改革创新的总要求，做好宣传思想工作，加强社会主义文化建设，壮大主流思想舆论，重点推动统一思想、凝聚力量"。② 中共中央办公厅、国务院办公厅印发的《关于进一步加强和改进新形势下高校宣传思想工作的意见》（中办发〔2014〕59 号）更是将加强和改进高校宣传思想工作视为一项"重大而紧迫的战略任务"，强调指出，"做好高校宣传思想工作，加强高校意识形态阵地建设，是一项战略工程、固本工程、铸魂工程"。2022 年 10 月 16 日，习近平总书记在中国共产党第二十次全国代表大会上深刻指出，要"建设具有强大凝聚力和引领力的社会主义意识形态"，"加强全媒体传播体系，塑造主流舆论新格局"。③ 不难发现，党的十八大以来，以习近平同志为核心的党中央将国家意识形态工作和宣传思想工作提到前所未有的高度，在对新形势下我国宣传思想工作面临的一系列重大问题作出深刻阐释的同时，也为加强意识形态工作提供了新的理论遵循。那么，习近平总书记反复强调意识形态工作的极端重要性有何深意？新时期做好宣传思想工作与加强意识形态建设如何契合？中共中央办公厅印发的《关于培育和践行社会主义核心价值观的意见》（中办发〔2013〕24 号）提出，巩固马克思主义在意识形态领域的指导地位、巩固全党全国人民团结奋斗的共同思想基础，需积极培育和践行社会主义核心价值观。其中，宣传教育是加强社会主义

---

① 人民出版社编：《学习习近平总书记8·19重要讲话》，人民出版社2013年版，第1、17页。
② 中共中央文献研究室编：《习近平关于全面深化改革论述摘编》，中央文献出版社 2014 年版，第 86 页。
③ 《中国共产党第二十次全国代表大会文件汇编》，人民出版社 2022 年版，第 36 页。

核心价值观的基本途径，需要发挥"新闻媒体传播社会主流价值的主渠道作用"，"把社会主义核心价值观贯穿到日常形势宣传、成就宣传、主体宣传、典型宣传、热点引导和舆论监督中，弘扬主旋律，传播正能量"；需要建设"社会主义核心价值观的网上传播阵地"，"把社会主义核心价值观体现到网络宣传、网络文化、网络服务中，用正面声音和先进文化占领网络阵地"。①

中国共产党历来重视宣传，从党的历届领导人对"宣传"的重要阐述可见一斑。早在1929年12月，毛泽东就对宣传工作做过重要阐述："宣传工作是红军第一个重大工作"，忽视宣传工作，"实际上就等于帮助统治阶级削弱红军的势力"。② 邓小平也曾指出，革命斗争实践反复证明，"宣传工作就是一切革命工作的粮草"③。领导人对宣传工作的认识是与时俱进的，随实践发展创新。综观中国共产党历史，宣传工作在党领导中国革命、建设、改革和发展的艰难历程中，可谓居功至伟。新中国成立前，我国以革命为导向的宣传工作为反法西斯战争的胜利和新中国成立奠定了深厚的思想舆论基础；新中国成立至改革开放前，以价值重塑为重心，宣传工作在经历重重挫折后初步完成了社会的重构与整合；改革开放以来，宣传工作致力统一思想、凝聚共识、形成合力，开辟了中国特色社会主义蓬勃发展的新图景。宣传以其在现当代中国社会新陈代谢中的重要地位进入研究者视野，也引起笔者关注。

新闻宣传是宣传工作中最重要、最有效、最广泛的宣传方式。进入新时期，新媒介的勃兴与传播技术的扩散推动中国社会迅速向媒介化社会转型。社会的媒介化趋势持续建构着我国政治、经济、文化等各个社会子系统④，并引发人们生活方式、思想观念、文化创造及交流习惯的深刻变革。那么，在当前社会媒介化情境下，应如何把握新闻宣传与政治、经济、社会、文化发展间的关系？应如何确保新闻宣传过程中信息公开、传播自由与引导舆论、规范化调控的统一？面对"传播快、影响大、覆盖广、社会动员能力强"的新媒体环境，新闻宣传工作如何创新，意识形态工作又如何深化？对此类问题的关注与思考使笔者将研究聚焦于"党的新闻宣传"。同时，新闻宣传与理论认同、政治认同、情感认同的关联，与政治参与、社会动员、党的建设的联系，与马克

---

① 《中共中央印发〈关于培育和践行社会主义核心价值观的意见〉》，《人民日报》2013年12月24日第1版。
② 《毛泽东文集》第一卷，人民出版社2001年版，第96页。
③ 《邓小平西南工作文集》，中央文献出版社2006年版，第319页。
④ 罗以澄、吕尚彬：《中国社会转型下的传媒环境与传媒发展》，武汉大学出版社2010年版，第1页。

思主义中国化、新闻传播、党史、政治学等的交叉互动，都引发了笔者更为浓厚的兴趣。

习近平总书记在文艺工作座谈会、新闻舆论工作座谈会、网络安全和信息化工作座谈会、哲学社会科学工作座谈会四次意识形态领域座谈会上，将新闻宣传工作与新时期中国具体实践结合，发表了一系列关于党的新闻宣传的重要论述，成为新时期做好新闻宣传工作的基本原则与重要遵循，也为新闻宣传学术研究提供了方向。2014 年 10 月 15 日，习近平总书记在文艺工作座谈会上的讲话指出："要号召全社会行动起来，通过教育引导、舆论宣传、文化熏陶、实践养成、制度保障等，使社会主义核心价值观内化为人们的精神追求、外化为人们的自觉行动。"[①] 2016 年 2 月 19 日，习近平总书记到人民日报社、新华社、中央电视台进行实地调研，随后主持召开党的新闻舆论工作座谈会并发表重要讲话，强调"党的新闻舆论工作是党的一项重要工作，是治国理政、定国安邦的大事"，提出了"5 个事关"[②] "48 字责任使命"[③] "4 个牢牢坚持"[④] "9 个创新"[⑤] 等重要观点。在网络安全和信息化工作座谈会和哲学社会科学工作座谈会上，习近平总书记重点论及新闻宣传相关话题，丰富、发展了马克思主义新闻宣传理论内涵，其巨大的思想性、理论性和创新性值得深入思考探研。

在全国宣传思想工作会议上，习近平总书记提出，"在长期实践中，我们党的宣传思想工作积累了十分丰富的经验"，但不容忽视，今天，"宣传思想工作的社会条件已大不一样了。我们有些做法过去有效，现在未必有效；有些过去不合时宜，现在却势在必行；有些过去不可逾越，现在则需要突破"。[⑥] 今昔对照，新闻宣传有很多丰富且弥足珍贵的经验需要科学总结、长期坚持、认真遵循；也有部分传统、僵化、落后的思想、方法需要突破创新。鉴于此，对历史的追问与反思在研究党的新闻宣传中尤为重要。本研究从"新中国成立初期"这一中国社会全面转型的特殊时期展开研究，试图为一些令笔者颇感困惑

---

① 习近平：《在文艺工作座谈会上的讲话》，人民出版社 2015 年版，第 23 页。

② "做好党的新闻舆论工作，事关旗帜和道路，事关贯彻落实党的理论和路线方针政策，事关顺利推进党和国家各项事业，事关全党全国各族人民凝聚力和向心力，事关党和国家前途命运。"

③ "在新的时代条件下，党的新闻舆论工作的职责和使命是：高举旗帜、引领导向，围绕中心、服务大局，团结人民、鼓舞士气，成风化人，凝心聚力，澄清谬误、明辨是非，连接中外、沟通世界。"

④ "要承担起这个职责和使命，必须把政治方向摆在第一位，牢牢坚持党性原则，牢牢坚持马克思主义新闻观，牢牢坚持正确舆论导向，牢牢坚持正面宣传为主。"

⑤ "随着形势发展，党的新闻舆论工作必须创新理念、内容、体裁、形式、方法、手段、业态、体制、机制。"

⑥ 人民出版社编：《学习习近平 8·19 重要讲话》，人民出版社 2013 年版，第 4、27 页。

的问题找寻答案。例如，新政权初建，国家、人民从长年累月的动乱、战争中走来，千疮百孔、矛盾重重，而中国共产党如何通过短短几年的治理，获得了人民拥护，维护了社会稳定？新闻宣传在中国共产党巩固新生政权、重构社会制度、复苏国民经济、发展思想文化的过程中承担何种责任，又取得了怎样的效果？政权鼎革，面临错综复杂的国内外形势和新旧意识形态交锋的严峻挑战，党如何领导新闻宣传工作确立了马克思主义在意识形态领域的指导地位？今日之中国已进入改革攻坚期，改革要敢啃硬骨头、勇涉险滩，那么，回顾新中国成立初期建设新生政权之"险"之"难"，其与今日深化改革之"险"之"难"有无共通之处，其中的新闻宣传有无规律可循？在这一系列问题引导下，笔者进一步确定了选题范畴，即"新中国成立初期党的新闻宣传"。

（二）选题意义

新中国成立初期是中国社会全面转型的关键时期，这一时期是新中国新闻宣传的初始阶段，也是马克思主义新闻宣传理论中国化的重要阶段。强化新中国成立初期新闻宣传研究，其现实意义、学术价值均十分突出。

1. 现实意义

本研究服务于当前壮大主流思想舆论、巩固马克思主义在意识形态领域指导地位的时代要求，有助于从战略高度思考新闻宣传的目标与理念、特点与规律、全局视野与理性精神。本书从新中国成立之初社会全面转型的特殊时期展开研究，聚焦对新时代新闻宣传工作具有重要启示意义的问题。具体而言，有以下两点：

其一，有利于为新时期我国新闻宣传的改革发展提供有益借鉴。习近平总书记在中央党校建校80周年庆祝大会暨2013年春季学期开学典礼上曾提到，现在很多同志由于"不懂规律、不懂门道、缺乏知识、缺乏本领"，在做具体工作时往往面临"新办法不会用，老办法不管用，硬办法不敢用，软办法不顶用"的尴尬局面。[①] 党的宣传工作历来是各项工作的重点，要掌握新闻宣传的规律、悟出门道，避免新闻宣传工作"事与愿违"、新闻宣传效果"南辕北辙"，应当做到两点：一是在实践中探索，二是在继承中创新。本书对新中国成立初期党的新闻宣传的历史性考察旨在更好地认识新时期新闻宣传工作的情势和方位，把握新闻宣传调整与转变的基本遵循和原则性规定，为在新形势下

[①] 习近平：《在中央党校建校80周年庆祝大会暨2013年春季学期开学典礼上的讲话》，人民出版社2013年版，第5页。

继续推进新闻宣传的发展创新提供借鉴和指导。当前的宣传条件与宣传环境与六十多年前已不可同日而语，但新中国成立初期的宣传理论与宣传实践仍有许多富有生命力、值得继承发扬的优良传统，因此，当前新闻宣传的实践与改革应建立在对过去新闻宣传清醒而理性的认识基础上，认真继承和学习行之有效的宣传传统和经验，同时，要对这些宣传传统和经验"进行再认识，让新的宣传实践重新检验、筛选、修正、补充、发展这些历史上形成的传统和积累起来的经验"①。

其二，有利于从战略高度思考当前新闻宣传的责任定位，推动马克思主义新闻理论在新闻宣传工作中继承创新。马克思主义新闻思想在中国的传播发展始于五四新文化运动，直至新中国成立初期，已日臻完备和成熟。回顾历史，新中国成立初期是马克思主义新闻理论中国化发展的重要阶段，这一阶段新闻宣传的诸多原则性认识、战略性布局和策略性谋划，都是在马克思主义新闻思想指导下完成的；这一阶段新闻宣传的核心成就即确保党的中心工作的完成，建立马克思主义在意识形态领域的指导地位。但是，近年来随着体制的深刻转换、结构的深刻调整、社会的深刻变革，多样化价值观念和社会思潮相互激荡，一些消极、退步的社会思潮模糊了新闻宣传的原则定位，甚至影响我国意识形态建设。

新中国成立后，中共中央召开的第一次全国宣传工作会议即提出，"各级党委必须把向党内外进行马克思列宁主义的宣传教育工作，当作头等重要的任务，并把这一任务和各个时期的中心任务结合起来"。②六十多年后的今天，这一重要任务仍未改变。鉴往知今，在社会全面转型的关键时期，新闻宣传更应肩负党和人民的重托，新闻工作者更应坚守新闻宣传的责任和使命。研究新中国成立初期党的新闻宣传，旨在探寻如何以正确的国家观、民族观、历史观引导群众——"划清是非界限、澄清模糊认识"；旨在明晰新闻宣传应发挥舆论导向作用，引导人民坚定马克思主义信仰，坚定道路、理论、制度自信，新闻工作者应做好时代的"风向标"和"守望者"，坚守马克思主义新闻思想，防止国内外错误社会思潮的渗透和蔓延。

2. 学术价值

新闻宣传研究是回应社会关切、实施舆论引导的一项基础性工作，其宗旨

---

① 林之达：《中国共产党宣传史》，四川人民出版社1990年版，第11页。
② 中央宣传部办公厅编：《党的宣传工作会议概况和文献（1951—1992）》，中共中央党校出版社1994年版，第33页。

在于推动党的新闻宣传工作更好地运用马克思主义观察、解读、引领时代，"传播党的政策主张、记录时代风云、推动社会进步、守望公平正义"。本书拟通过收集原始文献资料，真实客观地再现新中国成立初期党领导新闻宣传工作确立马克思主义在意识形态领域指导地位、构筑国家形象、形成民族主体意识这一恢宏历史画卷，丰富和完善马克思主义新闻理论研究；深入探讨新闻宣传的外部环境与内在体系、运行模式之间的逻辑关系，形成对新闻宣传工作的规律性认识；结合中共党史、传播学、马克思主义、政治学等学科进行跨学科整合研究，拓宽对新闻宣传的研究视角。具体而言，有以下三点：

其一，有助于丰富和完善马克思主义新闻宣传理论研究。马克思主义新闻宣传理论是马克思主义对新闻宣传工作的根本看法，是马克思主义基本理论在新闻宣传领域的具体体现，也是围绕"新闻宣传"的本质、基本特征、功能，以及如何开展新闻宣传工作等问题展开的理论体系①。本书深入研究新中国成立初期新闻宣传内含的马克思主义新闻宣传理论中国化的成就与经验，并尝试思考和回答新时期坚持发展马克思主义新闻宣传理论的原则与路径，是对中国马克思主义新闻宣传理论的丰富和发展。值得注意的是，中国共产党的新闻宣传既是马克思主义中国化的一部分，也是推动中国马克思主义产生、发展与飞跃的重要力量。本书将新中国成立初期党的新闻宣传置于马克思主义中国化视域下进行研究，充分关注中国马克思主义新闻宣传理论在这一时期迅速发展所倚靠的丰富的民族土壤与特殊的时空条件，详细论述这一时期党的新闻宣传的战略策略、理念定位、体制机制、方式方法、价值意义等内容，并试图论证伴随新闻宣传的深入，中国马克思主义也逐步迈向民族化、时代化和大众化。

其二，有助于形成对党的新闻宣传工作的规律性认识。规律的发现与总结是本研究的一大难点，但从学术研究的使命与责任来看，这是提高新时期党的新闻宣传的科学化水平、推动新闻宣传引领时代发展的关键。发现规律首先需要我们对党的新闻宣传在新中国成立初期历史过程中的经验教训和运动轨迹有理性认识。本书虽聚焦新中国成立初期这一时间段，但采用长时段研究法，关注对这段历史发展起决定作用的、有长时期影响的因素，并结合民主革命时期至新中国成立初期的新闻宣传发展轨迹，力求形成对党的新闻宣传的规律性认识。同时，本书深入探讨新中国成立初期党的新闻宣传的外部环境与内在体系、运行模式之间的逻辑关系，系统总结基本经验，以形成对这一时期新闻宣传运动规律的深入认识。

---

① 尕锋盘山：《中国共产党典型宣传工作研究》，西南大学2011年博士学位论文，第1页。

新中国成立初期的新闻宣传实践与经验（1949—1956）

其三，有助于拓宽对党的新闻宣传的研究视角。党的十八大以来，尤其在习近平总书记8·19讲话后，国家对新闻宣传的高度重视引发了学术研究的热潮，一系列研究成果井喷式出现。但梳理目前学术界对新闻宣传的研究成果发现，研究多集中于新形势下新闻宣传工作的媒介、对象或发展路径等方面，对新闻宣传在历史过程中的发展与转变缺乏系统考察，对新中国成立初期党的新闻宣传的专门研究更是凤毛麟角。就仅有的这部分新中国成立初期党的新闻宣传研究成果来看，内容方面多涉及党的新闻宣传机制研究、领导人宣传思想研究、南京等典型城市的新闻宣传工作研究等，角度较为单一；从研究学科来看，多从新闻传播、中共党史、中华人民共和国政治史等某一学科出发，有一定的局限性。新中国成立初期是中国社会全面转型的特殊时期，通过资料整理不难发现，这一时期各种与新闻宣传工作相关的现象、问题错综复杂，既有民主革命时期宣传体制的延续，又有对苏联传播经验的学习和借鉴；既要完成巩固新生政权的迫切任务，又要遵循获取人民认同的根本要求；既有新闻宣传体制机制的建构，又有战略策略的全新布局。因此，新中国成立初期党的新闻宣传尚有不少问题亟待深入探讨。本研究尝试结合马克思主义中国化及以上各学科的相关理论进行跨学科整合研究，拓宽研究视角，深化研究认识，以勾勒出这一时期新闻宣传的完整图景，丰富现有研究成果。

二、时间与概念界定

研究内容的界定需借助学术界已有定义确定内涵与外延，以明晰研究对象，厘清思路，建构框架，并对研究方向与价值作前瞻性思考。此处拟从时间范畴、相关概念解析两个方面进一步明确研究内容。

（一）时间范畴

本书中的"新中国成立初期"是指从1949年中华人民共和国成立到1956年社会主义改造基本完成、社会主义制度基本建立的七年时间。一般来说，史学界将1949年至1952年定为中国共产党政权巩固与重构期，把1953年至1956年定为新民主主义社会向社会主义社会的过渡期。[1] 对这一分期学界并无争议，但是对"新中国成立初期"这一时间范畴，学界存在不同看法，部分学

---

[1] 高中伟：《新中国成立初期城市基层社会组织的重构研究——以成都为中心的考察》，四川大学出版社2011年版，第13页。

者把1949—1952年称为"新中国成立初期",如孙健、范守信、罗谦芳等。① 笔者认为,从1949年10月中华人民共和国成立到1956年社会主义改造基本完成、社会主义制度基本建立,是承前启后、除旧立新的关键时期,也是"我国社会制度发生根本变革的重要历史时期",因此,把这一时期作为新中国成立的初始阶段并作整体研究较为合宜。邓小平曾指出,"建国头七年的成绩是大家公认的","今天我们也还需要从理论上加以阐述"②;胡锦涛在党的十八大报告中也强调,这一时期"进行了社会主义改造,确立了社会主义基本制度,成功实现了中国历史上最深刻最伟大的社会变革,为当代中国一切发展进步奠定了根本政治前提和制度基础"③。这些重要论断也为本书的时间范畴划定提供了有力依据。

1949年至1956年,党的新闻宣传工作出现前所未有的新格局。这一阶段,私营新闻业宣告终结,公营新闻体系初步成型;新闻总署成立,成为国家统一领导管理新闻媒体和新闻工作的行政机构;两次全国新闻工作大会有效推动新闻工作的改进,并提出"联系实际、联系群众、批评和自我批评"的新闻工作原则。同时,这一阶段的新闻宣传工作暴露了很多问题,为及时总结教训,1956年新闻界开展了全新的社会主义新闻改革,改革以《人民日报》改版为起点,在新华社、中央人民广播电台全面铺开。但从1957年夏季开始,新中国进入了一个曲折多难的时期,新闻宣传的优良传统屡遭破坏,本书不涉及这一阶段。基于以上考虑,本研究最终选取"1949—1956"作为时间范畴,力图深刻透视新中国成立初期党的新闻宣传,总结历史经验,以期对当前新闻宣传发展有所启示。

(二)概念界定

在研究展开之前,有必要对与本书论题相关的"宣传""新闻""新闻宣传""党的新闻宣传"四个核心概念的使用范围作明确界定与辨析。

1. 对"宣传"概念的解析

中文"宣传"一词的使用历史悠久。东汉末年已有使用"宣传"一词的众

---

① 孙健:《中华人民共和国经济史》,中国人民大学出版社1992年版。范守信:《建国初期的政党运动》,《党史研究》1983年第5期。《建国初期对官僚资本的没收和改造》,《党史研究》1984年第5期。罗谦芳《建国初期党的自身建设的回顾与思考》,《教学与研究》1994年第6期。以上文献见于王员:《建国初期党的思想政治教育及其基本经验》,社会科学文献出版社2013年版,第1页。

② 《邓小平文选》第二卷,人民出版社1994年版,第302页。

③ 胡锦涛在中国共产党第十八次全国代表大会上的报告《坚定不移沿着中国特色社会主义道路前进 为全面建成小康社会而奋斗》,人民出版社2012年版,第10页。

多文献，唐代曹唐的《升平词》之二中有"宣传无草动，拜舞有衣声"之论，晋代葛洪的《抱朴子·勤求》中有"徒以一经之业，宣传章句，而见尊重"之论，其中"宣传"多指宣布传达、讲解说明、疏导教育。① 在后世典籍中"宣传"一词也多有使用，大多是指将上级命令传达给幕僚和下属。② 西方"宣传"（propaganda）一词最早出现于1622年罗马教皇格雷戈里十五世建立的"信仰传播圣会"（Congregatio de Propaganda Fide）中，其词根为拉丁语动词"*propagare*"（用插枝、分根等人工的方法来繁殖树木）。③ 早在"宣传"一词出现时，宣传就服务于传播主体的主观意愿，在欧洲即"秉承教皇意旨，传播经典教义，抵制宗教改革"。进入20世纪，伴随欧洲现代传播技术的飞速发展，"宣传"逐步由宗教领域步入政治生活领域。两次世界大战期间，宣传的威力引发了学界对大众传播的策略、效果的广泛关注，围绕"宣传"的研究也步步深入。④ 也正是通过对第一次世界大战中各国宣传工作的深入研究，传播学家拉斯韦尔提出了首个关于"宣传"的学术定义："它仅指通过重要的符号，或者，更具体一点但欠准确地说，就是通过故事、流言、报道、图片以及社会传播的其他形式，来控制意见的做法。"⑤

国内学者对"宣传"有十分透彻详尽的考证、探源，此处不予赘述。在具体定义上，林之达在《中国共产党宣传史》中指出，宣传是"宣传者基于某种目的采用解释、说服、鼓动等形式去影响宣传对象的心理，使其思想感情甚至行为按宣传者的愿望变化的一种活动"⑥。近年来，中国学者根据马克思、恩格斯使用"宣传"概念的情况进一步提出，"宣传是通过传播观念或通过实际行动影响人们的思想和行为的一种精神交往形态"，"是运用种种有意义的符号传播一定的观点，以影响和引导人们的态度、控制人们行为的一种社会行为和社会性传播活动"⑦。由此可见，宣传具有两个本质特点：一是目的性，宣传者并非代表个人，而是代表某个阶级、政党、国家或集团，因此，宣传具有明

---

① 张品良：《传播学视域下的中央苏区马克思主义大众化》，中共党史出版社2016年版，第91页。
② 姚遥：《新中国对外宣传史》，清华大学出版社2014年版，第11页。
③ 王利民：《晋察冀边区党的新闻宣传研究》，河北大学2014年博士学位论文，第7页。
④ 王利民：《晋察冀边区党的新闻宣传研究》，河北大学2014年博士学位论文，第8页。
⑤ 〔美〕哈罗德·D. 拉斯韦尔（Harold D. Lasswell）：《世界大战中的宣传技巧》，张洁、田青译，中国人民大学出版社2003年版，第22页。
⑥ 林之达：《中国共产党宣传史》，四川人民出版社1990年版，第15页。
⑦ 邵培仁、何扬鸣、张健康：《20世纪中国新闻学与传播学（宣传学和舆论学卷）》，复旦大学出版社2002年版，第108页；陈力丹：《精神交往论——马克思恩格斯的传播观》，中国人民大学出版社2008年版，第183页；陈力丹、易正林：《传播学关键词》，北京师范大学出版社2009年版，第306页。

确的目的导向，旨在说服宣传对象赞同宣传者的观点、主张，遵守其推崇的某种规范；二是思想性，宣传"只能动之以情，晓之以理；只能解释，不能搞神秘主义；只能说服，不能压服；只能鼓动，不能强迫"，由此才能真正影响广大宣传对象的思想和情感。

值得注意的是，在西方，"propaganda"一词自产生起就经历了从中性含义向贬义转化的过程。如今提到"propaganda"，西方大部分人都将其与"控制""操纵""灌输"等词汇联系，甚至连代表当代大众认知水平的"微软电子百科全书"也直接把宣传定义为"欺骗性和误导性的系统化信息传递"[①]。诚如中共中央对外宣传办公室原主任赵启正所言，西方的"propaganda"在历史上被滥用，它的意思演化成"为了自身利益而不惜歪曲事实的一种说教"，与中文"宣传"一词相去甚远。[②]

"propaganda"语义在西方的演变对我国传统的"宣传"定义以及陈旧的宣传观念、体制、模式提出了挑战。有鉴于此，我国对"宣传"的定义随时代变迁发生着微妙转变。1991年1月成立的国务院新闻办公室将其职能规定为"推动中国媒体对外说明中国"，而不再是"对外宣传中国"。1997年，中共中央宣传部专门发出通知，要求"宣传"一词在英译中由"propaganda"改为"publicity"[③]，这一措辞变化意味着新时期我国的"宣传"定义更倾向于"公开性"和"公众利益"，宣传工作也努力寻求更好地与国际接轨。

由上所论，本书讨论的"宣传"，既要还原历史事实中的"宣传"原貌，又要在当前与时俱进的"宣传"释义中作出客观判断和深入思考。

2. 对"新闻"概念的解析

对新闻的定义，我国古已有之，随时代发展而变化。近代以来，有1872年《申报》中《申江新报缘起》一文中提到的"新闻则书今日之事"[④]；徐宝璜1919年在《新闻学》一书中提出的"新闻者，乃多数阅者所注意之最近事实也"[⑤]；李大钊在1922年《在北大记者同志会上的演说词》中提到的"新闻是现在新的、活的、社会状况的写真"[⑥]；陆定一在1943年《我们对于新闻学

---

① 李宗建：《建国以来中国共产党宣传思想工作转变研究》，南开大学2013年博士学位论文，第42页。
② 刘洪潮：《怎样做对外宣传报道》，中国传媒大学出版社2005年版，第157页。
③ 李宗建：《建国以来中国共产党宣传思想工作转变研究》，南开大学2013年博士学位论文，第3页。
④ 张之华：《中国新闻事业史文选》，中国人民大学出版社1999年版，第84—85页。
⑤ 徐宝璜：《新闻学》，中国人民大学出版社1994年版，第6页。
⑥ 李大钊：《在北大记者同志会上的演说词》，《新闻战线》1980年第2期。

的基本观点》中提出的"新闻的定义，就是新近发生的事实的报道"①；范长江提出的"新闻是广大群众欲知、应知而未知的重要的事实"②；等等。其中，陆定一的定义为大多数学者和新闻工作者所认同。这一定义揭示了新闻的几大特性：一是真实性，新闻需报道"事实"，新闻报道需实事求是，客观公正；二是时效性，"新近"二字对新闻报道的时限提出严格要求，新闻并非旧闻，也非历史；三是开放性，既为"报道"，则需借助广播、电视、电台、报纸等大众传播媒介，突破空间限制。

"新闻"与"宣传"究竟是何种关系？两者异同何在？这是必须界定与理清的问题。学界对此众说纷纭，"包容说""交叉说""并列说""无差别说"等各有偏重。③笔者认为，在当前全球化视野下，将"新闻"与"宣传"完全等同或完全剥离已无可能，也无必要。"新闻"与"宣传"既有密不可分的联系，也有本质区别。二者的共同点在于都是针对广大公众的信息传播。区别在于，新闻报道务必讲求客观性，不能先入为主，不可掺杂个人情感和主观判断，但宣传有明确的意志倾向和目标指向，"客观主义与宣传的本质是不相容的，也是不能奏效的"④；新闻需及时高效地报道"新近"发生的事实，宣传则并无时间限制；新闻报道的内容需要有"事实"，即具有新闻价值的事件，宣传内容则范围广泛，既可以以事件做由头，也可以是单纯的逻辑论证。值得注意的是，1956年以刘少奇关于新闻工作的三次谈话和《人民日报》改版为标志，我国新闻工作全面改革，这次改革以重视新闻自身规律为要点，以新闻专业主义为归依，虽然无果而终，却也是区分"新闻"与"宣传"，以新闻专业性适应新形势的一次伟大尝试。

3. 对"新闻宣传"概念的解析

新闻宣传是宣传的一种重要手段。进入新时期以来，随着传播技术的不断革新，新闻宣传在宣传中的作用也日渐凸显，成为宣传工作中最重要、最有效、最广泛的宣传方式。新闻宣传与宣传并无本质区别，二者具有共同的目标、原则。但是，除了新闻宣传，宣传还有多种多样的手段，包括口头宣传、口号宣传、文艺宣传、标语宣传等。在《毛泽东选集》的相关著述中，中国共产党的宣传形式就多达十余种，如宣言、论文、报纸、书册、戏剧、电影、标语、传单、布告、讲演、歌谣、图画、壁报、谈话、群众大会、募捐活动等。⑤

---

① 陆定一：《我们对于新闻学的基本观点》，《解放日报》1943年9月1日第4版。
② 范长江：《记者工作随想》，《新闻战线》1979年第1期。
③ 沈良桂：《新闻开拓规律探》，新华出版社1991年版，第5页。
④ 林之达：《中国共产党宣传史》，四川人民出版社1990年版，第16页。
⑤ 王利民：《晋察冀边区党的新闻宣传研究》，河北大学2014年博士学位论文，第1页。

本书不仅关注新中国成立初期的新闻宣传，也通过史料的搜集、整合，考察其他宣传手段在这一时期对新闻宣传工作的有益补充与配合。

"新闻宣传"与"新闻""宣传"之间又是何种关系？一言以蔽之，新闻宣传首先是新闻的范畴，然后才是宣传的分支。① 理解这一问题，需要从新闻宣传的作用方式、价值功能、原则规范等方面来分析。从作用方式看，新闻宣传将宣传者的价值观潜藏在消息、通讯、报告文学以及新闻编排等体裁和形式中，潜移默化地影响既定宣传对象，抑或利用重大新闻事件，精心剪裁新闻，达到宣传目的。同时，新闻宣传必须通过某种具体的传播方式或传播媒介将信息传递给对象。传统新闻宣传媒介包括报刊、广播、电视等，新兴新闻宣传媒介包括手机短信、移动电视、网络、数字电视、数字电影、触摸媒体等。从价值功能来说，新闻宣传既具有新闻价值，又具有宣传价值。但是，只有具备新闻价值要素的作品才能既成为新闻体裁作品，又同时符合宣传者的主观意图。新闻宣传双重价值并非同等重要，宣传者总是希望新闻作品在内含新闻价值要素、符合新闻规律的同时，体现更大的宣传价值。从原则规范来说，新闻宣传既属于宣传，就符合宣传的一切特性，也必须遵循宣传的原则和规范。在我国，党性原则是新闻宣传的首要原则；目的性、思想性、真实性是新闻宣传的鲜明特点；"全党办报"方针是新闻宣传的根本组织保证。

4. 对"党的新闻宣传"概念的解析

政党是近现代社会中代表一定阶级、阶层或社会集团利益并在社会生活、国家机关中开展广泛政治活动的政治组织。② 新闻宣传是政党活动的重要组成部分，带有强烈的倾向性。中国共产党历来十分重视新闻宣传，可以说新闻宣传与党的建设是同步发展的。2012年5月24日，刘云山在中央宣传部会见各国使节时就曾指出，"宣传工作是中国共产党工作的重要组成部分，是中国共产党的优良传统和政治优势，在中国革命、建设、改革的各个历史时期都发挥了不可替代的作用"；他同时提到了新时期党的新闻宣传的四个主要任务："一是以科学的理论武装人""二是以正确的舆论引导人""三是以高尚的精神塑造人""四是以优秀的作品鼓舞人"。③

邓小平也曾对党的新闻宣传工作和新闻宣传媒介提出五大政治原则。一是

---

① 邵培仁、何扬鸣、张健康：《20世纪中国新闻学与传播学（宣传学和舆论学卷）》，复旦大学出版社2002年版，第139页。

② 王利民：《晋察冀边区党的新闻宣传研究》，河北大学2014年博士学位论文，第1页。

③ 《中宣部24日举办"走进中宣部"开放日活动》，中央政府门户网站，2012年5月24日，http://www.gov.cn/govweb/jrzg/2012-05/24/content_2144751.htm。

党性原则，邓小平在《目前的形势和任务》中提出，"在什么范围讨论，用什么形式讨论，要合乎党的原则，遵守党的决定"[①]；二是群众性原则，在新闻宣传过程中坚持群众路线，既要在关切群众利益的问题上讲真话，又要有容忍群众发牢骚的度和雅量，"不抓辫子，不扣帽子，不打棍子"[②]；三是真实性原则，哪怕颠扑不破的真理，随着情况变化也会出现新的改变而具有新的含义，"需要根据新的丰富的事实作出新的有充分说服力的论证"[③]；四是稳定性原则，"要使我们党的报刊成为全国安定团结的思想上的中心"，"报刊、广播、电视都要把促进安定团结，提高青年的社会主义觉悟，作为自己的一项经常性的、基本的任务"[④]；五是社会效益优先的原则，《在中国共产党全国代表会议上的讲话》中邓小平提出，"思想文化界要多出好的精神产品，要坚决制止坏产品的生产、进口和流转"[⑤]。

本书围绕"党的新闻宣传"，以中国共产党在新中国成立初期新闻宣传的组织系统、运行机制、宣传策略、内容体系、宣传效果等为线索，旨在科学地总结党的新闻宣传与党的建设的密切联系，深刻揭示中国共产党在新闻宣传实践过程中不断追求、推进和实现马克思主义中国化的坚定决心和不懈努力。

三、思路与框架设计

本书吸收和借鉴已有研究成果，以马克思主义新闻宣传理论为指导，以新闻宣传基本规律为学科依据，以新中国成立初期党的历史为基本史实根据，以新中国成立初期马克思主义民族化、大众化为重要导向，以新中国成立初期中国社会大变革为视野，从社会变迁进程中的特殊时代环境及其对新闻宣传所提出的现实要求出发，系统探讨新中国成立初期党的新闻宣传的理论与实践基点、顶层设计、内容建设、机构与队伍建设、渠道建设、宣传策略与效果，合理评判新闻宣传的地位，科学总结其基本经验与当代启示。

（一）研究思路

研究思路可以概括为"三大层次、两大关系、一大体系"，如图1所示：

---

① 邓小平：《目前的形势和任务》，《邓小平文选》第二卷，人民出版社1994年版，第272页。
② 邓小平：《解放思想，实事求是，团结一致向前看》，《邓小平文选》第二卷，人民出版社1994年版，第144页。
③ 邓小平：《坚持四项基本原则》，《邓小平文选》第二卷，人民出版社1994年版，第180页。
④ 邓小平：《目前的形势和任务》，《邓小平文选》第二卷，人民出版社1994年版，第255页。
⑤ 邓小平：《在中国共产党全国代表会议上的讲话》，《邓小平文选》第二卷，人民出版社1994年版，第145页。

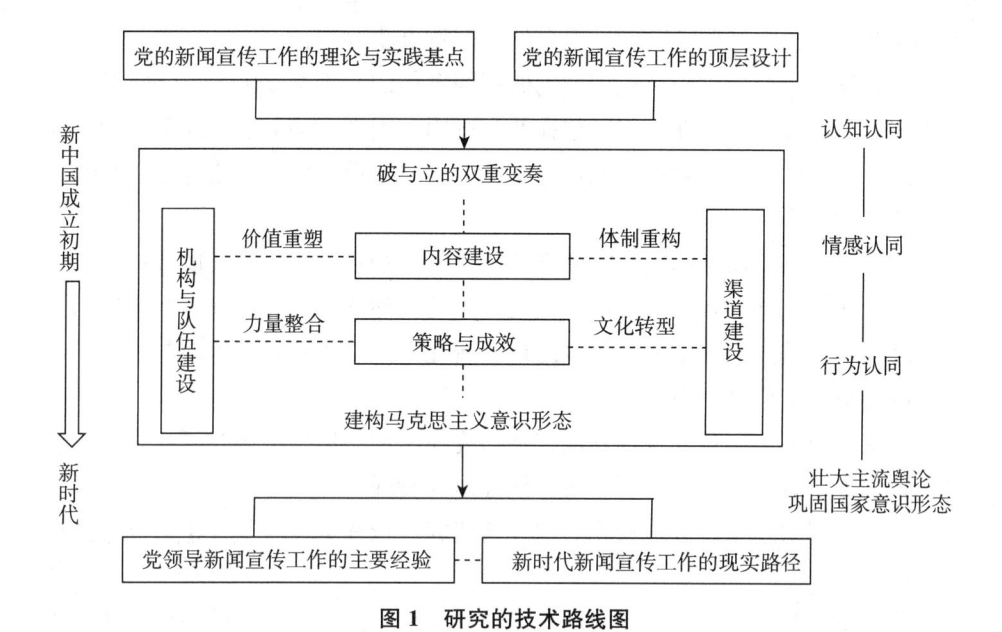

```
                    党的新闻宣传工作的理论与实践基点    党的新闻宣传工作的顶层设计
                                 │                              │
                                 └──────────────┬───────────────┘
                                                ▼
新  ┌─────────────────────────────────────────────────────────┐          认知认同
中  │                    破与立的双重变奏                      │
国  │                                                          │
成  │  ┌──┐  价值重塑  ┌────────┐  体制重构  ┌──┐              │          情感认同
立  │  │机│────────────│内容建设│────────────│渠│              │
初  │  │构│            └────────┘            │道│              │
期  │  │与│                                  │建│              │
    │  │队│            ┌────────┐            │设│              │          行为认同
    │  │伍│  力量整合  │策略与成效│ 文化转型 │  │              │
    │  │建│────────────└────────┘────────────│  │              │
新  │  │设│                                  │  │              │
时  │  └──┘        建构马克思主义意识形态    └──┘              │          壮大主流舆论
代  └─────────────────────────────────────────────────────────┘          巩固国家意识形态
                                 │                              │
                                 ▼                              ▼
                  党领导新闻宣传工作的主要经验 ---- 新时代新闻宣传工作的现实路径
```

图 1　研究的技术路线图

　　"三大层次"中的第一层是新中国成立初期党的新闻宣传的理论实践基点与顶层设计，它是该研究的现实出发点与宏观导向。第二层是由新中国成立初期社会变革下的国际国内环境、历史使命与战略导向所要求的党的新闻宣传的渠道建设、机构与队伍建设、内容建设、宣传策略与效果。第三层是对新中国成立初期党的新闻宣传的经验总结，并探寻新时代新闻宣传工作的现实路径。"两大关系"指从横向上反映党的新闻宣传环境与实践运行的双向互动关系及实践运行过程中的各环节互动关系，从纵向上反映新中国成立初期党的新闻宣传发展演进的关系。"一大体系"是指由以上"三大层次"与"两大关系"构建的完整体系。

　　具体内容由七个方面构成，即：新中国成立初期党的新闻宣传的理论与实践基点，新中国成立初期党的新闻宣传的顶层设计，新中国成立初期党的新闻宣传的内容建设，新中国成立初期党的新闻宣传的机构与队伍建设，新中国成立初期党的新闻宣传的渠道建设，新中国成立初期党的新闻宣传的策略与效果，新中国成立初期党的新闻宣传的当代启示。

（二）框架设计

　　新中国成立初期党的新闻宣传是关系到中国由新民主主义社会向社会主义社会顺利过渡与转型的重大问题，也直接关系到今天深化改革背景下党的新闻宣传工作的开展与国家新闻宣传事业的发展。因此，对这一问题的研究应提升到总结共产党执政经验的高度。本书的研究重点主要有：

（1）重点研究新中国成立初期党的新闻宣传的两组互动关系，一是党的新闻宣传的外部环境与内在各要素选择及其运用的因果互动关系，二是党的新闻宣传的顶层设计、内容建设、机构与队伍建设、渠道建设、策略选用，与新闻宣传成效的因果互动关系；

（2）重点研究新中国成立初期党的新闻宣传的特点、规律及成效；

（3）深入总结和揭示新中国成立初期党的新闻宣传历史经验与当代启示。

围绕以上重点，为了最大限度地挖掘研究潜力，遵照研究旨趣与内涵，对全文的分析框架设计如下：

绪论，对新中国成立初期新闻宣传研究作回顾与展望；围绕研究之目的意义、概念界定、学术创新、框架设计阐述研究旨趣。

第一章，对新中国成立初期新闻宣传研究所依托的实践与理论基点作详尽的考察。

第二章，从顶层设计角度对新中国成立初期党的新闻宣传的历史使命、指导思想、管理体制、依靠力量作综合考察，借以展现新政权展开新闻宣传工作所遵循的新理念、新机制和力量基础。

第三章，探讨新闻宣传的内容体系建设，从新中国的经济、政治、社会和思想文化建设等角度分析新闻宣传培育社会主义理想、构筑国家观念、凝聚民族与时代精神的具体过程。

第四章，探析新闻宣传的机构与队伍建设，剖析中国共产党不断推动新闻宣传机构系统化、完善化建设的方法与过程。

第五章，分析新闻宣传的渠道与方法，详细考察由广播收音网、报刊宣传网、国家通讯网与新闻摄影、新闻漫画、群众宣传等共同构建的覆盖全国的新闻宣传网络体系的概况。

第六章，总结新中国成立初期新闻宣传的策略、特征与效果。

第七章，从理论上勾勒、揭示新中国成立初期新闻宣传的经验与规律，探寻新时期新闻宣传的现实路径。

第三节　研究理路与方法

研究理路与方法在很大程度上决定学术研究的严谨程度和所能达到的高度，因此有必要对研究理路与方法作准确定位。基于对新中国成立初期新闻宣传学术史的回顾，以下拟从选题之理论基础、研究方法、资料搜集三个方面阐述研究理路与方法。

一、理论基础

（一）马克思主义新闻宣传理论

马克思主义新闻宣传理论是马克思主义对新闻宣传工作的根本看法，是马克思主义基本理论在新闻宣传领域的具体体现，也是本研究的重要理论基础。马克思、恩格斯是马克思主义新闻宣传理论的创立者和奠基者，列宁继承、捍卫和发展了马克思主义新闻宣传理论，毛泽东、周恩来、刘少奇等党的领导人进一步继承和发展了马克思主义新闻宣传理论。

在长达半个世纪的战斗岁月中，马、恩二人创办、主编和参加编辑的报刊有十余种，先后为近百种各国报刊撰写稿件；他们所写的2000余篇文章和著作，有80%是在120多种报刊上发表的。[1] 通过撰写的大量文章、文件和信件，马克思、恩格斯对无产阶级新闻事业的性质、任务、作用、职能以及工作原则、规律等阐发过许多精辟的观点，例如新闻宣传要"为人民利益而战""为捍卫真理而战"，坚持"争取出版自由"的党报思想，追求实事求是、严谨纯朴的新闻写作风格，争取舆论阵地以进行科学社会主义宣传鼓动，等等。这些论述奠定了马克思主义新闻学的理论基础，成为无产阶级新闻宣传理论的重要组成部分。

列宁新闻宣传思想涉及新闻职能、新闻业务、办报方针、党性原则、出版自由、宣传策略等问题[2]，是苏维埃政府新闻政策的理论基础。对于无产阶级党报的方针定位，列宁一针见血地指出，党报必须"以马克思主义为指针"；对于无产阶级党报的原则定位，列宁阐释道，"出版物应当成为党的出版物"，成为党的"齿轮和螺丝钉"[3]，从而确立了无产阶级党报的党性原则；对于无产阶级党报的功能定位，列宁指出，报纸不仅是集体的宣传员和鼓动员，还是集体的组织者[4]；对于无产阶级党报的对象定位，列宁强调，无产阶级党报必须在精神和物质、政治和经济等多方面充分反映"工农大众的利益"。列宁还提出著名的"灌输"理论："阶级政治意识只能从外面灌输给工人，即只能从

---

[1] 郑保卫：《马克思主义新闻思想研究》，中国人民大学出版社2005年版，第33页。
[2] 张昆：《中外新闻传播思想史导论》，复旦大学出版社2006年版，第125—144页。
[3] 《列宁全集》第四十四卷，人民出版社1990年版，第418页。
[4] 《列宁选集》第一卷，人民出版社2012年版，第441页。

经济斗争外面,从工人同厂主的关系范围外面灌输给工人"[1],因此,"为了向工人灌输政治知识,社会民主党人应当到居民的一切阶级中去,应当派出自己的队伍分赴各个方面"[2]。中国共产党历来强调的新闻宣传的党性原则、组织功能、舆论导向以及新闻宣传工作与党的目标一致、与人民利益一致等指导思想,都源于列宁新闻宣传理论精髓。

毛泽东新闻宣传思想是马克思主义新闻宣传思想中国化的理论成果,也是研究中国共产党的新闻宣传的根本依据。以毛泽东为代表的中国共产党人关于新闻宣传的观点与学说的理论体系,是无产阶级新闻宣传事业的一份珍贵遗产,也是中国共产党集体智慧的结晶。在半个世纪的新闻宣传实践中,毛泽东、刘少奇、周恩来等党的领导人进行了系统而卓有创见的理论思考并提出了众多植根于新闻宣传实践的真知灼见。他们在党和政府的领导岗位和长期的新闻宣传实践中,以总揽全局的战略眼光和前瞻性与规律性的认识,共同创立和发展了毛泽东新闻宣传思想。

毛泽东一生中就新闻宣传工作发表了众多重要的论述、指示、谈话,时至今日都有伟大的指导借鉴意义。从中国共产党的成立、第一次国内革命战争、土地革命、抗日战争、解放战争直至全国范围内无产阶级政权的建立,毛泽东在一系列影响中国命运和决定历史走向的社会大变革中提出了契合复杂政治背景的新闻宣传思想。[3] 其新闻宣传思想与中国传统文化的经久影响,与马克思主义伟大思想的浸润,与早期接受新闻教育、投身报刊实践并勤奋命笔、长于思索都有着密切联系。新中国成立后,共产党由革命党变为执政党,党和政府面临巩固政权和恢复发展经济的主要任务,毛泽东的新闻宣传思想为新政权建设的主要任务服务,从新闻政策的制定到一系列传媒方针的确立,从新闻导向的取舍到办报原则的定夺,从报道战役的指挥到重大新闻观念是非的评判,其新闻宣传思想不断推进,更趋丰满与成熟。[4]

刘少奇在探索社会主义新闻宣传事业发展过程中也提出了一系列卓有创见的理论,并直接领导了对新闻宣传工作的改革。在 1948 年 10 月《对华北记者团的谈话》,以及 1956 年 5、6 月在听取新华社、广播事业局领导工作汇报时

---

[1] 《列宁选集》第一卷,人民出版社 2012 年版,第 363 页。
[2] 《列宁选集》第一卷,人民出版社 2012 年版,第 363 页。
[3] 程曼丽:《中国共产党新闻思想探析》,《新闻与传播研究》2001 年第 3 期。
[4] 童兵、林涵:《20 世纪中国新闻学与传播学(理论新闻学卷)》,复旦大学出版社 2001 年版,第 330 页。

的三次指示中，刘少奇提出了一系列新闻宣传重要观点。[①] 其新闻宣传思想注重公正全面、客观真实与立场鲜明的有机结合，既体现了党性原则，又体现了策略的灵活性，是对毛泽东的新闻宣传思想的有益补充。

周恩来的新闻宣传思想多体现在他对新闻业务的具体指导和关于新闻工作、新闻事业的具体讲话中。作为中国共产党的一名卓越的政治家、军事家、外交家，在一生的革命实践中，周恩来对新闻宣传的一系列基本问题，如新闻宣传的指导思想、基本方法和基本规律等均有精辟论述。周恩来的新闻宣传思想长期以来缺乏深入挖掘和系统整理，但其重要的思想理论价值和对新中国新闻宣传事业的重要推动作用不容忽视。

本书以马克思主义新闻宣传理论为指导，深入研究马克思主义新闻宣传理论中国化的成就与经验，并尝试思考和回答新时期坚持发展马克思主义新闻宣传理论的原则与路径，对当前坚持正确舆论导向，巩固马克思主义在意识形态领域的指导地位，皆具有重要意义。

（二）政治传播理论

政治传播理论从政治修辞、政治形象等角度剖析传播符号，将政治话语、政党形象、危机事件等概念导入传播学分析，这对笔者分析新中国成立初期新闻宣传的内容建设、机构与队伍建设等，具有重要的参考价值，对新时期改善政治宣传的机制、提高政治宣传的质量、提升政治宣传的品质也具有重大启示。

政治传播理论有政治学本位和传播学本位两种取向。前者将政治传播视为一种政治现象和政治行为，关注政治对传播的影响，具体是指国家运用传播手段获取公众同意、维持政治秩序的过程；后者关注传播对政治的影响，将政治传播视为一种特殊的传播现象。[②] 本书借助这一理论体系，综合两种取向，利用理论对实践逻辑的耦合意义，以新中国成立初期中国共产党政治宣传实践为轴心，观察各种宣传技巧以及由此产生的宣传效果，提炼出更切合政治实际的认识。

[①] 为倡导新闻宣传改革，纠正国内新闻界盲目照抄照搬苏联模式的弊病，1956年刘少奇就新闻工作连续作出三次重要指示：1956年5月28日，对新华社工作的第一次指示；1956年9月19日，对新华社工作的第二次指示；1956年5月28日，对广播事业局工作的指示。

[②] 张晓峰、赵鸿燕：《政治传播研究：理论、载体、形态、符号》，中国传媒大学出版社2011年版，第211页。

二、研究方法

新中国成立初期党的新闻宣传研究涉及马克思主义中国化、历史学、新闻传播学、文献学、政治学等学科，所以采取的研究方法也应该是多样化的，本书重点采用以下三种方法：

1. 文献研究与理论分析相结合的方法

系统梳理习近平总书记关于宣传思想工作的重要论述和马克思、恩格斯经典著作中关于新闻宣传的论述，深入挖掘和分析国内外有关新中国成立初期新闻宣传理论、政策、实践的历史文献资料，以马克思主义中国化研究的基本规律为学科依据，以史促论，史论结合，探索研究新中国成立初期党的新闻宣传的实践成效。

2. 符号学分析方法

符号学不仅是一个研究领域，而且还是一种综合的跨学科的方法论。从符号学角度，将"马克思主义"的能指与所指剥离，分析新中国成立初期马克思主义的话语结构和概念体系，总结马克思主义的"意群链"如何通过党的新闻宣传实践，深入表达马克思主义的整体性内涵，形成认识马克思主义的基本知识形式、知识结构，构建马克思主义话语体系。

3. 系统分析法

按照事物本身的系统性将研究对象放在系统形式中加以考察，整体把握其历史背景及自身内在要素间的相互关联。一方面将新中国成立初期党的新闻宣传工作视为一个完整系统，从内部的渠道、内容、机构与队伍等要素结构出发，分析其历史进程及内在逻辑。另一方面将党的新闻宣传系统视为更大的社会系统中的子系统，分析政治、经济、社会制度、思想文化环境与新闻宣传之间的相互影响作用。

三、资料搜集

资料的搜集、整理与分析是能否完成并做好本课题的核心环节。新中国成立初期党的新闻宣传相关研究成果较少，资料搜集比较困难。本书围绕主题而搜集的资料主要包括以下五个方面：

1. 档案及档案汇编

由于已有研究成果有限，档案构成本书最基础的研究材料。重点参阅1949—1956年北京市档案馆和四川省档案馆馆藏档案，如中央宣传部，北京市委宣传部、市委组织部、市委办公室，四川省委宣传部1949—1956年的档案等。此外还查阅了中国国家图书馆、上海市档案馆、南京市档案馆、成都市档案馆相关档案资料。

2. 方志与统计年鉴

档案属于尚未整理的原始资料，而方志与统计资料则属于经过专家学者初步整理，较为真实地记录和反映1949—1956年各地新闻宣传发展演变的一手材料，对于弥补档案资料的空缺具有重要作用。主要参阅北京市地方志编纂委员会编的《北京志·新闻出版广播电视卷·广播电视志》《北京志·新闻出版广播电视卷·报业·通讯社志》《北京志·新闻出版广播电视卷·期刊志》，以及北京市档案馆馆藏档案《北京志·广播通讯社出版篇》和《北京志·报纸杂志篇》。此外，使用了《四川统计年鉴》《中国社会统计资料》等年鉴资料。

3. 文史资料

本书十分重视党的文献资料和地方文史资料的使用，如《建国以来重要文献选编》《中共中央文件选集》《中国共产党新闻工作文件汇编》《北京市重要文献选编》《北京市抗美援朝运动资料汇编》《中国共产党宣传工作文献选编（1949—1956）》《党的宣传工作会议概况和文献（1949—1956）》《中国共产党的七十年》《中国共产党的历史》《中共党史资料》《中国现代史资料选编》《中华文史资料文库》等。

4. 报刊资料

本书考察新中国成立初期党的新闻宣传，这一时期的报刊内容成为重要依据，如《人民日报》（1949—1956年）、《光明日报》（1949—1956年）、《解放日报》（1949—1956年）、《中国工人报》（1949—1956年）、《解放军报》（1949—1956年）等。

5. 网络资料

本书从因特网、超星数字化图书馆、中国学术期刊网、人大报刊复印资料数据库、中国优秀博硕士论文全文数据库等获取相关资料。

第四节　学术创新与不足

一、可能的创新点

本书秉承创新的宗旨，尝试在思路、资料、观点等方面寻求突破。

1. 学术思想的特点和创新

由以往的新闻宣传史研究范式转向融合多学科理论与方法的研究，将新闻宣传的目标理念与生动实践同马克思主义意识形态的结构层次、建构过程及舆论路径结合，意在以新的问题意识为导向产生系列性的研究新论题和新思想。

2. 研究方法的特点和创新

借助马克思主义、中共党史、新闻传播学、政治学等多学科提供的理论框架，通过挖掘档案、调查报告、私人日记文集，以及实录、方志、公报等官方文献资料，形成新中国成立初期党的新闻宣传实践及经验研究的多维视野。

3. 观点创新

以往研究更倾向于从新闻传播史或党史的角度分析新中国成立初期党的新闻宣传，而对于中国共产党在运用新闻媒介推动马克思主义国家意识形态建立过程中的基本思路及新闻宣传在马克思主义中国化过程中的作用及影响认识不足。本论题考察新中国成立初期党的新闻宣传工作在确立马克思主义意识形态过程中的关键作用，力求实现新闻宣传经验与价值方面的观点创新。

（1）新中国成立初期，中国共产党面临着美苏抗争与新生政权亟待巩固的严峻挑战，新闻宣传工作承担着确立社会主义意识形态、赢得国内外对新生政权认同的历史使命。为此，党对新闻宣传开展全面价值重塑与体制重构，确立马克思主义在意识形态领域的指导地位，确立党管宣传的基本制度，形成以党报为主体的社会主义新闻宣传事业格局。新的价值理念和宣传体制有力推动了马克思主义意识形态和社会主义价值观的传播，其基本价值与基本体制影响至今。

（2）中国共产党从推动社会主义意识形态大众化、呈现国民经济恢复发展成就、展现人民当家作主角色转换、推动思想文化转型重构等方面开展新闻宣传实践，塑造了中国共产党全面执政的新形象，初步构筑了新中国的国家形象，形成了中华民族独特的自我意识和自我阐释方式。

（3）党的新闻宣传实践推动新中国成立初期马克思主义话语体系的建构与传播，开启了马克思主义中国化的革命性阶段。通过新闻宣传，马克思主义的"意群链"在深入表达马克思主义的整体性内涵的同时，形成了认识马克思主义的基本知识形式和知识结构。

（4）新时期的新闻宣传工作应汲取新中国成立初期新闻宣传工作的智慧与经验：将巩固和扩大党的执政合法性基础作为新闻宣传工作的根本主张；欲强固马克思主义意识形态与舆论导向，必须充分发挥新闻机构的喉舌功能；凝聚人民共识是培育国家民族意识与阶级意识的重要条件；构建层次分明的新闻宣传体系是新闻宣传工作取得实效的组织保障。

二、困难与不足

第一，笔者尝试对新中国成立初期党的新闻宣传进行深刻而具体的叙述，并作出全局性和经验性解释，但受限于现有的学术功底、材料搜集和把握能力，笔者只能尽最大可能从纷繁复杂的历史画卷中梳理出有限的线索，对新中国成立初期党的新闻宣传基本过程进行相对客观的描述，并结合相应的社会历史背景进行辩证分析。

第二，新时代新闻宣传的理念、内容、体裁、形式、方法、手段、业态、体制、机制都发生了很大改变，但其导向、原则、本质没有变。本书对新中国成立初期与新时期新闻宣传的"变"与"不变"把握不足，需进一步对党的新闻宣传工作形成规律性认识，创新新时期新闻宣传的发展路径。

第三，文献综述部分还需进一步充实，拓宽研究基础，进一步挖掘档案、调查报告、私人日记文集，以及实录、方志、公报等官方文献资料。

第四，书中某些分析和表述，以及对于新中国成立初期新闻宣传历程的划分和定位都有待进一步的深入研究予以确证或调整。

第一章　新中国成立初期党的新闻宣传的理论与实践基点[①]

党的新闻宣传发端于五四新文化运动，直至新中国成立，已日臻完备与成熟。新中国成立初期，党的新闻宣传有着深厚的实践与理论来源，它由产生与发展时的政治、经济、思想、文化结构、历史环境、民族心理、国际环境等诸多因素共同决定。这些因素制约着党的新闻宣传的全部历史进程，也构建了以马克思主义中国化、时代化、大众化为中心的新闻宣传样态。其中，马克思主义新闻思想是这一阶段新闻宣传的基础理论，党的新闻宣传实践及其理论总结为这一阶段新闻宣传提供了丰富的实践经验。基于此，中国共产党在全国范围、以全体规模宣传和发展马克思主义，开启了马克思主义中国化的革命性阶段。

第一节　国内外背景考察

新中国成立初期，中国共产党面临国际上美苏两种力量泾渭分明的抗争格局与国内新生政权亟待巩固的严峻挑战，党的新闻宣传工作在特殊历史背景下承担着重要使命。下面在整体史观指导下遵循历史沿革和历史逻辑对新闻宣传环境作历时性、共时性考察，以此探析新闻宣传工作的时代特征与不变主旨。

一、国内背景历时性考察

新闻宣传的变革与发展，是在与环境的互动中实现的。政治环境、经济环境、社会制度环境、思想文化环境等共同决定了新闻宣传的发展概貌，是新闻宣传变革发展的重要动因。新中国成立初期，政权建立巩固，社会制度重构，

[①] 本章主体内容见邱爽、蔡丽丽：《使命更新与话语转换——新中国成立初期中国共产党新闻宣传工作的实践基点》，《东北师大学报（哲学社会科学版）》2020年第3期。收入时有改动。

阶级阶层变迁，国民经济复苏，思想文化嬗变，新闻宣传因此呈现富有生机的新态势。

（一）政权建立巩固为新闻宣传提供相对稳定的政治环境

新中国成立前，国家民族灾难深重，人民生活困苦，从英法联军到八国联军，从北京失守到南京沦陷，中国屡屡深陷亡国灭种的绝境。[①] 1949年新中国成立后，国家仍面临复杂形势和严峻困难：西南、西北、华东、华南等部分地区尚未完全解放；经年累月的战争为国家带来严重创伤。

先独立、后富强是历史的必然，在千头万绪中，唯有首先建立和巩固新生人民政权，才能为振兴国民经济、恢复政治活动、开展社会改革、巩固各级人民政权创造有利条件。为此，通过长达三年的全国革命斗争，中国共产党初步完成政权的建立巩固，由此奠定了顺利开展其他一切工作的必要前提。首先，在1949年7月至1950年6月的一年中，人民解放军进军华南、西南等地，解放了除台湾、西藏和某些沿海岛屿以外的全部国土，实现了祖国的空前统一。[②] 其次，自1950年春，长达三年，人民解放军最终夺得剿匪斗争的胜利，这一胜利对消灭国民党残余武装，迅速恢复我国各级地方政权和恢复革命新秩序具有重要意义。[③] 再次，通过军事行动和与地方当局谈判，1951年西藏和平解放，至此，除台湾、澎湖、金门、马祖等岛屿以及香港、澳门外，[④] 国家统一大业基本完成。

国家的独立统一是人民衷心渴望的目标，但这仅是建立、巩固一个强有力的国家政权的前提和保障。因此，新中国伊始，中国共产党在争取全国统一的同时，多管齐下，努力奠定新政权的合法性基础。首先，以牢固确立社会主义意识形态的主导地位作为思想基础，大力宣传马克思主义的世界观、价值观、人生观，在全国普遍树立起对马列主义和毛泽东思想的信仰。其次，以不断提高党的执政绩效作为根本途径，其中，土地改革、稳定物价与统一财经的斗争、节制资本政策、抗美援朝战争，都在一定程度上获得了不同阶级对新政权

---

① 李彬：《专业性还是人民性：新中国新闻业的一点断想》，《经济导刊》2014年第6期。
② 翟昌民：《回首建国初——从新民主主义向社会主义过渡的回顾与思考》，中共中央党校出版社2005年版，第23页。
③ 参见1950年3月16日中共中央、中央军委发布的《剿灭土匪，建立革命新秩序》指示，载翟昌民：《回首建国初——从新民主主义向社会主义过渡的回顾与思考》，中共中央党校出版社2005年版，第27—28页。
④ 翟昌民：《回首建国初——从新民主主义向社会主义过渡的回顾与思考》，中共中央党校出版社2005年版，第41页。

的支持和认可。再次，以保持执政党先进性作为关键环节，其中，整风运动、"三反""五反"运动和整党建党工作都在一定程度上加强了党的自身建设。最后，以积极争取国际社会的认同作为重要条件，向以苏联为核心的社会主义国家"一边倒"，并结成中苏同盟，为新中国发展赢得了一个相对有利的国际环境。[①] 以上举措使新生共和国政权不断得到巩固，中国国际地位和民族自尊心大为提高，新中国日渐屹立于世界东方。

政权建立巩固为新中国成立初期的新闻宣传提供了稳定的政治环境，这一政治环境亦从根本上决定了新闻宣传的主要任务和内容。同时，新闻宣传作为党和人民的"喉舌"与"阵地"，又在建立巩固新生政权的过程中发挥着重要作用。新中国成立后，中国共产党成为执政党，全面领导、组织新闻宣传工作，建立了社会主义意识形态和政治认同感，创造了民众对新政权认同与支持的巨大源泉。

（二）社会制度重构对新闻宣传体制机制建构和战略策略布局发挥重要作用

1949到1956年是中国社会制度的转型与重构时期。社会主义制度在国民经济逐步恢复、社会主义改造初步完成后基本确立，这是中国历史上最为伟大和深刻的社会变革。围绕社会主义制度这一根本政治前提和制度基础，以生产资料公有制为基础的社会主义经济制度、中国共产党领导的人民民主专政的社会主义基本政治制度等重要制度也建立起来。同时，各项更为具体的经济、政治、文化制度逐步确立完善，最终形成具有逻辑性、系统性的制度体系。至此，中国社会跨越漫长的资本主义发展历史阶段，从一个半殖民地半封建社会进入社会主义时代。

社会制度环境构建了新闻宣传相对封闭且不可抗拒的"外部现实"，对新中国成立初期新闻宣传体制机制的建构和战略策略的布局发挥着重要作用。社会主义制度是以马克思主义为指导的中国共产党在遵循规律的前提下对中国社会前进方向的自觉选择，而新闻宣传则需要进一步将社会主义制度及其所要求的新制度、新规范内化为民众内心自觉遵守的价值理念。从自觉选择到自觉遵循，社会制度环境既是保障，也是重要推动力。

[①] 参见赵付科：《新中国成立初期中国共产党巩固新生政权的历史经验》，《社会主义研究》2011年第5期。

（三）阶级阶层变迁为新闻宣传提供必要的组织力量和情感动力

列宁在《伟大的创举》中指出：所谓阶级，就是这样一些大的集团，这些集团在历史上一定社会生产体系中所处的地位不同，对生产资料的占有关系不同，在社会劳动组织中所起的作用不同，因而领导自己支配的那份社会财富的方式和多寡也不同。① 这一定义揭示了划分阶级的根本标准，即各阶级在一定社会经济结构中所处的地位，主要是对生产资料的占有关系。在此基础上，社会阶级阶层结构变化主要有两大动因，一是社会制度、社会政策变化，二是产业结构变化，前者带来社会资源重新分配，后者引发职业结构的变迁。②

基于社会阶级阶层结构变化的两大动因，新中国成立初期阶级结构经历了两次大的变迁，由多元、复杂、分裂状态转变为高度整合、同质性强的"两个阶级、两个阶层"③ 结构。第一次是1949到1952年，国民经济的恢复和新政权建设、土地改革等一系列运动给经济结构带来巨大变革，同时，与新民主主义经济结构相对应的阶级格局也逐步形成。工人阶级、农民阶级、城市小资产阶级和民族资产阶级跃升为国家的主人，官僚资产阶级和地主阶级则走向覆灭和消亡，此外，一个新型的人民群众自己的管理者阶层初步形成并构成工人阶级中一个较独立阶层。第二次是1953到1956年，随着三大改造基本完成和社会主义制度基本确立，社会经济结构发生根本变化。社会阶层结构也被彻底重塑：民族资产阶级被改造，其作为一个完整的社会实体已不复存在；小资产阶级中的绝大多数走上了合作化道路或并入公私合营企业，成为工人阶级的一部分；农民阶级由小私有者变为社会主义集体农民；工人阶级由现代雇佣无产阶级转变为占有生产资料并处于整个社会中心地位的阶级；知识分子成为工人阶级内部的一个社会阶层。④ 中国的社会阶级阶层结构演变为"两个阶级、两个

---

① 《列宁选集》第四卷，人民出版社1972年版，第10页。
② 王尚银：《社会阶层结构变动对政治变化的影响》，《东岳论丛》2006年第6期。转引自于昆：《变迁与重构：新中国成立初期社会心态研究（1949—1956）》，中国社会科学出版社2014年版，第20页。
③ 亦有学者将新中国成立初期的阶级阶层结构归纳为"两个阶级、一个阶层"结构，即工人阶级、农民阶级和知识分子阶层。于昆：《变迁与重构：新中国成立初期社会心态研究（1949—1956）》，中国社会科学出版社2014年版，第1页。
④ 参见于昆：《变迁与重构：新中国成立初期社会心态研究（1949—1956）》，中国社会科学出版社2014年版，第1页；郭永钧、陈伏球：《浅论新中国阶级结构的发展演变及现状》，《社会科学战线》1990年第4期。

阶层"格局,即工人阶级、农民阶级和管理者阶层、知识分子阶层并存的格局。①

深刻的社会变革和阶级阶层变动构建了有序的社会环境,并为新闻宣传提供了必要的组织力量和情感动力。首先,新中国城乡社会的阶层转换过程亦伴随着对城乡新型社会组织的建立、改造和重建,基于此,新闻宣传克服了旧中国的散漫无组织状态,以更具针对性和影响力的方式开展新闻宣传工作。在农村,农民协会、青年团、妇女联合会、互助组、合作社等一系列新乡村社会组织逐步建立,在城市,在社、区、街道的城市三级政权体系基础上,各种人民群众团体组织、社会公益团体组织、文学艺术研究团体组织和其他行业协会发展组建起来,农民和城市居民被聚合到某一基本组织形式中。这种高度整合、同质性强的阶层结构加强了党对社会成员的组织与管理,打破了自古以来支配中国的地方主义,更为这一阶段新闻宣传实现"关心群众疾苦并为群众说话"和"坚持全党做宣传"的民主、平等目标提供了组织基础。其次,这一阶段阶级阶层变迁使阶级意识超越了传统的、建立在血缘基础上的小共同体意识,这大大增强了新闻宣传在社会动员与社会整合过程中的情感推动力,提高了民众对国家的认同。②

(四)国民经济复苏为新闻宣传奠定重要的物质基础

新中国成立后,国家面临异常严峻的经济形势和困难。受战争破坏、帝国主义长期掠夺和国民党暴虐榨取的多重影响,这一时期工农业生产滞后,通货膨胀和社会失业严重,整个国民经济几近崩溃状态。鉴于此,中国共产党把恢复经济、发展生产、争取国家财政经济状况好转等经济建设内容作为中心任务,并在三年内卓有成效地完成了这一任务。

党的七届二中全会上,毛泽东指出:在工作重心从乡村转移到城市后,就应该"开始着手我们的建设事业,一步一步地学会管理城市,恢复和发展城市中的生产事业"③。党的七届三中全会上,毛泽东在《为争取国家财政经济状况的基本好转而斗争》的书面报告中进一步布局:要获得财政经济情况的根本好转,需要三个条件,即土地改革的完成、现有工商业的合理调整和国家机构所需经费大量节减;实现这三个条件,必须做好土地改革、稳定物价、调整工

---

① 郭永钧、陈伏球:《浅论新中国阶级结构的发展演变及现状》,《社会科学战线》1990年第4期。
② 杨雪冬:《中国国家建构简论:侧重于过程的考察》,《学术季刊》2002年第2期。
③ 《毛泽东选集》第四卷,人民出版社1991年版,第1428页。

商业（以调整公私关系为中心）等八项工作；坚持"不要四面出击"的战略策略方针。① 得益于党的一系列政策方针引导，随着国民经济的恢复和土地改革的完成，国民经济发展取得了引人瞩目的成就。全国工农业生产已经恢复和达到中国有史以来的最高水平（1936年）。1952年工农业生产总值为810亿元，比1949年增长77.5%，比新中国成立前的最高水平（1936年）增长20%。其中工业总产值为349亿元，比1949年增长145.1%；农业总产值为461亿元，比1949年增长53.5%，主要工农业产品的产量已超过新中国成立前最高水平。钢产量135万吨，比新中国成立前的最高水平增长46.3%；发电量73亿度，增长21.7%；原煤6600万吨，增长6.5%；粮食1639亿公斤，增长9.3%；棉花1303.7万公担，增长53.6%。②

国民经济的恢复与振兴为新闻宣传提供了相对宽松的经济环境，也为新闻宣传事业的发展奠定了重要物质基础。新闻宣传首先是建立在一定经济关系和由此产生的经济环境基础上的，稳定的经济形势为新闻宣传形成新格局并获取民众支持创造着巨大源泉。同时，衡量一个国家经济发展的指标，如人均国民收入、与新闻宣传有关的国家基础设施（交通、电信、邮政事业）、工业发展水平等，直接决定着新闻宣传事业的现实基础。③ 新中国成立初期，国民经济在三年内恢复战前水平并有力推动社会主义建设和改造的渐进式展开，这在一定程度上为国家上层建筑发展奠定了物质基础。恩格斯指出："通过社会生产，不仅可能保证一切社会成员有富足的和一天比一天充裕的物质生活，而且还可能保证他们的体力和智力获得充分的自由的发展和运用。"④ 国民经济的恢复发展为民众提供了智力充分发展、思想自由解放的经济环境，新闻宣传因此呈现出富有生机的新态势。同时，高度集权的政治体制和高度集中的计划经济，也决定了新中国成立初期清一色的党媒（党报）格局。⑤

（五）思想文化嬗变为新闻宣传烙印深刻的文化因子和文化印记

思想文化属于意识形态范畴，在向经济、政治相关社会各领域渗透的同时，也为民众提供了新的价值结构与理性思维结构。新中国成立初期，为了与新的经济基础和上层建筑相适应，党确立了思想文化领域探索与实践的重要任

---

① 《新华月报》，1950年7月号，第488页。
② 何泌：《中华人民共和国史》，高等教育出版社1997年版，第54页。
③ 张昆：《政治传播与历史思维》，华中科技大学出版社2010年版，第245页。
④ 《马克思恩格斯全集》第二十五卷，人民出版社2001年版，第411页。
⑤ 吴廷俊：《考问新闻史》，复旦大学出版社2013年版，第15页。

务，即确立马克思主义在意识形态领域的主导地位，使新生政权巩固发展并得到民众支持。

新中国成立初期，受社会遽变和文化发展自身传承性的影响，思想文化呈现多元并存的复杂格局。一方面是思想意识形态和政治意识形态多元发展，马克思主义意识形态与民族资产阶级思想、小资产阶级思想，甚至封建思想残余和帝国主义思想等非马克思主义同时存在。另一方面是文化价值观念多元并存。不同思想内容、不同艺术风格的文艺作品并存，多样化的价值观交汇。既有"赞美新政权、歌颂共产党、热情地为人民服务的文艺作品"，也有试图站在"超阶级""客观主义"的立场创作发表与党的文艺政策相左的作品；既有"劳动光荣"的新型价值观，也有一些剥削阶级和小资产阶级的价值观存在。①新中国成立后，毛泽东旗帜鲜明地提出："在我们无产阶级专政的国家里，当然不能让毒草到处泛滥。无论在党内，还是在思想界、文艺界，主要的和占统治地位的，必须力争是香花，是马克思主义。"② 面对复杂多元的思想文化格局，为使马克思主义在意识形态领域成为"占统治地位的思想"，党采取了一系列行之有效的方法。例如，开展广泛的马克思主义理论学习，指导知识分子思想改造，开展对唯心主义思想的批判等。③ 虽然在思想改造和思想批判中出现偏差，但马克思主义最终作为一种方法论，在思想文化领域得到普及，并为党的各项中心工作提供指导思想和发展方向。

思想文化嬗变构建了新闻宣传发展的文化环境，使新闻宣传内容烙印了深刻的文化因子和文化印记。受思想文化环境制约，这一阶段的新闻宣传在内容和方法上都显现出强烈的意识形态特征。同时，由于参与新闻宣传的主体是具有文化属性的个人，思想文化通过对新闻工作者和普罗大众的引导，深刻影响新闻宣传发展。新闻宣传以富有时代特征的独特方式整合社会意识形态，引导公民的普遍观念。

二、国际背景共时性考察

影响新闻宣传的环境系统，既包括经济、政治、社会制度、阶层变迁等国内环境因素，也包括世界基本矛盾、政治力量与国际格局变化，以及中国在整

---

① 王先俊：《建国初期的社会变迁与党对思想文化的整合》，《当代中国史研究》2003年第3期。
② 《毛泽东文集》第七卷，人民出版社1999年版，第197页。转引自欧阳雪梅：《毛泽东与马克思主义在我国思想文化领域指导地位的确立》，《毛泽东研究》2016年第3期。
③ 欧阳雪梅：《毛泽东与马克思主义在我国思想文化领域指导地位的确立》，《毛泽东研究》2016年第3期。

个世界政治经济体系中所处的地位等全球性环境因素。基于此,从主权国家的立场出发研究新中国成立初期的新闻宣传,需要对这一阶段新闻宣传的外部环境作共时性透视,透过错综复杂、激烈对抗的国际形势分析党的新闻宣传的战略策略和原则立场。

新中国成立时面临着世界三大基本政治力量并存的国际环境。帝国主义国家、社会主义国家,以及广大亚非拉地区的民族独立国家,这三种力量之间的矛盾及其关系构成了以美、苏为中心,两大阵营对立的国际关系基本格局。新中国的成立,既是一个社会主义国家的发端,也是一个被压迫民族的新生;新中国的新闻宣传在这一时期世界政治和国际关系基本格局中面对着泾渭分明的两种力量的抗争。

(一)社会主义阵营的友好善意引导新闻宣传原则立场的确立,但新闻宣传在学习苏联过程中也暴露出教条主义弊端

新中国成立,以毛泽东为代表的中国共产党人选择"一边倒""另起炉灶""打扫干净屋子再请客"的外交战略,加入了以苏联为代表的世界社会主义阵营。一个占世界人口四分之一的国家取得人民民主革命胜利,加入社会主义阵营,这从根本上改变了国际形势,增强了世界尤其是远东地区的和平民主力量。同时,新中国拒绝承认国民党时期建立的外交关系和西方资本主义国家的在华人员及外交机构。独立自主的外交政策迅速为中国赢得国际社会的广泛承认,并在很大程度上提高了新生共和国的国际地位。新中国在成立第一年,就与苏联、保加利亚、波兰、蒙古、德意志、越南、匈牙利、阿尔巴尼亚、朝鲜、捷克、丹麦、瑞典、瑞士、印尼等17个国家建立正式外交关系,同时还有南斯拉夫、巴基斯坦、英国等9个国家表示愿意与我国建立邦交。[1]

这一时期,作为"苏联的最大盟友",我国在经济技术上获得苏联极大援助,突破了西方资本主义国家的封锁遏制。1950—1954年,中苏签订援建建设项目156项,其中大部分建成使用的项目都给中国工业生产和国民经济体系建立带来巨大能量。苏联向中国提供相当数量的长期低息贷款,培养大批工程技术人才,并且无偿转让大量技术材料。据资料统计,1950—1954年间,苏联向中国提供贷款总额为53.7亿元;至1959年,中国从苏联和东欧各国获得了4000多项技术资料。[2]

---

[1] 蒋建农:《关于新中国外交方针的几个问题》,《当代中国史研究》1996年第2期。
[2] 尹紫薇:《新中国基本外交方针的历史回顾与思考》,《学理论》2012年第30期。

新中国成立初期的新闻宣传实践与经验（1949—1956）

社会主义阵营的友好善意引导新中国新闻宣传原则立场的确立。这一时期新闻宣传为实现国家利益，与国家内政外交保持高度一致。在"学习苏联"的过程中，新闻宣传开创性地刻画了新中国对外基本形象，构建了新闻宣传的基本框架、基本理念和基本模式，形成了广播、书刊、通讯等多层次新闻宣传事业体系。但是，受"学习苏联""一边倒"外交战略影响，新闻宣传工作机械照搬苏联新闻宣传模式，暴露出部分问题，例如较为严重的教条主义倾向，以及偏离客观性的报道等。

（二）西方资本主义国家的封锁遏制，使新中国对外宣传的策略与效果出现偏差，中国的另一种世界镜像被定格

第二次世界大战后，美国综合国力高居世界之首，成为西方资本主义集团的核心，以美国为核心的"北大西洋公约组织"成立。"北约"的侵略和霸权政策，严重威胁中国乃至世界的和平安全。新中国成立伊始，新生的共和国政权即面临西方资本主义集团的孤立、威胁、封锁和遏制。

西方资本主义国家在我国周边国家和地区发动战争，严重威胁我国国家安全。1950年6月朝鲜战争爆发后，美国军事入侵台湾海峡，并对中国周边国家和地区进行武装干涉。为维护民族独立和国家主权，毛泽东和中共中央作出抗美援朝战略决策，从根本上扭转了朝鲜战局并取得战争胜利。

西方资本主义国家对我国实施封锁禁运，严重阻碍社会主义经济建设。据有关资料记载，1949年6月下旬起，美国联合其他西方国家对华实行经济封锁和禁运。对南起闽江口、北至辽河口的中国东部沿海港口实行封锁，禁止一切外国船只驶入；对一切直接的军事物资和装备，重要的工业、交通、通讯物资和设备实行禁运，禁止向中国出口。根据美国商业部统计，美国对华出口总值在1948年为2.7亿美元，1949年跌至0.8亿美元，1950年1月至8月更减少到0.33亿美元。[①]

西方资本主义的孤立、威胁、封锁、遏制，以及美、苏等国对世界及区域霸权的争夺，使新中国在新闻宣传尤其是对外宣传上也采取"一边倒"策略。新闻宣传的一个最重要或根本的功能，就是维护和满足国家利益。[②] 但是，囿于国际上美、苏泾渭分明的抗争格局，中国政府在这一时期期望建立的国家形

[①] 于化民：《"三大政策"与独立自主的新中国外交》，《安徽史学》2007年第5期，《新华文摘》2008年第3期转载。

[②] 习少颖：《1949—1966年中国对外宣传史研究》，华中科技大学出版社2010年版，第175页。

象与实际形成的世界镜像存在差异。一个独立自主、发展、和平、革命、负责任的中国与一个未知的、被"禁止"的中国同时被历史定格。

第二节 多重条件的历史耦合

事物的发展不是自发的，也不是一触即发，而是历史与现实、必然与偶然相互作用的结果。鉴于此，新闻宣传既需要借助所处时代的政治、经济、文化、思想、社会制度、阶层结构、民族心理、国际形势等环境因素，也需要具备一定的条件和基础。可以说，与环境的互动是新闻宣传的外部动力，而多重条件的历史耦合成为新闻宣传的内生动力。新中国成立初期，组织的、制度的、外部的及历史的条件为新闻宣传发展奠定基础。

一、组织条件：中国共产党的坚强领导

新中国成立，中国共产党的历史地位发生根本转变，从一个在局部地区领导革命夺取政权的党，转变为一个在全国范围内领导国家重建并掌握和巩固政权的党；从一个秘密的没有权利的党，转变为一个公开的、拥有执政合法性的党。1949—1956年，在新中国内外交困之际，中国共产党冷静、客观地分析形势，将其政治力量和组织方式深入到新中国每一个阶层和每一个领域，完成了国家的改造和重建。[①] 在马克思主义指导下，建立起一系列社会制度，为当代中国一切发展进步奠定根本的制度基础；领导人民通过恢复国民经济、实行三大改造，取得显著的经济增长速度；奉行独立自主外交战略，大大提高民族自尊心和国际威信；等等。

新中国新闻宣传工作的顺利开展与社会主义意识形态话语权的初步确立，同样得益于中国共产党的坚强领导。新中国成立后，中国共产党以一个用马克思主义理论武装起来的无产阶级政党所具有的理论素质和政治素质，引导新闻宣传工作的指导思想、体制机制、观念定位、价值取向以及新闻职业道德规范的形成。借助执政党地位，中国共产党在全国快速建立起完整的新闻宣传体系；凭借共产主义信念和责任感，提出了"联系实际、联系群众、批评与自我批评"等优良的新闻工作方针；党的新闻宣传媒介也凭借革命年代树立的威信

---

① 邹镜：《二十世纪中国政治》，香港牛津大学出版社1994年版，第3—4页。

迅速获得人民信任。[1] 由此，新闻宣传媒介在新中国成立初期各种运动和建设事业中逐渐"成为反对一切脱离马克思列宁主义、脱离党的总路线的倾向和与资产阶级思想作斗争的重要武器"[2]，推动了社会主义意识形态话语权的初步确立。

二、制度条件：新民主主义制度保障

新中国成立前，中国共产党已逐渐探索出新民主主义制度建设的基本思路和经验。政治上，建立工人阶级领导的以工农联盟为基础的人民民主专政的国体、人民代表大会制度的政体、多党合作与政治协商的政党制度，以及统一多民族国家和在单一制国家中的民族区域自治制度的国家结构形式；经济上，实行多种经济成分在社会主义性质的国营经济领导下分工合作的经济制度；文化上，倡导发展以马克思主义为指导的民族的、科学的、大众的文化。[3] 新中国成立后，新民主主义制度经过民主革命时期的孕育发展，在全国范围内普遍建立。

虽然新民主主义社会只是一种过渡性质的社会形态，新民主主义制度也在建立后不到四年即被放弃，并未得到进一步巩固发展，但不容忽视的是，新民主主义制度在全国范围内普遍建立，使社会主义因素在政治、经济、文化等领域迅速发展。新民主主义社会存在的短暂几年内，建立社会主义成为社会的基本共识，马克思主义话语体系初步构建起来，马克思列宁主义和毛泽东思想逐步成为人民的共同信仰，这为社会主义改造的顺利完成和向社会主义过渡奠定了坚实基础。

新民主主义制度的建立为新闻宣传提供了充分的政治基础和社会条件，形成了新生共和国的基本制度框架，并遵循历史逻辑，建构了多种经济成分并存和各阶级联合专政的制度格局。新民主主义制度的政治生命力和制度优越性为新中国成立初期的新闻宣传带来了相对自由宽松的制度环境，也充分调动了社会各界参与新闻宣传的积极性。

---

[1] 吴廷俊：《中国新闻史新修》，复旦大学出版社2014年版，第422页。
[2] 中共中央宣传部办公室印发：《中共中央关于改进报纸工作的决议（1954年7月17日）》，四川省档案馆藏，建川003-113。
[3] 于江涛：《中国特色社会主义制度与新民主主义制度的历史关联》，《科学社会主义》2014年第5期。

三、外部条件：苏联新闻宣传经验借鉴

新中国成立初期，受"一边倒"外交策略的影响，中国共产党遵循"以苏联为师"的原则，将苏联社会主义建设中众多可资借鉴的经验转变为发展实践。在新闻宣传领域，系统学习苏联新闻宣传工作经验，成为我国社会主义新闻宣传事业建设的一个重要指导思想。这一时期对苏联新闻宣传经验的学习借鉴，主要表现在以下几方面：

学习列宁的办报思想和办报实践，奠定新中国新闻宣传事业的指导思想和理论基础。在毕其一生的革命生涯中，列宁以"俄国社会民主工党的政治活动家""新闻工作者""党报的职业编辑"[1]的身份，创造性地发展了马克思主义新闻理论与实践。新中国新闻宣传的马克思主义一翼开始形成并发展，极大程度上得益于列宁新闻宣传思想的深刻影响。中国共产党历来强调的新闻宣传党性原则、指导方针、组织功能、群众路线等，也都源于列宁新闻宣传思想的精髓。这些理论原理和科学方法进一步加深了我国的新闻工作者对无产阶级新闻宣传事业党性原则的认识，指导无产阶级党报成为"真正的人民的政治报纸"[2]，成为集体的"宣传员""鼓动员""组织者"[3]。

注重新闻学著作的译介出版，介绍苏联新闻界的采、写、编、评、摄、播、印刷以及经营管理和发行等新闻宣传工作的业务经验。《人民日报》的《新闻工作》副刊自1950年1月4日创刊后，用大量篇幅刊登译介了苏联报刊和介绍苏联宣传经验的文章。创刊号《编者的话》中提道："我们有一个便利的条件，这就是可以大量地利用我们的先进国家苏联的经验"，"苏联有自一九□□年火星报出版以来的革命新闻工作的丰富经验，特别是有自一九一七年十月社会主义革命成功以来的社会主义新闻工作的丰富经验"。[4] 新中国成立初期，我国出版苏联新闻传媒工作方法的书籍共18种，而介绍其他国家传媒的

---

[1] 列宁作为无产阶级革命家，毕生与无产阶级新闻宣传活动结下了不解之缘，并自豪地以新闻工作者自居。1921年，他在填写莫斯科苏维埃成员工作证卡片时，在职业栏中郑重地填写了"新闻记者"，并且向在场的斯大林等俄共领导人解释说："我一生做得最多的事情，是给报刊写文章，所以，我的职业是新闻记者。"列宁的夫人娜·康·克鲁普斯卡娅曾经多次称列宁是"记者"，自己是"记者的妻子"；并专门著书，详细介绍列宁怎样做编辑，怎样为工农写稿，怎样培养工人通讯员，怎样做报纸群众工作，怎样成长为一名无产阶级的新闻工作者。克鲁普斯卡娅对自己丈夫的评价是"党报的编辑者和组织者"。参见克鲁普斯卡娅：《列宁是党报的编辑者和组织者》，焦桐译，上海人民出版社1958年版。

[2] 《列宁全集》第五卷，人民出版社1986年版，第8页。
[3] 《列宁选集》第一卷，人民出版社2012年版，第441页。
[4] 《人民日报》1950年1月4日第5版。

只有印度 1 种、英国 1 种和美国 1 种。[1] 国内新闻宣传机构对口访问苏联蔚然成风，苏联新闻工作者也应邀访问中国，介绍苏联新闻宣传工作经验，国内新闻界出现学习苏联的高潮。

效仿苏联新闻宣传体制，在"一元化"宣传体制下巩固社会主义思想阵地。新中国成立初期，政治经济体制决定了一元化党报格局；宣传部在党的机构中的重要地位凸显，新闻宣传机构成为党的"齿轮和螺丝钉"，新闻工作者成为集体的"宣传员""鼓动员""组织者"。

在学习苏联的过程中，新闻宣传的基本框架、基本理念和基本模式初步构建起来，形成了广播、书刊、通讯社等多层次新闻宣传事业体系，并且开创性地刻画了新中国对外基本形象，使马克思主义成为中华民族在世界舞台上争取身份标识的重要内容。但在借鉴过程中，由于忽视具体实际而机械搬用苏联经验，教条主义地吸收了部分不符合新闻规律的具体做法，新闻宣传工作也暴露出一些弊端。这些弊端在一定时期内成为新闻宣传改革发展亟待突破的困境。

四、历史条件：革命时期新闻宣传传统的承继

中国共产党在长期的革命斗争中，形成了众多优良的新闻宣传传统和行之有效的经验。新中国成立初期的新闻宣传实践，在继承的基础上，重新检验、修正、发展了民主革命时期的新闻宣传传统和经验。这些富有生命力的新闻宣传传统，主要表现在新闻宣传的组织、原则、对象和效果建设等方面。

其一，重视新闻宣传组织建设。1924 年 5 月，党中央扩大执行委员会在关于宣传教育问题的决议里强调"中央应有一个强固的宣传部"，各级宣传部"要求数量上和质量上有相当的组织"[2]。民主革命时期中央宣传部及各级宣传部、党报委员会等宣传机构先后建立，奠定了新闻宣传的组织基础。历经大革命、土地革命、抗日战争和解放战争，新闻宣传机构不断充实发展，机构设置和运行机制日益系统化。[3]

其二，强调新闻宣传的原则纪律。这一时期中国共产党尤其强调新闻宣传原则纪律的构建与遵循，在重大路线、方针、政策问题和一些重大历史事件的宣传方面，要求必须坚持党性原则，避免造成思想混乱。党性原则为新中国党的新闻宣传事业确立了基本政治原则，具有深远的政治影响。同时，新民主主

---

[1] 郑保卫：《中国共产党新闻思想史》，福建人民出版社 2005 年版，第 338 页。
[2] 林之达：《中国共产党宣传史》，四川人民出版社 1990 年版，第 5 页。
[3] 林之达：《中国共产党宣传史》，四川人民出版社 1990 年版，第 5 页。

义革命时期，尤其是延安时期，用事实说话、密切联系群众等重要的新闻宣传原则也在革命斗争中逐步形成。

其三，突出新闻宣传的群众性，强调新闻宣传要走群众路线，贴合群众的心理和要求，既"入耳"又"入脑"。正如1928年刘少奇在《论口号的转变》中指出，口号如"不切合群众的要求和心理"，就"不适合作为群众行动口号"[①]；恽代英也曾在《农民运动》一文中提出，联络农民感情、研究农民心理是在农民群众中作宣传最重要的条件和最恰当的方法之一[②]。

其四，注重调查研究，建立以解决问题、追求效果为目标的新闻宣传模式。1926年7月，中国共产党第四届中央执行委员会第三次全体（扩大）会议通过的《关于宣传部工作决议案》指出，中央宣传部日常部务工作之一是"调查各地思想言论界得一大概后，以后每月须调查一次"，地方党委也需"每月报告思想舆论的调查"，注重跟踪新闻宣传实践中群众的思想感情变化。

但值得注意的是，新中国成立初期的宣传环境和任务较民主革命时期发生了巨大转变，战争年代形成的部分新闻宣传经验已成为新闻宣传事业发展的掣肘，需及时修正。例如，马克思主义宣传在"编码"与"解码"上，一定程度上存在碎片化、简单化倾向。毛泽东曾回忆，在读了《共产党宣言》（马克思、恩格斯著）、《社会主义史》（柯卡普著）、《阶级斗争》（考茨基著）三本书后转变为马克思主义者，但"我只取了它四个字：'阶级斗争'"[③]。中国共产党早期创办的政治机关报《向导》或《前锋》等集中宣传党的革命纲领，对马克思主义思想学说的推介多呈现为断章取义的"片段"或"碎片"样态。[④] 新中国成立后，川南区首届报纸工作会议即指出，"报纸工作的重大弱点，乃是宣传马克思列宁主义和毛泽东思想的经常性、系统性和深刻性之不足"[⑤]，并提出系统宣传马克思主义的具体方法。此外，民主革命时期党在对外宣传和战争宣传中较为频繁地使用"匪类""恶魔""法西斯"等富有敌意的刺激性词语，这一语言方式不利于新中国在成立初期的对外宣传。[⑥]

概言之，对过去新闻宣传清醒而理性的认识，是中国共产党科学指导新中国新闻宣传实践的基础，为形成以马克思主义理论为基础的社会主义道

---

① 《刘少奇选集》，人民出版社1981年版，第13页。
② 《恽代英文集》下卷，人民出版社1984年版，第696页。
③ 《毛泽东农村调查文集》，人民出版社1982年版，第21页。
④ 张品良：《传播学视域下的中央苏区马克思主义大众化》，中共党史出版社2016年版，第137页。
⑤ 川南区首届报纸工作会议大会秘书处编印：《中共中南局关于加强报纸工作中马克思列宁主义和毛泽东思想的决定》，四川省档案馆藏，建国后资料目录（第二册）－8－9/8。
⑥ 中共中央宣传部新闻局：《马克思主义新闻工作文献选读》，人民出版社1990年版，第253页。

路、理论、制度统一的话语表达，开启马克思主义中国化的革命性阶段奠定了基础。

第三节 加强新闻宣传工作的极端紧迫性

恩格斯指出，历史可以被看作一个"作为整体的、不自觉地和不由自主地起着作用的力量的产物"，这种力量是由"无数个力的平行四边形"产生出的一个"总的合力"①。新中国成立初期党的新闻宣传工作也是若干要素合力作用的结果。如果说新中国成立初期国内外环境和各类条件的历史耦合为新闻宣传发展提供了可能性与偶然性，这一时期新闻宣传工作的极端紧迫性则决定了新闻宣传发展的必要与必然。

一、新旧社会意识形态交锋

马克思恩格斯在《共产党宣言》中明确指出，"共产主义革命就是同传统的所有制关系实行最彻底的决裂"，同时，在发展进程中"同传统的观念实行最彻底的决裂"。②新中国成立后，无产阶级上升为统治阶级，改造经济基础和全部庞大的上层建筑成为统治阶级亟待完成的一项艰巨任务。意识形态一方面作为经济基础的产物对经济基础具有巨大反作用，另一方面从属于上层建筑且具有相对独立性，它的发展对新中国国家和社会发展至关重要。新中国成立初期是新旧意识形态交锋时期，封建主义、资本主义思想依然存在，非马克思主义思想观念未得到彻底清算，残留在思想领域的旧思想、旧观念成为建立无产阶级意识形态的桎梏，具体表现在三个方面。

其一，部分群众与新生政权存在心理隔阂，对党的执政能力心存怀疑，急需新闻宣传加强引导。新中国成立后，部分工人、农民、知识分子对新生政权的巩固发展心存疑惑。此外，少数人民群众对党和政府治理国家的能力表示担忧，对中国共产党制定的方针政策不能完全领会。例如，新中国成立后，"在租佃关系比较发达的苏南地区，农民对共产党发动的土地改革认为'没哈道理'"③。部分群众对中国共产党执政能力的疑虑，对国家前途命运的担忧，从

---

① 《马克思恩格斯文集》第十卷，人民出版社2009年版，第592—593页。
② 《马克思恩格斯选集》第一卷，人民出版社2012年版，第421页。
③ 陈益元：《建国初期农村基层政权建设研究：1949—1957（以湖南省醴陵县为个案）》，上海社会科学院出版社2006年版，第146页。

侧面反映出我们党思想理论建设还没有跟上形势发展的需要，需通过新闻宣传引导，加强马克思主义理论学习，培育群众的社会主义信仰。

其二，各种非马克思主义思想观念仍有残余，需利用新闻宣传手段向人民群众传播马克思主义主流意识形态。新中国成立初期是新旧意识形态交锋的时期，各种非马克思主义思想观念依然广泛存在，亟待利用新闻宣传手段传播新的马克思主义意识形态。新中国成立后，传统封建思想对干部群众影响甚大。部分党员干部没有完全接受唯物主义思想，继续信仰封建宗教迷信，农村几乎村村有庙，家家拜佛敬神。女性未实现自由解放，"旧社会沿袭下来的歧视妇女的心理和习惯"在群众中有相当影响。[①]旧有资本家和工商业者深受资本主义思想影响，对党的执政能力和国家前途命运存在疑虑。残留在思想领域的旧思想、旧观念不会随着社会变革而改变，需要借助新闻宣传等手段，重塑社会主流意识形态。新闻宣传如果搞得好，"就能引导人民向好的方面走，引导人民前进，引导人民团结，引导人民走向真理"；如果搞得不好，"就存在着很大的危险性，会散布落后的错误的东西，而且会导致人民分裂，导致他们互相磨擦"[②]。因此，这一时期新闻宣传的迫切任务是及时肃清有悖中国共产党原则方针的思想，改造旧的意识形态，让人民群众认同理解、科学运用马克思主义。

其三，大批新党员干部理论水平较低，部分老党员干部有主观主义倾向，亟待通过新闻宣传加强党员对政治性政策性问题的学习。新中国成立后，党员人数日益增多。1948年7月，全国党员人数为300万，到1950年底，短短两年时间，党员人数猛增200多万，达到580万左右，"根据党中央组织部的统计，截至一九五六年六月底止，全党共有党员一〇、七三四、三八四人，占人口总数的百分之一点七四"[③]。1948年7月到1956年底，党员人数增加了900万，年平均增长120万左右（参见表1）。

[①]《内蒙小组、京津小组讨论〈中央关于加强党在农村宣传工作的决议（草案）〉的情况》，四川省档案馆藏，建川054-68。

[②]《刘少奇选集》上卷，人民出版社1981年版，第396页。

[③]中共中央文献研究室编：《建国以来重要文献选编》第九册，中央文献出版社1994年版，第150页。

新中国成立初期的新闻宣传实践与经验（1949—1956）

表1　1948年7月至1956年底党员数量情况统计①

年/月	人数	年/月	人数	年/月	人数
1948年7月	3000000左右	1950年底	5800000左右	1954年2月	6500000左右
1949年底	4500000左右	1952年	6000000左右	1955年2月	7000000左右
1950年6月	5000000左右	1953年10月	6389000左右	1956年底	12000000左右

新中国成立前后，中国共产党在发展党员数量上卓有成效，但也发展了一些不够条件或不具备党员修养的新党员。部分新党员入党动机不够明确，"在有些人看来，现在加入共产党，不但不要担负什么艰险，而且可以获得个人的许多保障以及荣誉、地位等等"，"落后分子、投机分子、反动分子就会希望加入我们党"。② 因此，一些新党员缺乏党员修养，对马克思主义最基本的原理、常识不了解或一知半解，封建思想、资产阶级思想根深蒂固。同时，部分老党员干部尚有小农意识或非无产阶级思想。因此，需要通过新闻宣传加强党员对理论性、政治性、政策性问题的学习理解。

这一时期党员政治修养、理论水平不尽人意，相当数量党员对马克思主义最基本的原理、常识完全不了解或一知半解，存在许多封建的、资产阶级的错误思想。在这样特殊的历史条件下，新闻宣传可谓刻不容缓，党员对政治性政策性问题的学习亟待增强，以提高在工作中的坚定性和远见。

二、新闻宣传战略重点转移

新中国成立后，新闻宣传的战略重点随着党的工作重心转移发生根本转变，由农村转移到城市。战略重点转移并非工作重心的简单位移，更重要的是新闻宣传对象和内容、指导思想和体制机制的巨大转变。适应党的地位和任务转变，发展好党和人民的新闻事业，是这一时期新闻宣传事业发展的重点。

中国共产党对新闻宣传战略重心转移的艰巨性和复杂性已有充分估计。新中国成立前，1948年8月15日，中央宣传部即发出《关于城市党报方针的指示》，提出在城市宣传中"要反对两种倾向，一种倾向是忘记了我们主要是代表工农兵的，另一种倾向是拒绝为工商业者与知识分子服务，与他们格格不入"，并规定报纸的主要消息应来自农村与工厂，其次是来自市场、学校等其

---

① 马宇平、黄裕冲：《中国昨天与今天：1840—1987国情手册》，解放军出版社1989年版，第685—686页。

② 《刘少奇选集》下卷，人民出版社1985年版，第68页。

他方面；报纸要办副刊，宣传马克思主义观点。① 新华总社也提出了"对于民族资产阶级或小资产阶级急进分子革命作用的宣传，无论何时不要超过对于劳动人民、人民解放军和共产党的宣传"等原则。② 但由于社会主义时期与民主革命时期的宣传任务、宣传思想存在巨大差异，新中国的新闻宣传工作仍面临诸多困难。民主主义革命时期，党的新闻宣传的主要任务是配合革命时期的斗争，以农民和士兵为中心，以战争、支前、土改等为主要内容。新中国成立后，新闻宣传主要为政权巩固和经济建设服务，新闻宣传内容和对象更加复杂化，也出现了一些问题和偏差。1950年，范长江、邓拓联名就《人民日报》的工作向中共中央写报告说："去年三月入城以后，《人民日报》取得了若干进步，但由于多数干部对城市办报，以及如何办全国性报纸的路线、方针、办法，长期混乱不清，以致形成严重脱离实际、脱离群众与独立分散的倾向。"③

战略重点转移为新中国成立初期的新闻宣传发展提出更加迫切和严格的要求，包括对报道的规模和声势、对宣传的深度和广度、对新闻宣传领导体制和内部运作机制等。针对此时期新闻宣传工作的艰巨性和复杂性，如何创造性变革新闻宣传的内部运作机制，如何科学把握城市办报新特点并提高新闻宣传的有效性和吸引力，如何适应党的地位和任务转变，发展好党和人民的新闻事业，成为新闻宣传必须面对的问题。为此，中国共产党总结出一套行之有效的新闻宣传指导思想，建立了与经济政策相适应的新闻宣传体制和政策，形成了一支立场、作风和业务素质都符合要求的新闻工作队伍，初步构建了新闻宣传事业体系。新闻宣传广泛传播中国共产党所肯定的社会利益关系、所倡导的社会价值理念和所追求的美好社会图景，培育社会主义理想，构筑国家民族观念，基本完成了社会主义意识形态建构与思想整合的历史重任。

三、西方国家对新中国的攻击

新中国成立前后，冷战"铁幕"将世界一分为二，对外宣传成为两大阵营互相攻击的重要工具。人口众多、幅员辽阔的新中国更是成为西方对外宣传重点进攻的对象。

两大阵营形成后，美国总统艾森豪威尔曾指示美国之音电台，要"利用广大的无线电网与共产主义作斗争"，重点针对苏联、东欧、中国等"铁幕和竹

---

① 林之达：《中国共产党宣传史》，四川人民出版社1990年版，第260页。
② 林之达：《中国共产党宣传史》，四川人民出版社1990年版，第260页。
③ 孙旭培：《新闻学新论》，当代中国出版社1994年版，第265页。

新中国成立初期的新闻宣传实践与经验（1949—1956）

幕国家"。① 朝鲜战争爆发后，为配合侵略战争，美国之音将播出语种增加到46种，尤其加强了对中国的广播，在普通话播音的基础上，不仅恢复了第二次世界大战后停办的粤语、沪语和闽南语节目，还增加了潮州话、客家话和藏语节目，从1种语言增加到7个语种和方言对华进行广播，每天播音时间长达十几个小时。② 这一时期，美国之音宣传扭曲了中国形象，错误地构建了中国在西方的"世界镜像"。

新闻宣传与一个国家的内政外交密切相关。复杂的国际关系和激烈的对外宣传竞争环境对新闻宣传工作提出了更高要求。中国共产党一方面加强对内宣传，坚定民众的社会主义信念和马克思主义信仰；另一方面通过对外宣传，坚持维护公共外交中国家利益的内核，打破西方在对外宣传中对新中国的攻击。美国国务院在其编纂的《国际关系术语词典》中提到，公共外交是由政府支持的、旨在影响别国舆论的交流项目，主要工具是书籍、图片、广播、电视和文化交流活动。③ 清华大学刘建明教授主编的《宣传舆论学大辞典》指出，"报刊向外国宣传本国的方针政策、国内情况和本国对国际问题的立场"，"是外交活动的有力补充，有助于扩大本国的影响，争取更多的国际朋友"。④ 无论持何种意识形态的国家，其"公共外交"与"对外宣传"在任务与内容都方面高度一致，内含维护国家利益和影响他国受众的主观意图。内外交困的新中国亟待通过新闻宣传工作，实现在国内建立社会主义意识形态，在国际动员舆论、建构认同、争取支持的目标。

上所论及，新中国新闻宣传工作受新旧意识形态交锋、新闻宣传战略重点转移和西方对外宣传对新中国的攻击的影响，面临极端紧迫性。但除上述原因外，民主革命时期新闻宣传思想混乱也在一定程度上决定了新中国加强新闻宣传工作的极端紧迫性，尤其是延安时期，解放区、国统区、沦陷区分别创办了三种性质不同的新闻宣传事业，新闻宣传思想分散混乱，亟待有序统一发展。

---

① 习少颖：《1949—1966年中国对外宣传史研究》，华中科技大学出版社2010年版，第32页。
② 习少颖：《1949—1966年中国对外宣传史研究》，华中科技大学出版社2010年版，第32页。
③ U. S. Department of State, *Dictionary of International Relations Terms*. Dept. of State Library, 1987, p. 85.
④ 刘建明：《宣传舆论学大辞典》，经济日报出版社1993年版，第54页。转引自姚尧：《新中国对外宣传史》，清华大学出版社2014年版，第14—15页。

第一章 新中国成立初期党的新闻宣传的理论与实践基点

本章小结

新中国成立初期，新闻宣传被赋予在国内确立马克思主义意识形态主导地位、赢得人民群众对新政权广泛认同，在国际社会中动员舆论、建构认同、争取支持的重要历史使命。在新的历史使命中，中国共产党领导新闻宣传工作完成了社会主义意识形态话语体系的初步构建。政权鼎革与使命更新中新闻宣传的发展动力，使命更新与话语转换中新闻宣传的历史耦合，以及新闻宣传工作在新旧意识形态交锋的严峻挑战中呈现出的极端紧迫性，三者共同决定了新中国成立初期新闻宣传工作的实践基点。基于此，中国共产党在全国范围宣传和发展马克思主义，开启了马克思主义中国化的革命性阶段。

政治环境、经济环境、社会制度环境、思想文化环境等共同决定了新闻宣传的发展概貌，是新闻宣传变革发展的重要动因。新中国成立初期，政权的建立巩固构建了相对稳定的政治环境；社会制度的重构对新闻宣传体制机制建构和战略策略布局发挥重要作用；阶级阶层的变迁为新闻宣传工作提供必要的组织力量和情感动力；国民经济的复苏既奠定了重要物质基础，也为民众提供了智力充分发展、思想自由解放的经济环境；思想文化嬗变，为新闻宣传烙印下深刻的文化因子和文化印记。新闻宣传因此呈现富有生机的新态势。除了经济、政治、社会制度、阶层变迁等国内环境因素，影响新闻宣传的环境系统也包括世界基本矛盾、政治力量与国际格局变化，以及中国在整个世界政治经济体系中所处的地位等全球性环境因素。这一时期，在美苏激烈对抗的错综复杂的国际形势中，中国共产党坚持"学习苏联""一边倒"，新闻宣传的战略策略和原则立场得以确立。

新闻宣传既需要借助所处时代的政治、经济、文化、思想、社会制度、阶层结构、民族心理、国际形势等环境因素，也需要具备一定的条件和基础。可以说，与环境的互动是新闻宣传的外部动力，而多重条件的历史耦合成为新闻宣传的内生动力。新中国成立初期，中国共产党的坚强领导、新民主主义的制度保障、苏联新闻宣传经验的学习借鉴、革命时期新闻宣传传统的承继，为新闻宣传发展创造了组织的、制度的、外部的、历史的条件。

新中国成立初期党的新闻宣传工作也是若干要素合力作用的结果。如果说国内外环境和各类条件的历史耦合为新中国的新闻宣传发展提供了可能性与偶然性，那这一时期新闻宣传工作的现实紧迫性则决定了新闻宣传发展的必要与必然。一方面，新中国成立初期是新旧意识形态交锋时期，封建主义、资本主义思想依然存在，非马克思主义思想观念未得到彻底清算，残留在思想领域的旧思想、旧观念成为建立无产阶级意识形态的桎梏，亟须加强新闻宣传引导，向人民群众传播马克思主义主流意识形态。另一方面，新中国成立后，新闻宣传的战略重点随着党的工作重心转移发生根本转变，新闻宣传工作重心由农村转移到城市，新闻宣传中心从延安转移到北京。基于此，新闻宣传的对象和内容、指导思想和体制机制都发生了巨大转变。战略重点转移对新闻宣传发展提出迫切要求，包括对报道的规模和声势、对宣传的深度和广度、对新闻宣传领导体制和内部运作机制等，都有了更加严格的要求。此外，美苏对峙，冷战的"铁幕"将世界一分为二，人口众多、幅员辽阔的新中国成为西方对外宣传重点进攻的对象。在这样特殊的国际形势下，内外交困的新中国亟待通过新闻宣传工作，实现在国内建立社会主义意识形态，在国际动员舆论、建构认同、争取支持的宏伟目标。

第二章 新中国成立初期党的新闻宣传的顶层设计[①]

新中国成立初期中国共产党对新闻宣传工作整体谋划，立足国际上美、苏两种力量泾渭分明的抗争格局与国内政权鼎革之际的具体国情，以正确的目标导向与全面、辩证的科学方法，谋求社会变迁进程中新闻宣传实践动力的目标、理念、制度和动力设计。面对矛盾繁复的国内外形势和新旧意识形态交锋的严峻考验，中国共产党以执政党的地位在全国铺开新闻宣传工作，将新闻宣传的导向功能与意识形态领域的深刻变化结合，构建了凸显人民主体地位的新闻宣传新理念与新机制。此期新闻宣传确立了马克思主义在意识形态领域的指导地位，为新生共和国政权各项具体工作顺利展开奠定了基础，初步实现了在国内巩固政权与凝聚民心，在国际建构认同与争取支持的历史使命。

第一节 历史使命：确立马克思主义在意识形态领域的指导地位

新中国成立后，中国共产党的政治任务从革命战争转移到和平建设，但新政权仍面临错综复杂的国内外形势和新旧意识形态交锋的严峻挑战，加强党的新闻宣传工作具有极端紧迫性。先"破"后"立"，在国际建构认同、争取支持，在国内肃清旧有思想，建立社会主义意识形态，赢得人民群众对新生政权的广泛认同，成为新中国成立初期新闻宣传的历史使命。确立马克思主义在意识形态领域的指导地位成为一切历史使命的重要内核。

[①] 本章内容见高中伟、邱爽：《新中国初期新闻宣传的价值重塑与体制重构》，《四川大学学报（哲学社会科学版）》2017年第2期。收入时有改动。

新中国成立初期的新闻宣传实践与经验（1949—1956）

一、国际：建构认同与争取支持

马克思主义意识形态是代表无产阶级利益的系统化的思想观念体系，正如列宁所言，马克思主义既揭示了人类历史发展的客观规律，又反映了无产阶级利益，是"科学的意识形态"[1]。中国共产党以马克思主义指导革命并夺取伟大胜利，实现了民族独立和人民解放；新政权建立后，也亟须确立马克思主义在意识形态领域的指导地位，维护国家安全，打破西方资本主义国家对新中国的攻击，实现国家繁荣发展和人民幸福生活。

新中国成立初期，新生共和国政权遭受西方资本主义国家大肆攻击，亟须形成有利于争取国际社会认同与支持的新闻宣传思想及路径。新中国成立前后，国际社会被冷战"铁幕"一分为二，形成了美、苏两种力量泾渭分明的抗争格局。对外宣传成为两大阵营互相攻击的重要工具，幅员辽阔、人口众多的新中国更是成为西方对外宣传重点进攻的对象。美国总统艾森豪威尔指示美国之音电台，要"利用广大的无线电网与共产主义作斗争"，重点针对苏联、东欧、中国等"铁幕和竹幕国家"。[2] 1950年朝鲜战争爆发，为配合侵略战争，美国之音将播出语种增加到46种，尤其加强对中国的广播。[3] 一个未知的、被禁止的、扭曲的中国形象经美国之音宣传，错误地构建了中国在西方的"世界镜像"。

西方资本主义对新政权的孤立、威胁、封锁、遏制成为建立无产阶级意识形态的桎梏，为社会主义意识形态的确立带来巨大挑战。作为从属于上层建筑的工具，新中国的新闻宣传不可能超然独立，必须坚持维护国家利益，打破西方在对外宣传中对新中国的攻击。

二、国内：巩固政权与凝聚民心

马列主义具有"对现实问题的解释力、对腐朽思想的批判力、对其他思想文化的整合力"[4]，其立场、观点和方法蕴含科学性和革命性，是新中国的主导意识形态。但残留在思想领域的旧思想、旧观念不会随着社会变革而改变，

---

[1] 陈锡喜：《关于"坚持马克思主义在意识形态领域的指导地位"的理论辨析》，《思想理论教育》2009年第15期。
[2] 习少颖：《1949—1966年中国对外宣传史研究》，华中科技大学出版社2010年版。
[3] 习少颖：《1949—1966年中国对外宣传史研究》，华中科技大学出版社2010年版。
[4] 陈锡喜：《关于"坚持马克思主义在意识形态领域的指导地位"的理论辨析》，《思想理论教育》2009年第15期。

需借助新闻宣传等手段，重塑社会主流意识形态。刘少奇指出，新闻宣传如果搞得好，能引导人民前进、团结、走向真理；如果搞得不好，"就存在着很大的危险性"，导致人民分裂，"互相磨擦"。① 新中国成立初期新闻宣传的追切任务是及时肃清国内有悖中国共产党原则方针的思想，改造旧的意识形态，使马克思主义得到人民群众的理解和认同，以巩固政权，凝聚民心。

新中国成立后，封建思想和资产阶级观念等各种非马克思主义思想依然广泛存在，亟待新闻宣传手段传播马克思主义主流意识形态。传统封建思想对干部群众影响甚大。部分党员干部没有完全接受唯物主义思想，继续信仰封建宗教迷信；女性未实现自由解放，"旧社会沿袭下来的歧视妇女的心理和习惯"在群众中有相当影响②。旧有资本家和工商业者深受资本主义思想影响，对党的执政能力和国家前途命运存在疑虑。资本家刘鸿生说："我那时不但不能相信共产党，而且怕他。怕共产党来了要清算我。"③ 荣毅仁也说：新中国成立后谣言四起，说共产党来了要弄得人"妻离子散、家破人亡"，"内心好像热锅上的蚂蚁，不知如何是好"。④ 部分知识分子对新政权抱持观望和犹豫态度。冯友兰在新中国成立后"一直没有公开表态"拥护新政权。⑤ 梁漱溟不参加新政协，声言"对国事将只发言而不行动"。⑥ 叶圣陶《北上日记》写道："中国即将出现一个崭新的局面"，而自己将要去"参与一项极其伟大的工作"，"至于究竟是什么样的工作，应该怎样去做，自己能不能胜任"，却是"相当模糊的"。⑦ 少数人民群众甚至怀疑中国共产党执政能否逃离"兴亡周期率"。为消解部分群众对党的执政能力的疑虑和对国家前途命运的担忧，新闻宣传一方面要增强媒介自身的党性和思想性，另一方面要增加马克思主义理论宣传，以赢得人民对新生政权的支持，使作为主导意识形态的马克思主义被广大人民群众彻底接受，成为巩固新政权的重要"内核"。

马克思主义是关于全世界无产阶级和全人类彻底解放的学说，自创立之初

---

① 中央档案馆、中共中央文献研究室：《中共中央文件选集（1949年10月—1966年5月）》第二十八册，人民出版社2013年版，第14页。
② 《内蒙小组、京津小组讨论〈中央关于加强党在农村宣传工作的决议（草案）〉的情况》，四川省档案馆藏，建川054-68。
③ 杨友：《民族资本家刘鸿生的自述》，《新观察》1956年第21期。
④ 计鸿庚：《荣毅仁》，中央文献出版社1999年版，第88—89页。
⑤ 蔡仲德：《冯友兰先生年谱初编》，河南人民出版社1994年版，第359页。转引自张启华、张树军主编：《中国共产党思想理论发展史》上卷，人民出版社2011年版，第773—774页。
⑥ 梁漱溟：《梁漱溟全集》第六卷，山东人民出版社1993年版，第838页。
⑦ 叶圣陶：《旅途日记五种——北上日记》，生活·读书·新知三联书店2002年版，第118页。

就具有普适性和世界性，但马克思主义并非"放之四海而皆准的真理"，"没有抽象的马克思主义，只有具体的马克思主义"。① 民主革命时期，马克思主义的社会基础论、社会结构论、历史动力论和历史主体论等核心观点以及实践辩证法的根本方法与中国具体实际相结合，成为党的内在观点和方法，指导新民主主义革命取得胜利。刘少奇在第一次全国宣传会议上即指出，在党领导人民进行的几十年革命斗争中，"所举的旗帜就是马列主义的旗帜，共产主义的旗帜，大家团结在这个旗帜之下，运用马列主义的武器为马列主义的真理而斗争"，并在极其深刻的意义上发展和丰富了马列主义理论，"在马列主义总武器库中间增加了不少新的武器"。② 新中国成立后，马克思主义的基本原理、科学体系、精神实质与根本方法继续作为党的思想武器，引导新政权的巩固和发展。《中国共产党第一次全国宣传工作会议关于加强党的宣传教育工作的决议（草案）》提出，"各级党委必须把向党内外进行马克思列宁主义的宣传教育工作，当作头等重要的任务，并把这一任务和各个时期的中心任务结合起来"③。改造旧的意识形态，及时肃清有悖中国共产党原则方针的思想，并把马克思主义与新中国各项中心任务密切结合，以巩固政权、凝聚民心，成为这一时期新闻宣传的迫切任务。

三、党的建设：强固组织力量

马克思主义认为，"统治阶级的思想在每一时代都是占统治地位的思想。这也就是说，一个阶级是社会上占统治地位的物质力量，同时也是社会上占统治地位的精神力量"④。可见，意识形态的合法性是执政党执政的思想基础。新中国成立后，中国共产党由革命党转变为执政党，马克思主义意识形态应居于主导地位，成为社会上"占统治地位的精神力量"，但大批新党员干部理论水平较低，部分老党员干部尚有小农意识或非无产阶级思想，亟须通过新闻宣传加强党员对理论性、政治性、政策性问题的学习理解。

新中国成立伊始大力宣传马列主义、毛泽东思想，确立其在意识形态中的指导地位，是强固党的执政地位和组织力量，实现人民群众根本利益的重要途

---

① 毛泽东：《论新阶段》，中央档案馆，《中共中央文件选集》第十一册（一九三六—一九三八），中共中央党校出版社 1991 年版，第 658 页。
② 华北局宣传部整理：《刘少奇同志在第一次全国宣传会议上的结论》（1951 年 5 月 23 日），北京市档案馆藏，1-6-436。
③ 中央宣传部办公厅：《党的宣传工作会议概况和文献（1951—1992）》，中共中央党校出版社 1994 年版，第 33 页。
④ 《马克思恩格斯选集》第一卷，人民出版社 2012 年版，第 178 页。

径。正如中共向全党全国人民发出的号召所指出的,"现在国内战争已基本结束,党面临着建设新中国的复杂任务,全党有系统地学习理论比过去任何时候都有更好的条件,也更加迫切需要。全党必须明确,向人民群众宣传马克思主义以提高人民群众的思想觉悟,是党的一项最基本的经常的任务"[①]。

第二节　指导思想：构建马克思主义中国化新闻宣传思想体系

新中国成立初期,中国共产党在实践马克思主义新闻宣传理论的基础上,认真总结新闻宣传推动中国革命、国家政权建设、社会主义经济恢复发展等方面的经验,初步构建了坚持党性原则、倡导全党办报与群众办报、强调传播真理与报道真实、凝聚中国作风与中国气派的马克思主义中国化新闻宣传思想原则和理论体系。

新中国成立初期建立的马克思主义中国化新闻宣传思想体系是在承继革命战争时期党的新闻宣传体系基础上,将时代性、实践性密切结合的理论成果。毛泽东、刘少奇、周恩来等中国共产党领导人是马克思主义新闻宣传思想的实践者和继承者,也是其丰富者和创新者。[②] 此外,早期马克思主义者和报刊活动家,如李大钊、陈独秀等的新闻宣传思想对新中国成立前后党的报刊的创立发展具有重要影响,其关于思想自由、言论自由、出版自由的论述可谓党报理论的先声。博古、张闻天、陆定一、胡乔木等也都曾在新中国成立前后领导党的新闻宣传工作,发表了重要的新闻宣传论著或观点。党的新闻工作领导人与指导者的新闻宣传思想共同构成了马克思主义中国化新闻宣传思想精髓,深刻地指导和影响着新中国新闻宣传事业。

一、坚持党性原则

党性原则是毛泽东新闻宣传思想的根本原则,是无产阶级新闻宣传事业的灵魂、生命线和传家宝[③],亦是中国共产党的新闻工作区别于资产阶级政党新闻工作的最根本标志。新中国成立后,党的政治任务从革命战争转移到和平建

---

① 中共中央文献研究室:《建国以来重要文献选编》第二册,中央文献出版社1992年版,第123页。
② 郑保卫:《试论中国共产党新闻新思想的历史地位》,《国际新闻界》2005年第2期。
③ 王国庆:《毛泽东新闻宣传思想初探》,《延边大学学报（社会科学版）》1994年第2期。

设上来，毛泽东作为执政党领袖和社会主义革命与建设的领导核心，作为意识形态领域工作的权威领导人和中国社会主义新闻宣传事业的指挥者，多次强调坚持新闻宣传党性原则的重要性，使其成为新政权建设过程中全党信守的生命线。党性原则在思想上体现了无产阶级的政治立场和价值导向，在组织上保障新闻宣传事业成为中国共产党领导政权的精神中枢。

毛泽东在革命战争时期对党性原则已有许多重要论述。第一，党性原则的基本要求是全心全意为人民服务。党性是无产阶级阶级性的集中表现，代表广大人民群众利益；新闻工作者必须坚持党性原则，自觉维护人民根本利益。第二，政治上，党性原则要求新闻宣传必须同党中央保持一致。毛泽东在《延安〈解放日报〉发刊词》中指出"中国共产党的使命就是本报的使命"[①]，新闻宣传事业是党和人民的耳目喉舌，要坚持用马克思主义的立场、观点和方法教育人民，无条件宣传党的纲领、路线、方针、政策，把对党的忠诚和对人民负责统一起来。1942年10月，毛泽东在《增强报刊宣传的党性》中强调，务必"使我们的宣传完全符合党的政策"[②]。第三，组织上，党性原则要求新闻宣传贯彻民主集中制，严格遵守党的纪律，遵守宪法和法律。第四，思想上，坚持辩证唯物主义和历史唯物主义，反对唯心论和形而上学，按照新闻规律办事。[③]

新中国成立后，毛泽东对新闻宣传的党性原则有了更加深入的思考，主要强调两方面作用，一是在思想上体现无产阶级的政治立场和价值导向，二是在组织上保障新闻宣传事业作为党领导新政权的精神中枢引导舆论、统一思想。[④] 1954年7月，中共中央《关于改进报纸工作的决议》指出，"各级党委要经常注意，把报纸是否充分地开展了批评、批评是否正确和干部是否热烈欢迎并坚决保护劳动人民自下而上的批评，作为衡量报纸的党性、衡量党内民主生活和党委领导强弱的尺度"[⑤]。这一决议内含党性原则在建立新政权背景下的新要求，即保持党内外意见沟通特别是批评建议的畅通，加强新闻宣传自下而上的民主活力。1955年，毛泽东提出"舆论一律"与"舆论不一律"。在人民内部，允许舆论不一律，人民享有批评和发表不同意见的自由[⑥]；对反革命

[①] 《毛泽东选集》第二卷，人民出版社1991年版，第353页。
[②] 《毛泽东新闻工作文选》，新华出版社1983年版，第98页。
[③] 王国庆：《毛泽东新闻宣传思想初探》，《延边大学学报（社会科学版）》1994年第2期。
[④] 吴风：《政党政治与新闻党性原则》，《山西大学学报（哲学社会科学版）》2013年第3期。
[⑤] 中共中央宣传部办公室印发：《中共中央关于改进报纸工作的决议》（1954年7月17日），四川省档案馆藏，建川003-113。
[⑥] 《毛泽东选集》第四卷，人民出版社1991年版，第1503页。

分子，实行舆论一律，即用"专政即独裁的方法"①，不允许反革命分子"乱说乱动"、发表反革命意见。"舆论一律"与"舆论不一律"体现人民民主专政包括对人民的民主和对敌人的专政两方面思想。1957年6月7日，毛泽东在与《人民日报》总编辑吴冷西谈话时明确提出"政治家办报"主张，指出"写文章尤其是写社论，一定要从政治上总揽全局，密切结合政治形势。这叫政治家办报"②。这一主张是党性原则的重要组成部分。值得注意的是，囿于复杂的国内外形势，毛泽东关于党性原则的丰富阐释和设想并没有彻底贯彻实施，一些正确做法也未能完全保留下来。③

党性原则对党报必须服从中央的决定、服从党的纲领和主张提出明确要求。新中国成立初期，全党意识到党性原则在新闻宣传中的重要性和必要性，明确了"对新闻要有选择"，并且"在阶级社会里，这种选择是有阶级性的，由于立场、观点、方法的不同，选择的方法和选择的结果也就不同"④；新闻的任务是宣传和阐明中共的路线、方针、政策，为国家建设服务。党性原则成为无产阶级新闻宣传事业的灵魂、生命线和传家宝。

二、倡导全党办报与群众办报

"全党办报，群众办报"路线为强固人民群众主体力量和工农联盟阶级基础提供了充分条件。群众路线是毛泽东新闻宣传思想的根本内容，也是党的根本政治路线和工作路线。毛泽东认为，"马克思列宁主义的基本原则，就是要使群众认识自己的利益，并且团结起来，为自己的利益而奋斗"；"报纸的作用和力量，就在它能使党的纲领路线，方针政策，工作任务和工作方法，最迅速最广泛地同群众见面"。⑤党的新闻宣传工作必须坚持群众路线，教育群众认识到自己的利益。

新中国成立前夕，毛泽东根据群众路线精神提出著名的"全党办报，群众办报"方针。1948年4月2日，毛泽东在《对晋绥日报编辑人员的谈话》中指出："我们的报纸也要靠大家来办，靠全体人民群众来办，靠全党来办，而不能只靠少数人关起门来办。"⑥ 这一方针的要旨在于：其一，动员和组织各

---

① 《毛泽东选集》第四卷，人民出版社1991年版，第1503页。
② 吴冷西：《忆毛主席》，新华出版社1995年版，第40页。
③ 吴风：《政党政治与新闻党性原则》，《山西大学学报（哲学社会科学版）》2013年第3期。
④ 《胡乔木谈新闻出版》，人民出版社1999年版，第252页。
⑤ 《毛泽东选集》第四卷，人民出版社1991年版，第1318—1319页；《毛泽东新闻工作文选》，新华出版社1983年版，第150页。
⑥ 《毛泽东新闻工作文选》，新华出版社1983年版，第150页。

级党组织和全体党员，积极参加新闻宣传工作，加强党对新闻宣传工作的领导；其二，实行"开门办报"，发挥群众的积极性和创造力；其三，新闻宣传工作者要有群众观点，要掌握群众路线的工作方法。[1]

刘少奇在对华北记者团的谈话中也强调新闻宣传的群众路线，并且提出了"上情下达""下情上达"，把党的主张和人民心声有机统一起来，注重党报的信息传达、思想传导和意见沟通功能等重要观点，具体体现在两方面。一是阐释"桥梁说"的理论内涵。刘少奇在对华北记者团的谈话中用"桥梁"这一形象比喻阐述了党报的性质和功能问题。"桥梁说"更加注重党报与群众的互通互动与对群众的连接传导作用，是对"喉舌论"的补充，也是对党报功能与性质的延伸。刘少奇强调，在党所能够运用的各种形式、手段（军政机关、群众团体等）中，唯有党报在联系党与人民之时具有独特的连接功能，因为党报每天都和群众见面，每天都能把党的政策告诉群众，"没有这些桥梁，党和人民群众的联系就断了，党和人民之间就有了鸿沟"[2]。二是论述了"党和人民的耳目喉舌"的理论意义。他强调党报既要当党的耳目喉舌，更要当人民的耳目喉舌，党报工作者是"人民的记者"，手中拿的是"人民的笔"，"是给人民办报的"，"如果能够经常作这样的反映，马克思主义的记者就真正上路了"。[3] 显然，他把是否能够表达对人民的深厚情感和高度责任心，看作能否成为一个真正的马克思主义记者的基本条件。

新中国成立后，工人阶级一跃成为领导阶级，人民群众成为新中国建设与发展的主体力量。强固这一主体力量，亟须把人民群众的利益需求与新闻宣传主体内容密切联系。毛泽东提出，通讯社、报纸和广播电台属于意识形态范畴，即属于思想的上层建筑，是由它们的经济基础决定的，因此都毫无疑问地具有阶级性，[4] 为一定阶级的利益服务。随着"全党办报，群众办报"路线的深入，党报代表广大人民群众发声，体现群众对自身利益的重大关切，并建立了与广大人民利益一致的联系。人民群众认识到新中国的真实情况与动向，"对于自己的力量具备信心"[5]，对于党的方针政策也逐步形成共识。

---

[1] 童兵、林涵：《20世纪中国新闻学与传播学（理论新闻学卷）》，复旦大学出版社2001年版，第331—332页。

[2] 《刘少奇选集》上卷，人民出版社1981年版，第398页。

[3] 《刘少奇选集》上卷，人民出版社1981年版，第404页。

[4] 童兵：《报纸：经济基础通过新闻手段的反映——毛泽东新闻思想要点之一》，《新闻与写作》1993年第6期。

[5] 《毛泽东选集》第四卷，人民出版社1991年版，第1131页。

三、强调传播真理与报道真实

新中国成立之初,对客观报道的原则尚未形成普遍正确的认识,甚至部分人将其作为资产阶级的东西,采取批判和否定态度。在毛泽东新闻宣传思想影响下,新闻宣传注重公正全面、客观真实与立场鲜明的有机结合,新闻工作者也成为坚持实事求是作风、善于调查研究的无产阶级战士。

毛泽东对新闻宣传工作的认识鞭辟入里,他历来倡导新闻宣传要体现真理性和客观性。一是传播真理,观点鲜明。在《对晋绥日报编辑人员的谈话》中,毛泽东指出,党的新闻宣传必须坚持真理,真理必须旗帜鲜明,新闻宣传"应当是生动的,鲜明的,尖锐的,毫不吞吞吐吐。这是我们革命无产阶级应有的战斗风格"①。二是报道真实,注重调查研究。毛泽东对一切新闻宣传工作者提出的口号是:"注重调查!反对瞎说!"② 他认为"没有调查就没有发言权"③,新闻宣传应向人民群众作真实的报道,不仅要充分报道党的成就,而且"应当经常把发生的困难向他们作真实的说明"④。

刘少奇对"真实、客观、公正、全面"的理论价值也有精辟阐释。在1956年同新华社负责人的谈话中,刘少奇明确要求新华社要学习西方通讯社,做到新闻的客观、真实、公正和全面。他指出:"我们如果不敢强调客观的、真实的报道,只强调立场,那么,我们的报道就有主观主义,有片面性","新华社的报道,如果有了片面性,就会丧失一切,对自己不利,对人民不利,就不能成为世界性通讯社"。⑤ 同时,刘少奇强调新闻报道在追求客观、公正的基础上要有坚定的人民立场和阶级立场,要有马克思列宁主义观点和方法,不能超越阶级,不能由"客观"走向"客观主义"。

周恩来对新闻宣传传播真理、报道真实的基本方法和基本规律也卓有创见,他曾先后提出:党报必须坚持立场,新闻必须忠于事实;新闻工作者要坚持唯物主义观点和辩证思维方式;党的宣传工作要教育、引导人民群众,并处理好思想宣传与新闻规律的关系;等等。周恩来认为,新闻报道要在坚持立场

---

① 《毛泽东新闻工作文选》,新华出版社1983年版,第153—154页。
② 毛泽东:《反对本本主义》,《毛泽东著作选读》,人民出版社1966年版,第27页。
③ 《毛泽东文集》第二卷,人民出版社1993年版,第382页。
④ 《毛泽东文集》第七卷,人民出版社1999年版,第236页。
⑤ 中国社会科学院新闻研究所:《中国共产党新闻工作文件汇编》下卷,新华出版社1980年版,第359页。

的基础上忠于事实,才能具有强大生命力,他对此提出了许多建设性意见。[1] 1952年5月18日,针对对外新闻报道中经常出现一些具有敌意的刺激性词语,以致国外报刊和广播方面很难转载或转播的情况,周恩来在致周克农、乔冠华的信中指出:"我们的发言和新闻稿件中所用的刺激性的词语如'匪类'、'帝国主义'、'恶魔'、'法西斯'等甚多,以致国外报刊和广播方面不易采用。望指示记者和发言起草人注重简洁扼要地揭发事实,申述理由,暴露和攻击敌人的弱点,避免或少用不必要的刺激性语言。"[2]

四、凝聚中国作风与中国气派

毛泽东历来倡导新闻宣传要凝聚中国作风与中国气派,实现策略性与艺术性的融合,具体体现在两方面。一是注重事实,力戒空谈。报道既要有根据,也要留有余地。毛泽东提倡典型报道,要求新闻工作者搜集和传播经过选择的典型经验,用典型推动实际工作。二是语言生动,文风有力。毛泽东提出,报纸文章要短小精练,内容简明扼要;注意文章的逻辑与结构;语言大众化,展现生动活泼的表达风格。1957年3月,毛泽东在同新闻出版界代表的谈话中指出,"报上的文章要短些,短些,再短些",要写得"通俗、亲切,由小讲到大,由近讲到远,引人入胜",[3] 使工农大众都易于接受。

刘少奇也强调新闻宣传要含蕴中国作风与中国气派,要求新闻报道既要保证全面性与深刻性,又要真实反映群众的困难、心声、趋势和动态。他倡导"精""彩""透"的报道风格,要求新闻报道形成"精、彩、短、透、活泼"的特色。他说:"精,就是不拉杂,彩,就是漂亮","你写的不'精',人民看不了那么多,你写的不'彩',人家不愿意看";"要简短,只能是写大事了,写得太多又是小事,人家就不愿看";"要'透',不是光说明现象,而且能说明内部联系"。[4]

在马克思主义中国化新闻宣传思想指导下,新中国成立初期的新闻宣传实践逐步形成和完善了老百姓喜闻乐见的,凝聚中国作风与中国气派的宣传风格,培育了具有民族特色的文体和文风,引导新闻宣传事业走出一条民族化、

---

[1] 夏文蓉:《论周恩来的新闻思想》,《南京大学学报(哲学·人文社会科学·社会科学)》1996年第4期。
[2] 中共中央宣传部新闻局:《马克思主义新闻工作文献选读》,人民出版社1990年版,第253页。
[3] 《毛泽东新闻工作文选》,新华出版社1983年版,第190页。
[4] 中国社会科学院新闻研究所:《中国共产党新闻工作文献汇编》下卷,新华出版社1980年版,第255页。

群众化发展道路。中国共产党不仅重视新闻宣传艺术追求，提出打破"八股"风气，新闻"短、多、快、好"，并强调新闻事实的力量、逻辑的力量和条理的力量。新闻工作者成为无产阶级战士，在马克思主义中国化新闻宣传思想的影响下，坚持实事求是和调查研究，积极宣传中央的路线政策，塑造新中国形象，推动新闻宣传事业的发展和新政权建设。

由上所论，新中国成立后，党的新闻宣传坚持为新政权建设服务，从新闻政策制定到一系列传媒方针确立，从新闻导向取舍到办报原则定夺，从报道战役指挥到重大新闻观念是非评判，[①] 逐步构建起马克思主义中国化新闻宣传思想体系，指导着新中国新闻宣传事业的发展。

第三节　管理体制：构建社会主义新闻宣传事业一元格局

新中国成立初期，举国上下除旧布新，新闻宣传事业也以前所未有的新政策、新观念、新格局，满足新政权建设的需要，具体表现为：党管宣传基本制度确立巩固；旧有私营新闻宣传事业终结，单一的公营新闻体制替代了党营、公营和私营并存的新闻体制；新闻宣传基本政策与法规确立。以党报为主体的社会主义新闻宣传事业一元化格局初步建立。

一、废除改造旧有私营新闻体制

1949 年中国共产党执政以后，党的新闻宣传事业"革故鼎新"，进入转型与发展的新时代。"革故"主要指没收国民党及其他反动派的新闻宣传机构，转入对民族资产阶级私营新闻宣传事业的社会主义改造[②]。旧有私营报纸、私营广播电台在短短六年内完全退出新闻宣传事业体系是新中国成立初期党的新闻宣传事业"革故"转型的重要表征。

（一）对私营报纸的改造

中国共产党对私营报纸的改造，从"予以扶持"，到"将原有私营性质的

[①] 童兵、林涵：《20 世纪中国新闻学与传播学（理论新闻学卷）》，复旦大学出版社 2001 年版，第 330 页。

[②] 吴廷俊：《中国新闻史新修》，复旦大学出版社 2014 年版，第 394 页。

报纸全部变为公私合营性质",再到"进一步变成公营报纸",经历了一个由表及里、逐步过渡的过程。私营报纸的完全、彻底退出,不仅从根本上改变了新中国报业结构,形成"一元化"党管国办报业新格局,更使得延安时期形成的办报思想、办报模式全面取代了旧中国报纸"文人论政"的传统,①强固了党管宣传基本制度。

据统计,新中国成立伊始(1950年),全国共有报纸624种,其中日报165种,公营122种、私营43种,部队报纸216种。②私营报纸主要分布在华东、华北地区,其次分布在中南、西北、西南、东北地区③;以上海的《大公报》《文汇报》《新民报》,武汉的《大刚报》,南京的《南京人报》为代表④。中国共产党对私营报纸和公私合营报纸在新中国成立后最初采取"予以扶持"的态度,认为其存在"有一定的必要"。⑤但是,一方面私营报纸或公私合营报纸的思想性与群众性薄弱,难以达到新政权对报纸发挥政治宣传功能和"指导中心工作的职能"要求;另一方面由于不具备党报的公信力,私营报纸未能获得大部分读者信任,发行量下滑,日趋式微。1950年下半年中共中央和中央人民政府决定对私营新闻出版事业进行社会主义改造;1952年底,全国原私营报纸全部变为公私合营性质;1953年后,通过收购私股的办法,公私合营报纸进一步变成公营报纸。⑥

中国共产党自建党开始就重视和强调报纸的宣传作用,认为新闻报刊应掌握在统治阶级政党手中,是革命和斗争的有力工具。⑦新中国成立后,面对美苏对峙的国际形势和百废待兴的国内局面,对私营报纸的改造完成进一步明确了报纸作为党和政府进行政治宣传及社会动员工具的角色定位。在特殊的历史时期,这一举措也消解了商业办报的独立超然态度与报纸作为新政权监督者、宣传者之间无法化约的矛盾。

---

① 丁骋:《中国大陆民营报纸退场的探究(1949—1954)》,华中师范大学2012年博士学位论文。
② 中央人民政府出版总署、第一届全国出版会议筹备委员会编:《第一届全国出版会议参考资料(第二辑)》(1950年),四川省档案馆藏,建国后资料目录(第二册)-8-3-2/9。
③ 中国新闻学联合会、中国社会科学院新闻研究所:《中国新闻年鉴:1988》,中国社会科学出版社1988年版,第525页。
④ 吴廷俊:《中国新闻史新修》,复旦大学出版社2014年版,第394页。
⑤ 1949年11月底,中共中央宣传部致电华东局宣传部:"私营报纸及公私合营报纸,在现阶段有其一定的必要,故应有条件予以扶持。"吴廷俊:《中国新闻史新修》,复旦大学出版社2014年版,第395页。
⑥ 吴廷俊:《中国新闻史新修》,复旦大学出版社2014年版,第394页。
⑦ 《红旗日报》发刊词《我们的任务》,1930年8月15日。

（二）对私营广播电台的改造

新中国成立初期，我国国民经济亟待恢复发展，在资本主义工商业方面，更需以《共同纲领》和党的"利用、限制、改造"政策为依据，以发展恢复国民经济为目标，进行合理调整。对于私营广播电台的改造，中国共产党仍旧根据经济政策与方针进行，而非采取简单取缔的办法。

新中国成立后，中国共产党明确规定广播电台只许"国家经营"，"禁止私人经营"，对私营广播电台的改造采取"先公私合营"，再借管理频道"将其并入当地国营广播电台"的办法。据统计，1950年全国广播电台有公营51台，私营32台（其中22台在上海），在电力上公营广播电台占绝对优势。① 对私营广播电台的改造工作以上海最为典型。上海解放时，根据中国共产党政策允许登记继续营业的私营广播电台有22台，职工以每单位6人计，共132人②。根据中央新闻总署广播事业局的指示与上海具体情况，上海市对私营广播电台采取如下办法：

1. 与反动派勾结有据者，加以封闭或没收。以现已查悉者，有福音一家。

2. 显属违抗或玩忽法令者，加以停播处分。经检查超出电力严重者，有建成、沪声、亚洲三家。

3. 增加各私营台宣传任务，指定每天转播人民台半小时，另经常发给一些政治插播稿。

4. 拟在最短期内陆续或一次收购归国有。

5. 为了现有私营电台这样的形式在若干落后市民中仍有其一定的宣教作用，并为照顾职工及播唱者的生活，仍维持六个周波，由国家经营。③

1952年10月，除上述停播外的16家私营广播电台申请与上海人民广播电台以公私合营方式组建"上海联合广播电台"；1953年，私营广播电台以9亿元将设备资产转让给上海人民广播电台，"上海联合广播电台"台名取消④。

---

① 中央人民政府出版总署、第一届全国出版会议筹备委员会编：《第一届全国出版会议参考资料（第二辑）》（1950年），四川省档案馆藏，建国后资料目录（第二册）-8-3-2/9。
② 《关于处理上海私营广播电台的意见》，上海市档案馆藏，A22-2-9。
③ 《关于处理上海私营广播电台的意见》，上海市档案馆藏，A22-2-9。
④ 吴廷俊：《中国新闻史新修》，复旦大学出版社2014年版，第397页。

其他主要城市也陆续对广播电台进行改造。北京解放后，除原国民党集团的北平广播电台被没收和接管，并建立了北京人民的广播电台外，仍有国民党时代遗留的4个小型广播电台在继续播音。除华生广播电台为资产阶级私人经营外，其余3个广播电台（中国广播电台、民生广播电台、军有广播电台）都分属于国民党不同派系和集团，根据《惩治反革命条例》依法予以没收。[①] 1952年底，北京市最后一个私营电台——华生广播电台，也被人民政府收购。据北京市人民政府新闻出版处统计数据，至1953年，包括私营广播电台的旧有私营新闻事业基本被改造，公私合营及私营新闻企业职工总人数均为0（参见表2）。

表2 新闻、出版、印刷、发行业职工总人数一览表（1953年，北京）[②]

经营性质/案别	全国性 国营	全国性 公私合营	全国性 私营	全国性 小计	地方性 国营	地方性 公私合营	地方性 私营	地方性 小计	总计
新闻	2183人	0人	0人	2183人	210人	0人	0人	210人	2393人
出版	1654人	123人	105人	1882人	27人	3人	151人	181人	2063人
印刷	3114人	0人	0人	3114人	1588人	0人	3242人	4830人	7944人
发行	1432人	389人	0人	1821人	23人	0人	788人	811人	2632人
共计	8383人	512人	105人	9000人	1848人	3人	4181人	6032人	15032人

对于私营广播电台的广告，中国共产党仍旧根据经济政策与方针进行改造。私营电台和资本主义工商业有着相互依存的密切关系。资本主义工商业追求利润，生产的无政府状态和自由竞争的性质决定其长期依赖虚伪、欺骗性广告；而电台的广告节目收入较高、成本较低，是商业电台的主要经济来源。因此，在过渡时期，新政权充分利用商业广告有利于国计民生的一面，允许其在一定时期内继续存在。

在经历了复杂尖锐的斗争后，资本主义私营广播电台改造工作的历史任务完成。广播阵地掌握在党和人民手中，对建立巩固党管宣传基本制度，确立公营新闻宣传事业体系，初步构建社会主义新闻宣传事业一元化格局都有重要意义。

---

① 中国共产党北京市委宣传部编：《北京志·广播通讯社出版篇》，北京市档案馆藏，1-12-863。

② 北京市人民政府新闻出版处统计：《北京市新闻、出版、印刷、发行业职工总人数统计表》，北京市档案馆藏，8-1-84。

综上所论，中国共产党对旧有私营新闻事业的改造，是包括"改'姓'、改内容、改思想"三方面层层深入、由表及里的变革。这一变革的深层动因，一是旧有新闻事业在新政权构建的以"党管宣传"为基础的新闻体制和以"党性原则"为指导的高度一体化话语体系中"失语"；二是在与党的机关报竞争过程中，旧有新闻事业失去发展优势，内部结构、经营思想都丧失独立性。新闻宣传作为上层建筑的组成部分，与经济基础以及上层建筑领域其他制度设置必然保持一致。由此，新中国成立初期旧有新闻事业走向衰颓、"一元化"新闻体制最终形成，是既与当时的制度环境和社会形态相契合，又与特殊历史背景相呼应的必然选择，具有现实合理性。

二、确立巩固党管宣传基本制度

"党管宣传"的基本制度是由中国共产党的根本性质和新中国的国家性质决定的，早在中国共产党建党之初就得以确立。1921年中共一大通过的决议明确了党对宣传机构及宣传工作的领导和管理。[①] 1922年召开的中共二大进一步强调："党掌握的各种机关报刊，都必须由确定忠于无产阶级革命事业的可靠的共产党人来主持"，以实现党对宣传工作的绝对领导。[②] 1924年开始，中央及各区分设宣传部，规定各地方委员会"委员长兼管宣传部"，进一步保障党组织对宣传思想工作机构的管理和指导。[③]

新中国成立后，党的政治任务从革命战争转移到和平建设上来，但新政权仍面临新旧意识形态交锋等严峻考验，封建主义、资本主义思想依然存在，非马克思主义思想观念未得到彻底清算，残留在思想领域的旧思想、旧观念成为建立无产阶级意识形态的桎梏，党的新闻宣传工作具有极端紧迫性。鉴于此，新闻宣传的党性原则成为新政权建设中全党坚守的生命线，"党管宣传"成为新闻宣传工作的基本制度和重要原则。"党管宣传"基本制度主要包含两方面内容。一是保障党组织对宣传工作机构的领导和管理，强调各级党委对宣传工作的政治责任和领导责任。刘少奇在第一次全国宣传会议上即提出，"如果不把我们的宣传部当做一个领导机关、指挥机关、计划机关，那工作是做不好

[①] 中共中央宣传部办公厅、中央档案馆编辑部：《中国共产党宣传工作文献选编（1915—1937）》，学习出版社1996年版，第325页。

[②] 中央档案馆、中共中央文献研究室：《中共中央文件选集》第一册，中共中央党校出版社1990年版，第67页。转引自才华：《中国马克思主义宣传机构建设理论研究》，南开大学2013年博士学位论文。

[③] 董兴杰、才华：《中共宣传思想工作机构建设的历史调查——以宣传部系统为例》，《河北师范大学学报（哲学社会科学版）》2012年第1期。

的","直接作宣传,也是必要的,但主要是指挥、组织、团结、依靠全党来做"。① 二是宣传机构必须无条件宣传党的纲领、路线、方针、政策、策略,同时要严格地遵守党的宣传纪律。以《四川日报》为例,为加强党委对报纸的领导,促使报社与省委呼吸相通,采取了一系列重要举措:

> 吸收报社负责党员干部列席省委讨论重要工作与政策的会议;阅读有关的文件与材料。
> 吸收报社各业务组的党员组长列席省委各部委及省府各厅、委、局的会议。
> 省委在工作中(特别是经济建设工作中)发现问题与研究问题后,及时指示报纸布置采访,组织言论;发现工作中的重大偏向,指导报纸进行批评。
> 不定期地向报社工作人员讲解党的重要方针与政策。
> 省委负责同志下乡检查工作时,带领报社党员干部参加。
> 报社负责党员干部每一季度向省委作工作总结一次,拟定报道计划一次,送省委常委讨论,作出决定;并认真执行日常工作中的请示报告制度;确定专人经常与专管报纸负责同志取得密切联系,主动争取省委对报纸工作的及时指示。②

新中国成立初期,党管宣传基本制度与党性原则和"全党办报"方针互为倚重,党报成为教育指导全体人民群众和干部的"最重要的工具"③。其他各项新闻宣传事业在"党性原则""全党办报"指导下,在党管宣传基本制度约束下,坚持用马克思主义的立场、观点和方法教育人民,无条件传达党的方针、政策,把对党忠诚和对人民负责统一起来,成为党和人民的耳目喉舌。

三、构建公营新闻宣传事业体系

新中国成立后,为推动马克思主义民族化发展与大众化传播,中央人民政府充实、调整党的新闻宣传事业,形成了以《人民日报》为中心、以共产党机关报为主体的公营报刊体系,以中央人民广播电台为中心的国营广播网,以新

---

① 华北局宣传部整理:《刘少奇同志在第一次全国宣传会议上的结论》(1951年5月23日),北京市档案馆藏,1-6-436。
② 四川日报编委会编印:《关于加强党委对报纸领导的意见》(1954年),四川省档案馆藏,建川003-118。
③ 四川日报编委会编印:《四川日报一年来报道工作总结》(1954年),四川省档案馆藏,建川003-118。

华社为主体的国家通讯网等社会主义性质的公营新闻宣传事业体系,[1] 成为新中国新闻宣传事业发展的主渠道与主阵地。

(一)公营报刊体系初步建成,在社会主义革命与建设事业中充分发挥组织、鼓舞、激励、批判、推动五种作用

作为党的主要舆论工具,公营报刊体系的建立在新中国成立初期宣传和贯彻党的各项方针政策、指导开展实际工作、教育群众和组织群众等方面做出了卓越贡献。在社会主义革命和社会主义建设事业中,公营报刊尤其是党报党刊,充分发挥了组织、鼓舞、激励、批判、推动五种作用[2],成为党的强有力的宣传工具。

新中国成立初期,中国共产党在全国设六个中央局,除华北局因原有《人民日报》外,其余均新创办自己的党委机关报:东北局创办了《东北日报》,西北局创办了《群众日报》,中南局创办了《长江日报》,华东局创办了《解放日报》,西南局创办了《新华日报》,各省、直辖市也基本建立了党委机关报[3]。中共党报体制逐渐形成,"根据1950年1月全国新闻工作会议调查统计,当时全国各级党的机关报共151种,约占全国报纸总数的59%,在各类报刊中占优势地位"[4]。由中共各级党委机关报组成的党报系统成为公营报刊体系的主体,也成为指导和鼓舞全国人民积极参加社会主义事业、维护世界和平的有力武器。新中国成立初期在国内宣传方面,以《人民日报》为中心的中共各级党报积极宣传马克思列宁主义的一般理论,广泛地介绍和阐述党中央重大方针政策,全面宣传人民在政治、经济、文化战线上的各种先进经验和在社会主义建设期间不断涌现的新鲜事物等,把握了正确的舆论导向。在国际宣传方面,党报全面深入地宣传社会主义阵营的团结和建设,巩固和扩大反对帝国主义的国际统一战线,完成了这一时期党报的政治使命。

总的来说,在新中国内外交困的特殊历史时期,党报体制的建立,一方面巩固了党管宣传基本制度。"在所有权上,党报归国家所有,禁止非国有资本进入;各级党报纳入相应的行政级别体系,接受同级党委和政府的领导,包括主要人权、财权、事权均归属党政机关。在具体报道内容方面,党报接受党政

---

[1] 吴廷俊:《中国新闻史新修》,复旦大学出版社2014年版,第397页。
[2] 中国共产党北京市委宣传部编:《北京志·报纸杂志篇》,北京市档案馆藏,1-12-864。
[3] 吴廷俊:《中国新闻史新修》,复旦大学出版社2014年版,第397页。
[4] 丁淦林:《中国新闻事业史》,高等教育出版社2007年版,第275页。

新闻宣传部门的直接管理与监督，报道方针、重要报道内容都要经党政机关审批。"① 另一方面，增强了新闻宣传的指导性与思想性，保障了党报的权威性与自上而下的宣传教育功能的充分发挥，密切了党与人民群众的联系。

除了中共党委机关报，新中国成立初期的公营报刊还包括民主党派、工会、青少年、人民军队、少数民族报纸及少数专业报纸。例如，民主党派和无党派民主人士共同主办的中央级国营报纸《光明日报》，共青团中央的机关报《中国青年报》，中华全国总工会的机关报《工人日报》，中国人民解放军军报《解放军报》，中华人民共和国卫生部的机关报《健康报》，中央文化部的机关报《新文化报》，中国邮电工会全国委员会机关报《中国邮电工人》，中国国民党革命委员会中央委员会宣传部主办的《团结报》等。② 这一类报刊及时充分地报道社会主义革命建设中日新月异的面貌，并从不同角度出发，向全国各地传播我国在政治思想战线、经济战线、科学文化教育战线等方面富有教育意义和鼓舞作用的新成就、新事物、新知识。

如上所述，新政权建立伊始，公营报刊体系为巩固以及推动国家政权建设发挥了巨大作用，也对中国大陆报业发展方向产生了深远影响，从根本上改变了新政权下的报业结构。

（二）国营广播网臻于完善，广播节目的政治性、思想性和指导性增强，对人民群众的政治动员和思想教育功效突显

新中国成立初期是恢复发展国民经济的重要过渡时期，国家的物资、技术匮乏，"地域辽阔""交通不便""投递迟缓""报纸不足"，③ 大部分工人与农民识字不多、受教育程度低。基于此，当时社会主义建设的主要任务之一便是发展具有鲜明群众基础和中国特色的人民广播事业。1949年通过的《中国人民政治协商会议共同纲领》（简称《共同纲领》）就有"发展人民广播事业"的明确规定；1950年全国新闻工作会议提出，"应在全国建立广播收音网，以便使人民广播事业建立在坚实的群众基础上发挥应有的宣传教育作用"④。1950年4月发布了《新闻总署关于建立广播收音网的决定》：

---

① 李良荣：《论中国新闻媒体的双轨制——再论中国新闻媒体的双重性》，《现代传播》2003年第4期；王琛：《新中国党报60年的发展与变革》，《深圳大学学报（人文社会科学版）》2009年第5期。
② 中国共产党北京市委宣传部编：《北京志·报纸杂志篇》，北京市档案馆藏，1-12-864。
③ 《各级领导机关应当有效地利用无线电广播》，《人民日报》1950年6月6日第3版。
④ 黄艾：《"人民本位"：建国初期广播事业的"公共"话语实践》，《现代传播》2014年第12期。

(一) 无线电广播事业是群众性宣传教育的最有力的工具之一,在我国目前交通不便、文盲众多、报纸不足的条件下,作用更为重大。一年以来,人民广播事业已有迅速发展,许多地方机关和部队设立了专门收音员负责收听和传播人民广播电台的广播内容,获得了良好的效果。为了有效地普遍组织收听工作,兹决定如下:全国各县市人民政府之尚未设置收音员者,除所在地为中心城市,出有大型日报者外,应一律指定政府内适当人员兼任收音员……

(二) 人民解放军部队中之尚未设置收音员者,应在各级政治机关指定适当人员担任收音员……

(三) 全国机关、团体、工厂、学校亦应酌量设置收音员……

(四) 听众中的积极分子得依自愿向广播电台申请为收音员……

(五) 所有收音员均应向地方或中央广播电台登记,并按月报告工作情况和听众意见。各地方和中央广播电台应负责指导收音员的工作,帮助收音员购置、订制、使用、修理收音机和扩音器,帮助收音员订购留音机片,按照听众的需要和意见改进广播内容。[①]

新闻总署的决定进一步强调了发展广播事业的重要性,并要求在各地普遍设置收音员和广播电台。截至1954年,全国各省级行政区除西藏、台湾两地外,均建立起本地的人民广播电台,许多有条件的地(市)也建立了本地区的人民广播电台。[②] 截至1958年,全国大部分地区建立起广播站,以北京为例,北京九个区均建立起广播站,乡广播分站达到100个,占全区乡数的52%。[③] 中国共产党构建了以中央人民广播电台为中心的、从中央到地方的国营人民广播电台网。

随着国营广播网的构建日臻完善,广播节目的政治性、思想性和指导性增强,形式和风格趋于多样化。在政治广播方面,密切结合各时期的政策方针及各项政治运动,向全国人民进行广泛的思想教育;在知识性广播方面,宣传技术革命和创造发明,普及了一些较为浅近的科学常识和最新的科学成就,同时举办各种社会科学讲座,提高了广大听众的理论知识水平;在文艺广播方面,遵循党指示的"今二古一,中七外三"[④] 的文艺选材原则,演播优秀的传统剧

[①] 国务院法制办公室:《中华人民共和国法规汇编(1949—1952)》第一卷,中国法制出版社2005年版,第284页。
[②] 丁淦林:《中国新闻事业史(修订版)》,高等教育出版社2007年版,第277页。
[③] 中国共产党北京市委员会农村工作部编:《有关农村电话、邮电、广播问题函件》,北京市档案馆藏,1-14-442。
[④] 中国共产党北京市委宣传部编:《北京志·报纸杂志篇》,北京市档案馆藏,1-12-864。

目，大量播送密切配合中心任务的文艺节目，培育了听众的兴趣和鉴赏力，陶冶情感，激发革命力量。

新中国成立初期，广播除在日常宣传工作中潜移默化地教育广大听众外，在历次重大政治运动中也发挥了尤为显著的作用。由于广播可以最迅速地激发群众情绪，造成声势浩大的局面，因此具有鲜明的鼓动性和战斗性，被列宁称为"千百万人的群众大会"[①]。广播大会即是在深入发动群众的基础上，充分运用广播特点，逐步摸索出并得以明确的一种我国独创的广播形式。新中国的广播大会把广播鼓动功效发挥到最大，广泛动员和教育群众，对人民群众的政治文化生活发挥了重要作用。

在新中国百业待兴的特殊时期，国营广播网的建立虽具有浓厚的政治意涵，但基于坚实的群众基础发展起来的人民广播事业，深刻凸显了人民的主体地位和广播事业巨大的公共话语力量，并在一定程度上实现了广播作为"新闻的源泉、教育的讲坛和文化娱乐的工具"[②]的主要功能，对新中国新闻宣传事业的发展意义深远。

（三）国家通讯网迅速建成，成为党中央与人民群众息息相通的精神导线，也成为我国人民与世界各国人民联系的重要渠道之一

新中国成立后，新华社迅速从战争年代的党中央通讯社转变为集中统一的国家通讯社，在国内和国际的新闻传播中担负起更大的责任，成为强有力的中央新闻宣传机构。[③] 1952年中国新闻社成立，以对外宣传为主要任务，广泛报道祖国的政治、经济、文化等方面建设成就和侨乡情况，促成爱国华侨大团结。[④] 至此，国家通讯网建成，新中国的通讯事业初具规模。

国家通讯网的建立发展不仅为国内新闻消息提供总汇，也为新中国建设现代化世界性通讯社奠定基础。一方面，国家通讯网以新闻报道的手段迅速、广泛传播党的纲领和路线，再把人民群众在贯彻方针、政策中的创造、经验、意见和要求及时反映回中央，成为党联系人民的桥梁；另一方面，在新中国对外交往和外交斗争的重要事件上，如朝鲜停战谈判、日内瓦会议、万隆会议等，

---

① 《必须重视广播》，《人民日报》1951年4月23日第1版。
② 1950年3月29日至4月16日，全国新闻工作会议在北京召开。时任广播事业局副局长的梅益作了题为《人民广播事业概况》的报告。参见中央广播局：《广播通报》第1卷第10期，1950年5月1日编印。
③ 刘云莱：《新华社史话》，新华出版社1988年版，第1—2页。
④ 吴廷俊：《中国新闻史新修》，复旦大学出版社2014年版，第399页。

国家通讯网以专业的报道力量发挥了不可替代的作用,成为宣传我国外交政策、联系我国人民和世界各国人民的重要渠道之一。

由上所述,新中国成立初期的国家通讯网是党中央与人民群众息息相通的精神导线,也是党和人民群众的耳目喉舌。①

四、制定新闻宣传新法规与新政策

为确保新闻宣传事业规范化、法制化运行,新政权自建立伊始就重视建立、制定各种政策法规。完善的政策、法规对于推动新中国新闻宣传有效管理,确保中国共产党从中央到地方大规模新闻宣传工作的顺利开展,形成新的新闻宣传理念与全国性新闻宣传指导思想也大有助益。

(一)新闻宣传的新法规

新中国成立初期,伴随着当代中国的第一次法律革命②,新闻宣传也构建了一个完全不同于旧中国的新法规体系。一系列新闻宣传法律法规的制定颁布,引领了新中国新闻宣传法制建设的基本方向,也推进了新闻宣传法制现代化的基本进程。可以说,这一时期社会主义新闻宣传的法制建设开始真正意义上步入了正轨。

从1949年到1956年期间,新中国先后出台了《全国报纸杂志登记暂行办法(草案)》《期刊登记暂行办法》《管理书刊出版业印刷业发行业暂行条例》等一些相关新闻法规(参见表3)。③ 这些法规使新中国新闻宣传事业管理有法可依、有章可循,是完善新闻出版标准化工作机制、建立立法机构与标准机构的联系机制的初步尝试。

表3　新中国成立初期新闻出版法规及相关条例④

公布时间	法规名称	主要内容
1950年	《全国报纸杂志登记暂行办法(草案)》	报纸杂志(公营和私营)须申请登记,经地方初审转呈新闻总署核定,获登记证后才可出版

---

① 刘云莱:《新华社史话》,新华出版社1988年版,第2页。
② 薛传会:《新中国两次法律革命与新闻法制建设》,《当代传播》2009年第2期。
③ 徐培汀:《中国新闻传播学说史》,重庆出版社2006年版,第18页。
④ 陈昌凤:《中国新闻传播史:传媒社会学的视角(第二版)》,清华大学出版社2009年版,第274页。

续表3

公布时间	法规名称	主要内容
1951年	《中华人民共和国惩治反革命条例》	进行反革命宣传鼓动、制造和散布谣言者，应以反革命论罪惩处
1951年	《保守国家机密暂行条例》	第11条 凡报刊、电台内容均不得涉及国家机密，各新闻机构应制定保密审查办法 第13条 以反革命论罪惩处的内容
1952年	《期刊登记暂行办法》	期刊的发行应申请登记，由受理机关上呈上级机关核准，发给登记证后才能发刊
1952年	《管理书刊出版业印刷业发行业暂行条例》	向当地行政出版机关申请核准，取得营业许可证后，再向当地工商行政机关申请登记
1956年	《中共中央关于报纸和期刊的创办、停办或改刊的办理手续的几项规定》	从中央到地方各级各类报纸创办、停办或改刊的办理手续，及各级批准权限

值得注意的是，一系列新闻宣传新法规中，对新闻自由原则的规定最具前瞻性和开拓性。1949年通过的《共同纲领》规定："保护报道真实新闻的自由。禁止利用新闻以进行诽谤、破坏国家人民的利益和煽动世界战争。"（第49条）1954年通过的《中华人民共和国宪法》第87条规定："中华人民共和国公民有言论、出版、集会、结社、游行、示威的自由。"[1] 这些条款对新闻自由的内涵和边界作出明确具体的规定，保障了人民的言论出版自由，彰显了新闻自由思想，由此成为新中国新闻宣传法规的统领性条款。

新中国新闻宣传法规体系的基本形成，一方面得益于对新闻自由这一现代新闻法制精髓的彰显，另一方面表现为对新闻法基本内容构建的完成。具体以1950年的《全国报纸杂志登记暂行办法草案》为例，内容如下：

（一）为发展新民主主义的新闻出版事业，保障人民的言论出版自由，特根据中国人民政治协商会议共同纲领第四十九条精神制订本办法。

（二）凡出版报纸杂志均须依照本办法向当地新闻出版行政机构申请登记，由当地新闻出版行政机构拟具初审意见，转呈新闻总署核定，并发给登记证后，始准出版发行。（各地已出版报纸杂志，亦须依照本条补行

---

[1] 吴廷俊：《中国新闻史新修》，复旦大学出版社2014年版，第401页。

申请登记）

（三）报纸杂志申请登记时，均应按照新闻总署规定之报纸杂志登记申请书（样式附后）详细填写，不得隐瞒虚报，如有重要隐瞒及报告不真实，企图骗取登记者，一经发觉证实，除不许或撤销其登记外，当视其情节轻重，予以处分。

（四）各报社所领之登记证，不得出让或转借，如有损坏或遗失者应立即登报声明作废，并连同刊登之广告，按登记时程序，申请备案及补发。

（五）凡申请书中所填各项有变更时，应于变更后十日内按照登记时程序，申请变更登记。

（六）凡报纸拟自动终刊者，应于终刊前按照登记时程序申请注销登记，因故暂时停刊者，应于停刊之次日通知所属新闻出版行政机构，复刊时亦应事前通知所属新闻出版行政机构。

（七）已核准登记之报纸杂志，应于每日每期报端及显著地位，载明登记证号字号，创刊日期及出版地址。

（八）已核准登记之报纸杂志，均须按日（期）寄送新闻总署及当地新闻出版行政机构若干份，以备审阅。

（九）各报社杂志人员之行动，及其报纸言论之记载，须遵守下列各项：

（甲）须遵守共同纲领，拥护人民民主事业。

（乙）须遵守各级人民政府的政策法令。

（丙）须保守国家的国防、外交、财政、公安等有关机密事项。

（丁）须报道真实新闻，并禁止利用新闻以进行诽谤，破坏国家人民的利益，和煽动世界战争的言论与记载。

（十）凡报纸杂志违反本办法各项规定者，得由各级新闻出版行政机构，视其情节轻重，分别予以警告、教育、定期停刊或终刊的处分，其有涉及刑事范围内之行为者，当由人民法庭依法处理。

（十一）为执行本办法，必要时，新闻总署及各级新闻出版行政机构得制订具体执行细则。

（十二）本办法自公布之日施行。[①]

[①] 中国社会科学院新闻研究所：《中国共产党新闻工作文件汇编》中卷，新华出版社1980年版，第11页。

新中国成立初期的新闻宣传实践与经验（1949—1956）

该办法草案共 12 条，从报刊的申请登记程序、事项变更、注销规定到出版物的内容要求及违规惩处都有严格的规定，同时要求各级新闻出版机构据此办法制定执行细则，办法内容涵盖了一部普通新闻法规所具备的主要内容。

新中国成立初期建立的新闻宣传法规体系为新闻宣传事业发展提供法制保障，对新闻政策法制化发展具有重要启示。一是规范了报刊事业的运行程序、发行管理程序，提高新闻宣传工作的效率；二是构建和完善了新闻宣传事业的管理体制机制，例如实行报纸杂志登记许可制度；三是构建了新闻宣传活动的行为准则和管理规范，例如规定了媒体禁载的内容，建立了重要新闻统一发布的制度等。[1]

（二）新闻宣传的新政策

新闻宣传法律法规的制定颁布为新闻宣传政策的法制化建设提供了基本遵循。新中国新闻宣传政策有破有立，在整顿旧有新闻宣传机构和人员的同时，拟定了新的宣传环境下报纸、杂志、通讯社、广播电台科学运作的新政策。

一方面，颁布《关于新解放城市中中外报刊通讯社处理办法的决定》《关于对新解放城市的原广播电台及其人员的政策的决定》，对新解放城市的旧有报纸、刊物、通讯社、广播电台及新闻宣传工作者提出处理意见。[2]

另一方面，拟定了确保报纸、杂志、通讯社等在新的新闻宣传环境下正确运作的相关政策，例如《中宣部关于城市党报方针的指示》《中共中央对北平市报纸、杂志、通讯社登记暂行办法的批示》《全国报纸杂志登记暂行办法草案》等，明确了党在城市办报的目的、方针、可依靠力量，规定了报社杂志人员需遵循的规则。《中宣部关于城市党报方针的指示》就提出，"我们的报纸，主要地是为工人和农民服务"[3]；《全国报纸杂志登记暂行办法草案》对新闻工作人员开展工作也有明确规定。

上述重要规定为新中国新闻宣传事业发展提供政策保障，确保新闻宣传工作真正坚持维护国家利益和人民利益的内核，同时通过新政策实施来促进新闻宣传指导思想和新理念的形成。

由上所述，1949—1956 年，新中国初步构建了与经济政策相适应的新闻

---

[1] 陈建云：《中国当代新闻传播法制史论》，山东人民出版社 2005 年版，第 83—89 页。
[2] 中国社会科学院新闻研究所：《中国共产党新闻工作文件汇编》上卷，新华出版社 1980 年版，第 180—190、194—196 页。
[3] 中国社会科学院新闻研究所：《中国共产党新闻工作文件汇编》上卷，新华出版社 1980 年版，第 201—202 页。

宣传新法规和新政策体系。这一时期，新闻宣传事业的法制化建设不断推进，新闻宣传的行政管理、法规管理也日益规范化。此外，与社会主义新闻法制相一致的公民权利得到明确和保护，为建立一支立场、观点、作风和业务素质都符合要求的新闻宣传队伍，以及在新闻宣传工作中团结一切可能团结的力量都奠定了基础。

第四节 依靠力量：奠定新闻宣传广泛群众基础

新中国成立初期，深刻的社会变革和阶级阶层变动构建了结构复杂、成分多样的新闻宣传对象群体。同时，新闻宣传工作的践履也主要依托于这些呈现多元、状态复杂的群体力量。马克思主义新闻宣传思想认为，群众路线是党的根本路线，也是新闻宣传工作的根本路线；列宁提出，坚持新闻宣传工作的群众路线主要依靠三种途径，即工人群众、以党为核心的组织和以报刊为关键的大众传播媒介[①]。本书从广大人民群众、基层政权组织与群众组织三方面分析新闻宣传的依靠力量，大众传播媒介在第五章重点阐释，此处不赘。

一、广大人民群众

人民群众是创造历史的主体，是推动社会进步的决定力量，这是唯物史观的理论基石。在这一理论指导下，群众观点与群众路线成为新时期新闻宣传思想创新的重要哲学基础，也成为新闻宣传工作的基本依据和根本方法。新中国成立后，新政权遵循马克思主义群众观，在广大人民群众中开展了卓有成效的新闻宣传工作。在这个过程中，人民群众在新闻宣传中的主体地位凸显，成为党的新闻宣传工作的重要依靠力量。

（一）广大人民群众是新闻宣传的实践主体，其蕴藏的巨大智慧与创造力是新闻宣传事业的发展动力

新中国成立初期，除农民与城市工人两大群体外，人民群众还包括知识分子、工商业者和文艺工作者等一切推动新政权建设和社会主义事业进步的阶级、阶层及社会集团。广大人民群众共同构成新闻宣传的实践主体，其蕴藏的智慧与力量是新闻宣传发展的动力源泉。

---

① 谢加书、李怡：《列宁的宣传思想工作群众观探析》，《南京政治学院学报》2013 年第 4 期。

毛泽东《在延安文艺座谈会上的讲话》中指出："人民生活中本来存在着文学艺术原料的矿藏，这是自然形态的东西，是粗糙的东西，但也是最生动、最丰富、最基本的东西；在这点上说，它们使一切文学艺术相形见绌，它们是一切文学艺术的取之不尽、用之不竭的唯一的源泉。"① 新闻宣传与文学艺术同属社会意识的组成部分，皆为对客观现实生活的反映，因此，都内含人民群众主体力量的巨大动力。无产阶级新闻事业有坚持人民性的优良传统，马克思指出，"它生活在人民当中，它真诚地和人民共患难、同甘苦、齐爱憎"②。马克思强调报刊要与人民同在，即报刊要具有广泛的群众性，攫取人民群众最生动、最丰富、最基本的智慧与力量。

新中国成立初期，新闻宣传尊重人民群众首创精神，发挥人民群众主体地位，取得了引人瞩目的成效。例如，在人民群众宣传网的建设过程中，上海在没有党、团组织或宣传员发展不充分的街道、里弄、工厂，建立了群众性宣传队伍，包括群众宣传队、读报组、黑板报、广播台、漫画组等。人民群众成为推动这些宣传活动的根本力量。③ 1956年初，北京市根据第三次全国广播工作会议精神制订了建立郊区农村有线广播网的规划，提出"依靠群众，利用现有设备，分期发展，逐步正轨，先到村社，后到院户"的建设方针和"民办公助"原则。④ 由此可见，在新中国宣传工作人员少、机构不健全的客观条件下，人民群众承担了重大的历史责任，成为这一时期新闻宣传的动力和依靠力量。

（二）广大人民群众是新闻宣传的价值主体，其利益需求是新闻宣传的价值评判标准

中国共产党的性质决定了人民群众成为党的新闻宣传的最高价值主体和评价主体，成为新闻宣传的主要依靠力量。正如毛泽东指出的，"我们共产党人区别于其他任何政党的又一个显著的标志，就是和最广大的人民群众取得最密切的联系"⑤。新中国成立初期，毛泽东倡导"全党办报，群众办报"，他指

---

① 《毛泽东选集》第三卷，人民出版社1991年版，第860页。
② 《马克思恩格斯全集》第一卷，人民出版社1956年版，第187页。
③ 段春义：《新中国成立初期的人民群众宣传网建设——以上海为例》，《党的文献》2016年第5期。
④ 中国共产党北京市委员会宣传部编：《北京志·广播通讯社出版篇》，北京市档案馆藏，1-12-863。
⑤ 中共中央文献研究室、中国延安干部学院：《延安时期党的重要领导人著作选编》上册，中央文献出版社2014年版，第305页。

出,"我们的报纸也要靠大家来办,靠全体人民群众来办,靠全党来办,而不能只靠少数人关起门来办"①,强调新闻宣传要依靠全党来办,依靠广大人民群众力量,实现广大人民群众利益。"全党办报,群众办报"方针是社会主义新闻群众性原则的核心,也成为我们党所领导的新闻工作的基本方针。

新中国成立初期,新闻宣传积极引导人民群众在历次政治运动和生产建设事业中发挥主体作用,并通过实际斗争,以工人阶级的立场和马克思列宁主义的世界观教育群众。在抗美援朝、镇反肃反运动中,新闻宣传媒介动员人民群众同美帝国主义和反革命分子进行坚决斗争,以爱国主义、国际主义和革命英雄主义思想教育群众;在"三反""五反"和知识分子思想改造运动中,引导群众逐步划清同资产阶级思想的界限;在第一个五年计划期间,大力报道工人、突击队、节约队的活动,支持工人及群众的创造发明和合理化建议,组织群众为提前完成和超额完成国家计划贡献力量。新闻宣传媒介成为传播"符合于人民利益"②的真理的渠道。

总的来说,新中国成立初期的新闻宣传媒介以通俗易懂、生动活泼的形式报道人民群众真正关切的重大问题,而一系列符合人民利益及要求的深刻报道也凝聚和动员了广大人民群众。

由上所论,新中国成立初期,新闻宣传以广大人民群众为实践主体和评价主体,尊重其首创精神,发挥其创造力和积极性,推动了新中国生产资料所有制方面的社会主义改造和政治思想战线社会主义革命的伟大社会变革。

二、基层政权组织

新中国成立后,新政权重构基层社会,打造了具有新时代和新社会特色的社会空间。新政权在新的社会空间环境中广泛、深入地开展新闻宣传工作,以基层政权组织为基础,展开更具针对性和影响力的宣传。在城市,社、区、街三级政权体系和区政府、街道办事处、居民委员会三级管理体制确立,高度整合、同质性强的组织形式加强了党对社会成员的管理,打破了自远古以来支配中国的地方主义和传统的、建立在血缘基础上的小共同体意识,也增强了新闻宣传在推动社会动员与整合过程中的组织基础和群众基础。

城市居民委员会作为新居民组织,建立伊始就以居民区为基础,是非营利

---

① 《毛泽东新闻工作文选》,新华出版社1983年版,第150页。
② 《毛泽东著作选读》下册,人民出版社1995年版,第720页。

性、非会员制和区域性的居民自治组织。[1] 居民委员会的自治性和群众性与新中国新闻宣传的社会动员与整合功能相契合，同时，作为新政权实现基层社会控制的基层组织和公民参与新政权公共事务的一种新途径，居民委员会鲜明的政治色彩与新中国新闻宣传工作的历史使命、指导思想相互渗透，共同构建了高度一体化的社会话语系统，一定程度上稳定了新中国成立初期的社会秩序。

城市居民委员会的建立为新闻宣传提供了有效的组织载体，积极有效地动员和教育城市居民。在抗美援朝时期的爱国主义宣传、第一个五年计划宣传、过渡时期总路线宣传、普选宣传等重大宣传活动中，城市居民委员会都以对城市社会强有力的组织化调控，为新政权针对不同城市人群的宣传普及和教育动员工作奠定了组织和群众基础。例如，中共北京市委宣传部在开展新中国第一个五年计划相关宣传工作时提出，要"向有组织的群众（工人、农业生产合作社社员、居民委员会委员等）普遍作一次传达，报告员在进行传达时，除使大家较全面地了解五年计划的基本精神和基本内容外，应着重宣传与本地区、本单位工作有关的问题"[2]。新闻宣传以城市居民委员会为载体，与本地区具体情况相融合，更有利于社会主义意识形态深入基层，得到广大城市居民认同和接受。

此外，新闻宣传利用具有新中国特色的形式，如广播大会、读报组、墙报等，与城市居民委员会强大的组织网络结合，使国家力量与国家意志进一步渗透和延伸到城市社会最基层的各类群体中，成为国家政权建设和群众动员的重要力量。

三、群众性团体组织

各城市解放后，在取缔改造旧有封建团体的同时，新政权迅速建立了工会、青年团、妇联等新的群众性团体组织，这些组织将单位和街道内不同性别、职业、年龄的群众进一步聚合起来，成为新闻宣传密切依靠的组织力量。此外，新中国城乡新型社会组织的建立、改造和重建进一步使新闻宣传工作克服了旧中国的散漫无组织状态。在城市，各种人民群众团体组织、社会公益团体组织、文学艺术研究团体组织和其他行业协会发展组建起来；在农村，农民协会、青年团、妇女联合会、互助组、合作社等一系列新乡村社会组织逐步建

---

[1] 高中伟：《新中国成立初期城市基层社会组织的重构研究——以成都为中心的考察（1949—1957）》，四川大学出版社2011年版，第142页。

[2] 中共北京市委宣传部编印：《中共北京市委宣传部关于执行〈中央关于宣传五年计划应注意事项的通知〉的计划》，北京市档案馆藏，1-12-230。

立。城市居民和农民聚合到某一基本组织形式中，新闻宣传以更具针对性和影响力的方式影响广大群众。

群众性团体组织的基本功能定位决定其成为新闻宣传工作的依靠力量。新中国成立初期，青年团、工会、妇联等各类群团组织都明确了动员群众的基本功能定位，在其章程或相应制度中都有"教育、引导、动员群众"的具体任务。[①] 新闻宣传通过与各类群团组织的互动，进一步实现了对新政权的有效整合以及对社会群众的积极动员。例如，1954年上海市民主妇女联合会宣传教育部对《解放日报》《劳动报》《新闻日报》《文汇报》和《新民报》等宣传上海妇女讨论和学习宪法草案的报道提出意见，指出："在已发表的各阶层妇女拥护宪法草案的文章中，内容比较一般化，结合各阶层妇女的特点和她们在过渡时期所担负的不同任务不够突出"；在"反映妇女对宪法草案的体会时"，"着重在生活上进行了对比，对解放以后妇女在政治上的翻身，已获得男女平等的权利等方面则宣传不够"；"较少全面地宣传权利与义务的一致性"；等等，[②] 并报告市委宣传部，为继续深入地开展新闻宣传报道工作提供有益的参考。群众性团体组织关注并参与新闻宣传的态度推动着新中国新闻宣传工作的发展，对新闻宣传工作渐进式展开充实力量，提供基础。

新中国成立初期新闻宣传的客观条件限制和群众思想的复杂性、差异性也决定了新政权的新闻宣传工作必须以群众性团体组织为依靠力量。我国"地区辽阔"，解放初期"交通极为不便"，且"文盲众多"。[③] 因此，在有限的新闻宣传客观条件下，面对严峻的国内外形势和复杂多变的群众思想，新中国的新闻宣传工作亟须根据实际条件与群众思想变化进行有的放矢的宣传报道。作为一种有效的社会联结形式，群众性团体组织把具有分割性和离心性的单位以及居民委员会联结在一起，使新闻宣传面对复杂多变的对象群体时更具导向性，同时也克服了交通不便、群众文化水平低等客观条件为新闻宣传带来的重重限制。例如，在1950年抗美援朝时期开展时事宣传运动时，新政权分别组织各界各类型的时事座谈会，大、中、小学教师由教育工会会同教育局分别组织，文艺界由文联组织，妇女界由妇联组织，各工会及工厂由总工会组织，青年、

---

① 陈佳俊、史龙鳞：《动员与管控：新中国群团制度的形成与发展》，《社会发展研究》2015年第3期。

② 中共上海市委宣传部编印：《中共上海市委宣传部批转上海市民主妇女联合会宣传教育部对上海各报报道上海市妇女讨论宪法草案的意见的报告》，上海市档案馆藏，A22－1－153。

③ 《关于广播工作的决定（草案）》，四川省档案馆藏，建国后资料目录（第二册）－8－2/8。

学生由青委及青联、学联组织；新闻界由新协党组组织。① 由此，在群团组织体系里，新闻宣传一方面根据"工人、街道居民、学生、一般妇女、教会人员、农民"等不同群体的特点和思想变化进行差异性和针对性宣传②，另一方面创造性地将各群众性团体组织的宣传工作与教育工作相结合，不断加强新闻宣传的思想性与群众性，积极改造各群体成员的思想认识。

由上所述，新闻宣传充分利用城市居民委员会等基层自治组织和工、青、妇等群众团体的力量，深入成员群体之中，广泛动员群众支持和参与新政权建设、土地改革、社会改造，增强了宣传对象的针对性、宣传内容的科学性和宣传效果的实效性。此外，基层自治组织与群众性团体组织两套体系互补，更加有效地发挥了各自广泛的网络性和组织性特点，有力地保障了新中国成立初期的国家建设和经济发展，为新闻宣传实现巩固政权、凝聚民心的历史使命提供了强有力的制度渠道和组织保障。

本章小结

面对错综复杂的国内国际形势，新中国成立初期党的新闻宣传的历史使命、指导思想、管理体制、依靠力量为新政权新闻宣传工作的具体展开提供了基本遵循，构建了凸显人民主体地位的新闻宣传新理念和新机制。至1956年，在新时期新闻宣传历史使命的指导下，新中国已经初步构建了新闻宣传事业体系，总结出了一套行之有效的新闻宣传指导思想，建立了与经济政策相适应的新闻宣传体制和政策，③ 并且形成了工人群众、以党为核心的组织和以大众传播媒介为中心的新闻宣传依靠力量。

新中国成立后，中国共产党的政治任务从革命战争转移到和平建设，但新政权仍面临错综复杂的国内外形势和新旧意识形态交锋的严峻挑战，作为主导意识形态的马克思主义尚未被广大人民群众彻底接受，加强党的新闻宣传工作具有极端紧迫性。先"破"后"立"，在国际建构认同、争取支持，在国内肃清旧有思想，建立社会主义意识形态，赢得人民群众对新生政权的广泛认同，

---

① 中共上海市委宣传部编印：《关于开展时事宣传的指示》，上海市档案馆藏，A22-1-4。
② 解放日报编辑委员会编印：《解放日报一九五一年（四、五、六月）报导提要》，上海市档案馆藏，A22-2-54。
③ 陈昌凤：《中国新闻传播史：传媒社会学的视角（第二版）》，清华大学出版社2009年版，第274页。

成为新中国成立初期新闻宣传的历史使命。确立马克思主义在意识形态领域的指导地位成为一切历史使命的重要内核。

围绕这一历史使命，中国共产党在实践马克思主义新闻宣传理论的基础上，认真总结新闻宣传促进中国革命、助力国家政权建设、推动社会主义经济恢复发展等方面的经验，构建了坚持党性原则、倡导全党办报与群众办报、强调传播真理与报道真实、凝聚中国作风与中国气派的马克思主义中国化新闻宣传思想原则和理论体系，并在实践过程中不断丰富创新。

从历史使命和指导思想出发，新中国成立初期的新闻宣传事业形成了前所未有的新政策、新观念和新格局。党管宣传基本制度确立巩固，新中国各项新闻宣传事业在党管宣传基本制度约束下，成为党和人民的耳目喉舌。旧有私营新闻宣传事业终结，党营、公营、私营并存的新闻体制被单一的公营新闻体制取代，初步建立了以党报为主体的一元化格局。新闻宣传事业的法制化建设不断推进，新闻宣传基本政策与法规确立，与社会主义新闻法制相一致的公民权利得到明确和保护，行政管理也日益规范化。管理体制的革新为建立一支立场、观点、作风和业务素质都符合要求的新闻宣传队伍，以及在新闻宣传工作中团结一切可能团结的力量奠定了基础。

这一时期，深刻的社会变革和阶级阶层变动构建了结构复杂、成分多样的新闻宣传对象群体，而新闻宣传工作的践履主要依托于这些呈现多元、状态复杂的群体力量。新闻宣传工作以广大人民群众为实践主体和评价主体，尊重其首创精神，发挥其创造力和积极性，以推动新中国生产资料所有制方面的社会主义改造和政治思想战线社会主义革命的伟大社会变革。同时，新闻宣传充分利用城市居民委员会等基层自治组织和工、青、妇等群众团体的力量，进一步深入成员群体之中，广泛动员群众支持和参与新政权建设、土地改革、社会改造，增强了宣传对象的针对性、宣传内容的科学性和宣传效果的实效性。基层自治组织与群众性团体组织两套体系互补，有效发挥各自广泛的网络性和组织性特点，为新闻宣传巩固政权、凝聚民心提供了强有力的制度渠道和组织保障。

第三章　新中国成立初期党的新闻宣传的内容建设[①]

新中国成立后，党的中心任务转变为建立巩固社会新秩序，整个国家的政治、经济、社会生活、思想文化也随之进入转型期。在这一历史背景下，党的新闻宣传工作围绕转型时期的政权建设、经济建设、社会建设和思想文化建设，对符合新政权意识形态理念的各项工作进行了卓有成效的宣传，展现了国民经济恢复发展的新面貌，呈现社会欣欣向荣的新景象，也为推进社会主义意识形态大众化、塑造中国共产党执政新形象、推动思想文化转型重构作出了重要贡献。

第一节　推进社会主义意识形态大众化

新中国成立初期，党的新闻宣传工作出色地完成了社会主义意识形态建构与思想整合的历史重任。在从新民主主义向社会主义过渡的进程中，新政权宣传普及了社会主义意识形态的基本内容，使中国共产党所追求的美好社会图景、所肯定的社会利益关系、所倡导的社会价值理念等延伸并渗透至人民群众思想中，逐步确立了以马克思主义为指导的社会主义意识形态的主导地位。

一、确立指导思想：宣传马克思主义理论

新中国成立初期，马克思主义成为主导意识形态，但这一意识形态尚未被群众彻底接受，马克思主义理论宣传尚存在"经常性、系统性和深刻性不足"[②]

[①] 本章内容分别见邱爽：《中华人民共和国成立初期马克思主义话语体系构建：基于红色文化符号表征的分析》，《华中科技大学学报（社会科学版）》2020年第4期；《新中国成立初期中国共产党新闻宣传工作的历史实践》，《四川师范大学学报（社会科学版）》2019年第5期。收入时有改动。

[②] 川南区首届报纸工作会议大会秘书处编印：《中共中央中南局关于加强报纸工作中马克思列宁主义和毛泽东思想的决定》，四川省档案馆藏，建国后资料目录（第二册）－8－9/8。

的问题。刘少奇在全国第一次宣传工作会议上提出,"中国革命胜利了,我们有了更好的宣传马列主义的条件"①。利用这种"更好的条件",中国共产党在各种纷繁的思潮中不断扬弃,以马克思主义的科学理论和方法作为发展新中国和教育人民群众的思想武器,为"建设社会主义和实现共产主义打下思想基础"②。

(一) 宣传马克思主义基本理论

马克思主义是集中全世界工人阶级实践得来的忠实反映世界历史规律的理论。新中国成立后,马克思主义理论被确立为一切宣传的基础,也成为中华民族自我阐释、自我确立的基础。各级党委机关报,尤其是省、市以上的党委机关报,开始加强马克思主义理论宣传,提高理论水平,成为"反对一切脱离马克思列宁主义、脱离党的总路线的倾向和与资产阶级思想作斗争的重要武器"③。广播和理论刊物也成为宣传马克思主义理论的重要阵地。

1951年全国宣传工作会议决议强调:"我们党的宣传工作不止是宣传当前的中心工作,不止是搞当前的时事政策宣传,而且要作马列主义基本理论的宣传","加强基本理论的宣传教育,应当成为我们党的重要工作之一,应当作为宣传部的一项重要工作提出来"。④ 1954年中央政治局通过了关于改进报纸工作的决议,指出"许多报纸的党性和思想性仍然不够强","关于马克思列宁主义的理论宣传和关于党的生活的宣传都很薄弱"。⑤ 鉴于此,各级党委大力加强理论宣传,提高报纸的理论宣传水平,使各级党委机关报,尤其是省、市以上党委机关报进一步成为"宣传马克思列宁主义,宣传党的总路线,宣传社会主义思想,宣传党的政策和决议的重要基地",成为"反对一切脱离马克思列宁主义、脱离党的总路线的倾向和与资产阶级思想作斗争的重要武器"。⑥ 新中国成立初期对马列主义基本理论的新闻宣传主要表现在以下几个方面:

一是重视马列主义基本理论的文本建设。中共中央编译局成立,马克思、

---

① 《刘少奇选集》下卷,人民出版社1985年版,第80页。
② 《刘少奇选集》下卷,人民出版社1985年版,第91页。
③ 中共中央宣传部办公室印:《中共中央关于改进报纸工作的决议》(1954年7月17日),四川省档案馆藏,建川003—113。
④ 《刘少奇选集》下卷,人民出版社1985年版,第87页。
⑤ 中共中央宣传部办公室印:《中共中央关于改进报纸工作的决议》(1954年7月17日),四川省档案馆藏,建川003—113。
⑥ 中共中央宣传部办公室印:《中共中央关于改进报纸工作的决议》(1954年7月17日),四川省档案馆藏,建川003—113。

恩格斯、列宁、斯大林的著作有系统有计划地编译出版①；《毛泽东选集》等党的领导人的著作出版②，《实践论》《矛盾论》等重要理论文献重新公开发行；一批有影响力的阐释、探研马克思主义理论的刊物，如《学习》《哲学译丛》《经济译丛》《政法译丛》等创办，都推动了马克思主义理论传播。同时，中国共产党对不同文化程度的读者展开有针对性的理论宣传。例如，《新建设》面向全国学术工作者、理论工作者、机关干部及其他爱好阅读者，"团结学术界人士，学习马克思列宁主义，共同探讨学术方面、特别是社会科学方面的各种问题"；《新华半月刊》针对机关干部和科研工作者，"编选宣传马克思列宁主义"；《中国工人》向工人群众通俗浅显、图文并茂地"宣传共产主义与共产党"。③ 马克思主义的文本建设，扩大了马克思主义的理论队伍，提高了全社会的马克思主义理论水平。马克思主义不仅成为被社会尊崇的理论，并不断与中华优秀传统文化及思想结合，形成一种新的民族自我阐释方式，成为中华民族确立、展现自身的重要理论基础。

二是党报成为宣传马列主义和毛泽东思想的重要阵地。新中国成立后，全国各级党组织领导下的报纸都不断增强思想性和群众性，尽可能系统而通俗地宣传共产党的观点和纲领。但受限于主观条件和大多数读者的接受能力，报纸较少大篇幅刊载马克思主义理论的一般问题，除选登马克思、恩格斯、列宁、斯大林和毛泽东的著作外，主要刊载具有马列主义修养和从事研究的相关人员的稿件。例如，1949年5月《人民日报》发表了丁树奇的《进行唯物史观的教育是当前职工教育中的首要政治任务》等文章，《解放日报》的"学习"专页在配合政治理论学习基础上，针对干部学习中的思想情况和疑问，及时予以澄清解释。④ 对马列主义和毛泽东思想的理论宣传，在一定程度上提升了报纸的党性和思想性，改造了人民群众"从旧社会得来的坏习惯坏思想"，指出了人民生活发展的规律和前进的方向，引导新社会"向着社会主义社会和共产主义社会发展"。⑤

三是广播电台举办知识讲座，宣传马列主义基本理论和毛泽东思想。新中国成立后，中央人民广播电台和北京人民广播电台举办了各种社会科学讲座，

---

① 《列宁全集》中文第一版于1955年由人民出版社出版；《马克思恩格斯全集》中文第一版第一卷于1956年由人民出版社出版。
② 《毛泽东选集》第一卷、第二卷、第三卷分别于1951年、1952年、1953年由人民出版社出版。
③ 中国共产党北京市委宣传部编：《北京志·报纸杂志篇》，北京市档案馆藏，1-12-864。
④ 解放日报编辑委员会编印：《加强报纸思想性与群众性的工作计划》（1951年7月15日），上海市档案馆藏，A22-2-54。
⑤ 《毛泽东选集》第四卷，人民出版社1991年版，第1476页。

向全国和全市人民普及马克思主义理论，提高了广大听众的政治觉悟和理论知识水平。[①] 例如，1950年，中央人民广播电台在黄金时段邀请艾思奇、于光远、王惠德等理论家举办《社会科学讲座》，系统播放《政治经济学习讲座》《社会发展史讲座》《帝国主义论讲座》等涉及马克思主义基本理论的讲座。[②] 电台举办的知识讲座使全国人民受到深刻的马列主义和社会主义思想教育，推动了社会主义事业的发展。

（二）以马克思主义的观点和方法宣传中心工作

全国第一次宣传工作会议决议提出，"各级党委必须把向党内外进行马克思列宁主义的宣传教育工作，当作头等重要的任务，并把这一任务和各个时期的中心任务结合起来"[③]。在百废待兴的新中国成立初期，中国共产党用马克思主义的立场、观点和方法解释现实问题，形成人民对国家和民族的生存发展、兴衰荣辱、厉害安危的认识、关切和维护。

中国共产党用马克思主义的理论方法分析报道各阶层的思想动态、社会生活及各种工作问题，以辩证唯物主义和历史唯物主义指导宣传工作，阐明了各项中心工作的基本问题。例如，在1953年普选宣传工作中，中共中央西南局宣传部要求《新华日报》等报刊，根据中央宣传部的指示，组织系列文章"介绍马克思列宁主义对民主的观点"，普及普选的意义和选举法的内容。在农村，采用小型、分散、于群众方便的形式；在工矿，运用广播、黑板报、大字报、工人政治夜校、文化班、俱乐部等形式；在城市街道，组织动员居民中的宣传员和机关干部利用业余时间分期包干宣传，在电影院、戏院、茶馆、火车站、码头、渡口等各种群众自然聚集的场所，利用宣传站、宣传车、读报组收听广播；在少数民族聚居和民族杂居地区，将中心工作宣传与党的民族政策宣传结合，根据当地民族工作的不同情况（如已土地改革区、未土地改革区和尚无工作基础的地区）确定不同的宣传内容和方式，并在宣传过程中尊重少数民族的权利和风俗。[④] 在党的宣传员和各种宣传力量深入田间，走进车间、家庭，深

[①] 中国共产党北京市委宣传部编：《北京志·广播通讯社出版篇》，北京市档案馆藏，1-12-863。

[②] 徐建飞：《建国初期马克思主义意识形态社会化研究》，南京师范大学2013年硕士学位论文，第17页。

[③] 中央宣传部办公厅：《党的宣传工作会议概况和文献（1951—1992）》，中共中央党校出版社1994年版，第33页。

[④] 中共中央西南局宣传部印：《中共中央西南局宣传部关于普选宣传工作计划》（1953年5月11日），四川省档案馆藏，建川003-40。

入少数民族地区的过程中,新闻宣传的导向功能与意识形态领域的深刻变化结合,形成了以马克思主义为基点的思考路向和思维方式。

二、培育共同理想:传播社会主义价值观

在政权建立巩固、社会制度重构、阶级阶层变迁、思想文化嬗变的复杂环境中,新中国成立初期对社会主义价值观的宣传,为实现人民对马克思主义指导思想的理论认同、对新生人民民主政权的政治认同以及对本民族语言、文化、传统、边界、价值、利益的民族认同,消弭价值冲突,形成稳固的民族理想和社会理想,都发挥了重要作用。

(一)宣传社会主义理想信念

社会主义理想代表了广大人民群众的利益和愿望,是社会主义价值认同不可或缺的精神力量。社会主义理想的意识形态本质使其依托于新闻宣传媒介,通过新闻宣传功能的发挥,引导群众全面准确地把握社会主义内涵。新中国成立初期,对社会主义理想信念的宣传坚定了民众的社会主义信仰,并进一步将社会主义的凝聚力转化为实践动力。

新中国成立后,报纸、出版物、广播电台等新闻宣传媒介充分发挥"组织、鼓舞、激励、批判、推动"[①]等作用,教育、组织群众宣传社会主义理想信念,指导实际工作,在社会主义革命和社会主义建设事业中成为党的强有力的工具。按照《中共中央关于改进报纸工作的决议》的要求,各类报纸形成了自身的鲜明特色,"工人报纸着重加强工人群众的共产主义教育,工会报纸着重工会建设问题的宣传;农民报纸通俗地向农民群众说明农业的社会主义改造的道理,普及农业生产和科学卫生知识;青年团的报纸加强对青少年群众的爱国主义和共产主义的教育,普及体育卫生运动,多方面发挥青少年的特点和加强青年团建设问题的宣传;少数民族地区的报纸,注意宣传党的民族政策,宣传爱国主义和民族团结,并按照当地的特点适当地进行关于过渡时期总路线等国家发展决策的宣传。各类报纸都注意加强有关妇女工作的宣传。由此,无论工人报纸、农民报纸、青年报纸和其他报刊都尽可能经常地有系统地宣传社会主义工业化、宣传工农联盟和党的领导作用的思想"[②],逐步形成民众对社会

[①] 中国共产党北京市委宣传部编:《北京志·报纸杂志篇》,北京市档案馆藏,1-12-864。
[②] 中共中央宣传部办公室印:《中共中央关于改进报纸工作的决议》(1954年7月17日),四川省档案馆藏,建川003-113。

主义的坚定信仰。

这一时期新政权将报纸、电台等各类新闻媒介整合到党的宣传体系中，为构建稳固的社会主义价值共识发挥了重大作用。但这一时期对社会主义理想信念的新闻宣传伴随着党对社会主义制度的初期探索，在宣传的方式和内容上尚有诸多弊端。由于对社会主义价值的片面理解，政府更多地依赖于政治动员的灌输模式，采取强制教化、政治运动的方式，忽视主体内在的利益追求，存在一定的局限性。[①]

（二）宣传马克思主义劳动价值观

新中国成立后，劳动者成为生产资料的主人，人们的劳动真正实现了马克思主义劳动价值观所蕴含的"为自己、为他人、为集体、为国家与社会的有机统一"[②]。随着相关新闻宣传工作的广泛开展，这一马克思主义劳动价值观在全社会建立起来，对新中国劳动生产率的提高和加速社会主义建设进程都大有助益。

马克思主义劳动价值观的新闻宣传主要表现在对社会主义劳动的本质、目的、态度、劳动分工等方面的宣传。报纸、出版物、广播电台等通过典型事例宣传和理论宣传，阐释劳动群众创造性活动的意义，把劳动光荣、劳动崇高、劳动至上、劳动伟大的马克思主义劳动思想灌输到日常生活和劳作中。例如，在成都市1955年工矿宣传工作中，各宣传机构和媒介深入宣传中央"关于积极领导先进生产者运动的通知"和中华全国总工会"关于开展先进生产者运动的决议"以及人民日报社论"开展先进生产者运动"，广泛发动群众，把生产高潮推向前进。[③] 同时，正确地宣传物质鼓励的原则，反对不关心群众生活的官僚主义，也反对违背按劳付酬的平均主义思想，向职工灌输从物质利益上关心自己劳动成果的思想，以培养共产主义精神，发扬工人阶级的艰苦奋斗的革命传统。[④] 通过一系列新闻宣传活动，劳动者逐步确立了科学理性的劳动认识，即通过个人劳动获得可满足自身需求的物质和精神产品，并获得社会对劳

[①] 任远：《试论建国以来社会主义价值共识的实现方式》，《内蒙古师范大学学报（哲学社会科学版）》2015年第1期。

[②] 郑银凤、林伯海：《当代中国马克思主义劳动价值观的变迁、弘扬和发展》，《思想理论教育导刊》2016年第1期。

[③] 中共成都市委办公厅印：《关于1955年工矿宣传工作的基本情况和1956年工作任务意见》，成都市档案馆藏，54—1—491。

[④] 中共成都市委办公厅印：《关于1955年工矿宣传工作的基本情况和1956年工作任务意见》，成都市档案馆藏，54—1—491。

动者的贡献给予的相应价值评价。

这一时期,细致入微的新闻宣传工作与声势浩大的群众运动结合,使"劳动创造历史""劳动创造世界""劳动最光荣"的马克思主义劳动价值观深入人心。通过宣传,工人阶级了解了"劳动创造世界""生产资料的劳动群众是历史的创造者"的唯物史观的重要观点。劳动价值观的广泛建立,反映了社会变革对人民群众劳动意识和行动的深刻影响,也为新中国成立初期社会主义意识形态建构奠定了基础。

三、凝聚精神力量:构筑民族精神与时代精神

新中国成立后,中国共产党开展了广泛的爱国主义和集体主义宣传,以建立民族意识、构筑国家观念,培育以爱国主义为核心的民族精神和以集体主义为核心的时代精神,初步形成了全社会的价值认同,形成了新中国发展的内在动力。

(一)宣传以爱国主义为核心的民族精神

在马克思主义指导下,新中国成立初期的爱国主义宣传取得了令人瞩目的成就。面对政治、经济、军事、文化等领域的复杂挑战,中国共产党集中宣传反侵略、反压迫、爱祖国、爱自由、拥护民族团结、展现人民正义及其善良性格的内容,将爱国主义与实际工作紧密结合,发扬人民新的爱国主义精神,鼓舞人民在革命斗争与生产劳动中的英雄主义。

1951年《人民日报》发表的元旦社论,首次明确了新中国成立初期爱国主义的基本内涵:"中国人民今天的爱国主义并不是什么抽象的东西,它的内容,就是反对帝国主义侵略和封建主义压迫,就是保卫中国人民民主革命的果实,就是拥护新民主主义,就是拥护进步,反对落后,就是拥护劳动人民,就是拥护中国与苏联和人民民主国家以及全世界劳动人民的国际主义联盟,就是争取社会主义的前途。"[①] 随着新中国成立初期抗美援朝的深入展开,以抗美援朝为契机的爱国主义宣传达到新的高潮,爱国主义成为社会主义主导的价值观念和道德原则。上海《解放日报》在1951年的夏季报道提要中特别指出,"朝鲜战争已成为相当长期的战争","这一目前的中心政治任务,仍是我们报

[①] 《在伟大爱国主义旗帜下巩固我们的伟大祖国》,《人民日报》1951年1月1日第1版。

道的最中心内容"。① 在抗美援朝的爱国主义宣传中,各类报刊有计划地着重报道两方面内容。② 一方面,通过典型报道和群众思想变化的综合报道,展现工人、学生、妇女、农民的思想进步,教育群众发扬爱国主义精神。此外,新闻宣传除宣传群众正确思想外,还逐步清除了亲美、恐美、崇美等错误思想残余,以巩固发展爱国主义的思想阵地。另一方面,报道各界人民签订、修正与补充爱国公约,以人力、物力支援前线的行动,对医疗队、运输队等在前线活动情况及受到欢迎帮助的情形重点报道,以鼓励广大民众的支前热情。

爱国主义宣传培育了民众保家卫国的政治情绪和爱国主义情怀,在全社会树立起两方面的爱国意识:一是维护国家统一是爱国主义的核心;二是爱国情怀需摒弃狭隘爱国主义,与国际主义结合,明确我国与邻国是唇亡齿寒的关系。广泛的爱国主义宣传初步构建了新时期人民群众的国家意识与国家观念,为民族团结和社会主义建设凝聚了强大的精神力量。

(二)宣传以集体主义为核心的时代精神

新中国成立初期经历了社会性质的根本变革,社会思想领域处于新旧交替态势,道德层面各种不良现象依然存在。在新闻宣传引导下,中国共产党的集体主义精神成为社会主义又一主导价值观念和道德思想。

恩格斯认为,"无产阶级道德以集体主义为核心原则,是人类最崇高的道德"③。毛泽东在中共七大上曾有关于集体主义思想的阐释:"一致的行动,一致的意见,集体主义,就是党性。"④ 新中国成立初期,中国共产党在宣传共产主义理想的同时,重点宣传集体主义,阐释了"无产阶级道德以集体主义为核心"⑤ "为社会谋福利是最高的行为准则"⑥ 等集体主义原则的基本观点。

新中国成立后,毛泽东在《论十大关系》等著作中对集体主义思想有充分的论述,提出了"必须兼顾国家、集体和个人三个方面","个人利益服从集体

---

① 解放日报编辑委员会编印:《解放日报一九五一年(四、五、六月)报导提要》,上海市档案馆藏,A22-2-54。
② 解放日报编辑委员会编印:《解放日报一九五一年(四、五、六月)报导提要》,上海市档案馆藏,A22-2-54。
③ 庄福龄:《简明马克思主义史》,人民出版社 2004 年版,第 116 页。
④ 《毛泽东文集》第三卷,人民出版社 1996 年版,第 417 页。
⑤ 庄福龄:《简明马克思主义史》,人民出版社 2004 年版,第 116 页。
⑥ 《马克思列宁主义原理(下)》,马济、高语民译,生活·读书·新知三联书店 1960 年版,第 810 页。

利益，暂时利益服从长远利益，局部利益服从全局利益"①等重要观点。此外，中央领导人周恩来、刘少奇等，党内理论家艾思奇、杨献珍等，民主人士和知识分子楚图南、马寅初等，也各自从不同角度对集体主义作了阐释。② 新闻媒介深入介绍了以上观点，引导人民群众树立起集体主义思想。例如，在加强公私合营的宣传工作中，对公私合营企业职工的教育，除文化技术教育和时事政策教育，也重视宣传集体利益和个人利益的一致性，教育职工加强团结。针对职工在工资、福利、劳动纪律、合并改组等问题上所产生的各种个人顾虑，引导职工从社会主义的长远利益和工人阶级的根本利益出发正确处理集体利益和个人利益的关系，在职工中逐步划清社会主义经营管理与资本主义经营管理的界限。③ 集体主义价值观的宣传，以集体利益为出发点和归宿，极大地推进了社会道德的进步，也培养了一大批社会主义道德新人，为社会主义经济、社会、文化建设作了贡献。

在极端困难和复杂的条件下，爱国主义与集体主义宣传为我国实现由新民主主义向社会主义社会过渡提供了有力的精神动力与智力支持。人民群众的爱国主义与集体主义情感融入新中国的建设事业和人民生产生活中，为新时期形成强大的民族凝聚力和国家发展动力发挥了重要作用。

第二节 呈现国民经济恢复发展的成就

经济因素是构成国家形象的基本因素。④ 新中国成立伊始，生产萎缩、市场混乱、物价飞涨、民生困苦、失业众多，经济形势异常严峻。新中国成立初这七年，国家财政经济状况好转，经济结构发生根本变化。在经济建设"凯歌行进"的七年中，党的新闻宣传工作以土地改革的宣传动员激活生产力中最活跃因素，以三大改造的深入宣传推动生产关系快速变革，以经济恢复振兴的宣传报道建立工人、农民、工商业者对民族崛起的信心和对新政权的认同，展现出国民经济恢复发展的新中国形象。

---

① 沙健孙：《毛泽东思想通论》，人民出版社2013年版，第545—546页。
② 曹光章、林楠：《新中国成立初期的社会主义道德建设及其启示》，《当代中国史研究》2014年第11期。
③ 中共成都市委办公厅印：《关于1955年工矿宣传工作的基本情况和1956年工作任务意见》，成都市档案馆藏，54—1—491。
④ 张昆：《国家形象传播》，复旦大学出版社2005年版，第182页。

一、抓住"命根子":以土地改革为中心的经济恢复宣传

通过重点报道土地改革、统一全国财政、调整工商业、勤俭节约等方面情况,中国共产党领导推动了新中国各项实际工作。由于大部分农民的封建思想根深蒂固,对土改漠不关心,中国共产党利用群众广播大会、小册子、传单、戏剧、歌曲、地方戏、标语、口号等宣传形式,引导农民认识到贫苦生活的根源,动员农民反抗剥削压迫,参与轰轰烈烈的土改运动。

土改宣传主要包括阶级观念、群众史观、意识形态的宣传。阶级观念方面,围绕启发和强化农民群众的阶级观念、澄清"谁养活谁"的思想困惑的主要任务展开宣传,基本确立了正确的马克思主义阶级观,激发了强烈的阶级意识和政治热情。群众史观方面,重点宣传土地改革的必要性,宣传农民在与不法地主的斗争中的正义行动,体现了"最强大的一种生产力是革命阶级本身"[①],"全人类的首要的生产力就是工人,劳动者"[②]等群众史观思想。土改宣传也是社会主义意识形态宣传的一部分。土改工作队深入农民群众,宣传"打倒族长""没收族田"的土改任务,破除了旧的以血缘关系为基础的封建宗族观念,确立了新的意识形态。

土改运动中的新闻宣传,摧毁了封建地主的政治权威,树立了农会权威,为巩固农村基层党的政权,从根本上改变了我国乡村原有的社会结构和政治秩序发挥了积极作用,缓解和平衡了农民在土地政策开始实施时的心理差异、矛盾和冲突,使农民的政治参与意识和对国家、民族的认同感增强,促成了经济恢复发展、人民团结的新中国形象。

二、整合"工农资":以三大改造为中心的经济发展宣传

在有效的宣传体系和宣传平台推动下,以三大改造为中心的经济发展宣传展现了新中国社会主义工业化发展的成效,以国家的社会主义工业化为主体的整体观念树立起来,社会主义公有制价值观也通过宣传而渐趋主流。

农业社会主义改造宣传方面,新闻机构抓住农业互助合作这一主线,围绕"积极领导,稳步前进"方针,进行了长期持续的报道。一方面,农业的爱国增产运动和农业互助合作化的宣传报道成为这一时期宣传的重点,新闻媒介加强对农业生产和先进人物、先进经验的报道,积极支持工人阶级和农民群众

---

① 《马克思恩格斯选集》第一卷,人民出版社1995年版,第194页。
② 《列宁选集》第三卷,人民出版社1995年版,第821页。

新中国成立初期的新闻宣传实践与经验（1949—1956）

（首先是参加了互助合作组织的农民）的一切创举，把典型经验和重要生产成就推广到整个建设战线。另一方面，为保障工农联盟的经济基础，媒体大力报道工人阶级在工农联盟中的领导作用和工农业相互支援的关系。通过宣传，广大群众形成重要共识：农民对工业的支援，主要是按照国家计划生产，缴纳农业税，积极把余粮和工业原料卖给国家；工业对农业的支援，主要表现在交通运输的发展，城乡物资的交流，以及农民生产、生活工业用品供应的增加，等等。农业社会主义改造的宣传，保障了五亿农业人口的社会主义改造顺利进行。

手工业社会主义改造宣传方面，新闻媒介配合工业生产和基本建设的主要任务，宣传了手工业在国民经济中的重要地位和手工业的社会主义改造高潮。据国家统计局计算，"一九五二年手工业（包括个体手工业和工场手工业）产值在工农业生产总值中约占百分之十三左右，达一百多万亿元"；作为劳动人民个体经济，手工业对供应人民特别是供应农民生产生活资料发挥了重要作用，"农民所需的生产生活资料中，手工业产品占百分之六十、七十，有的竟至百分之八十"。[1] 为此，媒体大力宣传手工业社会主义改造的步骤和形式，通过宣传，把分散的个体手工业者动员组织起来，实现了从生产资料私有制到集体所有制的变革。

资本主义工商业社会主义改造宣传方面，除文化技术宣传和时事政策宣传基本与国营工厂相同外，还重点包括三方面：一是密切结合"清产核资、经济改组、企业改造、生产安排、人事安排和贯彻执行定息政策等工作，深入宣传党和国家对资本主义工商业的社会主义改造的政策"[2]，动员职工搞好生产经营，满足人民需要；二是宣传集体利益和个人利益的一致性，针对职工在工资、福利、劳动纪律、合并改组等问题上所产生的顾虑加强引导，使他们能够从社会主义的长远利益和工人阶级的根本利益出发来正确处理集体利益和个人利益的关系；三是广泛深入地宣传社会主义经营管理原则，在职工中逐步划清社会主义经营管理与资本主义经营管理的界限。

如前所述，以三大改造为中心的经济宣传，"适应全国逐步转入以生产建设为中心任务的情况"，"用首要的篇幅来报道人民生产劳动的状况，宣传生产工作和经济财政管理工作中成功的经验和错误的教训"，逐渐塑造出一个独立

---

[1] 中国共产党中央宣传部制发：《为动员一切力量把我国建设成为一个伟大的社会主义国家而斗争——关于党在过渡时期总路线的学习和宣传提纲》（1953年），四川省档案馆藏，建川003-85。

[2] 中共成都市委宣传部印发：《关于1955年工矿宣传工作的基本情况和1956年工作任务意见》，成都市档案馆藏，54-1-491。

自主、自力更生的经济大国形象。①

第三节　展现人民当家作主的角色转换

新中国成立初期,经济恢复,政治清明,社会风尚和道德水平显著提高。中国共产党倡导平等互惠的劳动理念,宣传以艰苦奋斗、勤俭节约、保护婚姻家庭、爱护母亲儿童为主旨的道德观,展现人民幸福乐观的精神面貌和当家作主的角色转换。社会新风尚的宣传,实现了思想道德领域的革旧鼎新,逐步建立起一套异于旧中国的民族自我意识和自我阐释方式,为实现新民主主义社会向社会主义社会过渡提供了强有力的思想保证与智力支持。

一、倡导社会新风尚

新中国成立初期,新闻宣传倡导社会新风尚,在思想道德领域革旧鼎新,逐步建立起一套完全异于旧中国和资本主义社会的道德体系;在党风建设方面,宣传整风整党运动,净化党员思想,提高党员思想政治水平。新的社会主义道德体系基本形成。

(一)促进思想道德领域革旧鼎新,树立基本道德规范

新中国成立初期的新闻宣传工作致力倡导基本道德规范,在思想道德领域革旧鼎新。正如毛泽东所指出的,"中国人被人认为不文明的时代已经过去了,我们将以一个具有高度文化的民族出现于世界"②,新生社会主义政权逐步建立起一套完全异于旧中国和资本主义社会的健康的道德体系。

新中国成立后,虽然人民革命战争在军事上、政治上取得了胜利,但一个新社会从旧社会的胎包里产生,在思想意识上——尤其在道德的范畴内,仍然受到旧社会和长久的反动宣传的影响和束缚。鉴于此,《共同纲领》提出,"爱祖国、爱人民、爱劳动、爱科学、爱护公共财物"作为国民公德。1949年毛泽东在《新华月报》创刊号上题词:"爱祖国,爱人民,爱劳动,爱护公共

---

① 《中央人民政府新闻总署关于改进报纸工作的决定》,中共中央宣传部办公厅、中央档案馆编研部编《中国共产党宣传工作文献选编(1949—1956)》,学习出版社1996年版,第61页。
② 《毛泽东文集》第五卷,人民出版社1996年版,第345页。

财产为全体国民的公德。"①《人民日报》陆续刊登《论共产主义道德》②《加里宁论共产主义道德》③《介绍两本谈共产主义道德的书》④等影响广泛的理论文章，阐释新道德的优越特点，用马列主义的历史观说明道德的起源本质等问题，揭露道德的阶级性，尽可能向人民展现共产主义道德的全貌。同时，新道德的新闻宣传与国家经济建设和党风建设结合，全国人民逐渐意识到自己是新中国的主人和创造者，自觉为国家建设奋斗。

1951 年底，"三反"（反贪污、反浪费、反官僚主义）运动在全国范围内展开。在此期间，各地的报纸都集中主要力量来宣传"三反"斗争的开展情况，通过漫画、快板剧、展览会、诗歌、电影、黑板报等大众化宣传方式的开展有力推动了"三反"运动的顺利进行。例如，"北京市车站各车间黑板报针对贪污分子的各种思想顾虑，画出怕追赃、爱面子、怕处分、谈小的不谈大的等类漫画，并交代了政策，使贪污分子敢于谈出自己的问题"⑤。通过宣传，以贪污、腐败为耻，以朴素、廉洁为荣的社会风尚流行起来。

得益于新闻宣传的有力推动，新中国成立初期，保护婚姻、家庭、母亲和儿童的新道德观以及厉行节俭的传统优良作风得到宣传普及，成为整个国家、社会和全体公民普遍坚守的道德规范。合乎婚姻法的婚姻和为婚姻自由而斗争的行为得到支持保护；对曲解或压制婚姻自由、违反婚姻法的事件，社会舆论给予谴责，法律给予制裁；团结生产与民主和睦的家庭得到提倡和保护，封建落后的家庭被改造；全社会基本形成尊重母亲并关怀协助母亲解决困难的风气和尊重儿童、爱护儿童的社会道德。国内各阶层为支援抗美援朝战争，在经济建设上发挥自身最大优势为国家积累和节省财政资金，生活中厉行勤俭节约，增产节约运动高涨，大批革新能手、劳动模范和先进人物相继涌现，推动我国生产力的进步。

（二）宣传整风整党运动，净化党员思想

为提高党员思想政治水平，1950—1954 年，我国在全党范围内开展了整风整党运动。作为社会主义的宣传武器，报纸等新闻媒体加强关于党的建设和

---

① 该题词内容源自《共同纲领》第 42 条，但国家出版总署署长胡愈之在抄给毛泽东书时漏抄了"爱科学"，因此题词中缺少了这一条。陈有和：《毛泽东为〈新华月报〉创刊号题词》，《党的文献》2014 年第 1 期。
② 《人民日报》1950 年 6 月 28 日第 5 版。
③ 《人民日报》1952 年 6 月 3 日第 5 版。
④ 《人民日报》1955 年 3 月 22 日第 3 版。
⑤ 王欣媛：《三反运动中的文艺宣传工作》，《三峡大学学报（人文社会科学版）》2014 年第 6 期。

党的生活的宣传,为整风整党运动顺利开展发挥了积极作用。

1950年5月,党中央发布了《中共中央关于在全党全军开展整风运动的指示》,要求"全党开展广泛的批评与自我批评,克服党内特别是领导干部内部存在的居功自傲情绪、官僚主义和命令主义作风"[1]。各级党委"检查报刊出版物中关于党的宣传的状况,检查宣传个人崇拜、夸大个人作用和分散主义的倾向,研究和制订改进报刊出版物中关于党的宣传的计划"[2]。整风运动进一步纯洁了干部队伍,改变党组织不纯和思想不纯的状况,树立了依靠党、依靠群众办好党和国家机关报的思想。

各级党委领导报纸,"公开揭露错误,进行严肃的批评与自我批评"[3]。为保障在报纸上正确充分地开展批评和自我批评,报纸上发表的批评"在政治上作周到的考虑"[4]。一是批评的态度和观点要严格按照党的原则、中央的决议和党委的意图,区别正确的批评和破坏性的批评,做到实事求是。二是各级党委要从各方面给报纸编辑部的工作以积极支持。三是编辑部要努力提高记者、编辑的党性和政治水平,经常性地开展内部的批评与自我批评,担负起这一极端严肃的政治任务。

新中国成立初期整风整党运动的新闻宣传工作,开创了中国共产党作为执政党的良好的党风、政风和社会风气。各级党组织和广大党员在生产、生活中发挥了战斗堡垒和先锋模范作用;党和国家机关内部的工作效率和纪律性都大为提高;党在人民群众中享有崇高的声誉,与人民群众的血肉联系得到了巩固和加强。通过中国共产党良好党风的示范和带动,新中国成立初期成为中共历史上和中华人民共和国历史上社会风尚最好的时期之一,有力地保证了民主革命各项任务胜利完成,保证了从新民主主义向社会主义的顺利过渡。[5]

二、展现人民新生活

新中国成立初期,国力增强,极度贫穷的人民生活状况得到改善,社会稳

---

[1] 《中华人民共和国大事记(1949—2004)》上,人民出版社2004年版,第18页。
[2] 中央宣传部印发:《中央宣传部一九五四年第三季度工作计划要点》,四川省档案馆藏,建川003-76。
[3] 中共中央宣传部办公室印:《中共中央关于改进报纸工作的决议》(1954年7月17日),四川省档案馆藏,建川003-113。
[4] 中共中央宣传部办公室印:《中共中央关于改进报纸工作的决议》(1954年7月17日),四川省档案馆藏,建川003-113。
[5] 金钊:《十三届四中全会以来的执政党建设》,人民出版社2006年版,第88页。

定团结，全国呈现一派欣欣向荣、蒸蒸日上的局面。①新闻宣传工作从铲除娼妓制度、消除烟毒痼疾、废除封建婚姻制度、解决失业、安置受灾群众、镇压反革命等方面，报道党和政府对社会的改造与整合，展现人民群众幸福乐观的精神面貌，彰显出人民当家作主的角色转换。

重点宣传人民对现有制度、现有生活的归属感，反映社会现实生活的主流，引导群众用抛弃旧有制度和生活方式的全新模式开启新生活。以《人民日报》为例，《天津市资本家的新生活》报道了天津市资本家自1956年初实现全行业公私合营后前途明确、生活安定的情况。"到目前为止，天津市资本家中已有四十三人被任命为工商业专业公司的正副经理，二千多人被任命为工厂厂长、商店经理和科长、股长、工段长等职务，其余的资本家，也都由政府按照量才使用、适当照顾的原则，全部安排在适当的工作岗位上"，"为自己美好的工作和光明的前途而积极劳动着"。②《大陈岛上的新生活》报道了战后荒凉破败的大陈岛经重建后欣欣向荣、和平繁荣的景象，"设立了供销合作社、邮电局、书店、银行等近十个国营企业的营业机构"；"从大陆迁来了饭馆、食品店、零售代销店、缝纫社和理发店等各种服务性的行业"；部队战士和垦荒队员们修复水库、栽种果木，久旱缺水的大陈居民"今年水库中已经积满了碧澄的清泉"；大陈渔业生产恢复，在1955年冬汛中，大陈渔业社每户的平均收入比1954年增加了三倍多。③《重建新生活》报道了安徽省长江两岸因水灾迁移外地的农民纷纷返乡重建新生活的场景。④一系列新闻报道构建全新的"新生活""新社会"的话语体系，表征人民生产劳动的新进程。

生动报道少数民族新生活，在贯彻党的民族政策、密切各民族团结方面，发挥了更深刻、更具体的作用。各报刊利用新鲜活泼的小专栏，刊登短小精悍的新闻通讯，生动报道各民族人民日新月异的生活面貌。《西康日报》所设的"前进中的西康各兄弟民族"、《云南日报》的"边疆建设"、《甘肃日报》的"牧区生活"和《四川日报》的"共产党的光辉照耀着大小凉山"等小专栏，都多方面地反映了少数民族人民新的生活面貌。⑤这类通讯内容生动、篇幅简短、文字通俗，便于初识汉字的少数民族读者阅读，也适于少数民族地区读报

---

① 《〈胡锦涛总书记在第十七届中央纪委第六次全会上的重要讲话〉学习读本》，人民出版社2011年版，第41页。
② 《天津市资本家的新生活》，《人民日报》1956年10月4日第2版。
③ 钟敬文：《大陈岛上的新生活》，《人民日报》1956年8月25日第4版。
④ 白原：《重建新生活》，《人民日报》1954年12月10日第2版。
⑤ 亦之：《生动报道少数民族的新生活》，《人民日报》1955年5月2日第3版。

组作为"读报""讲报"的材料。《人民日报》连续刊登《内蒙古自治区蒙汉人民的新生活》[1]《鄂伦春族人民建立了新生活》[2]《大瑶山瑶族人民的新生活》[3]等报道,进一步形成了少数民族幸福生活的集体表述。

通过宣传社会稳定的新面貌,中国共产党构建了全新的"新社会"与"新生活"的话语体系,马克思主义"每个人自由而全面发展"的价值理想逐步转化为人民群众为新生活、新理想奋斗的动力。

第四节 推动思想文化的转型与重构

新中国成立伊始,新闻宣传媒介成为匡正、破除旧文化,引领新文化建设最重要的阵地,承担着引导新中国文化发展方向的历史使命。在新闻宣传推动思想文化转型重构的过程中,民族的、科学的、大众的文化观得到普及,这种文化观逐步成为中华民族确立和展现自身的前提;同时,马克思主义作为文化建设、学术研究与艺术创作的唯一指导思想的地位牢固确立,新的文化范式和文化形态初步奠定。[4]

一、开展学术讨论与批判

民族的文化心理是国家形象在国内民众的文化心态及观念形态上的对象化,它在一定的历史环境中凝结沉淀,塑造着人民的思维模式和价值观念。新中国成立初期,马克思主义在思想文化领域的指导地位基本确立,成为所有思想问题的权威界说,也成为民族崛起、中华民族争取在世界舞台上身份标识的重要内容。但此期思想改造与思想批判的宣传报道也出现了偏差,引发了深刻的教训。四次资产阶级思想文化的批判运动,从学术讨论、思想争鸣到政治批判,思想文化转型不再局限于政治学习的外层,开始进入文化内里。[5] 被批判的思想,既涉及世界观和方法论问题,也涉及资产阶级唯心论和自由主义文化思潮。一些内容准确捕捉到了被批判者思想和理论体系中的问题,但有的批判逐步从学术观点延伸至其思想和政治立场,造成了严重的错误,阻碍了学术的

---

[1] 敖海:《内蒙古自治区蒙汉人民的新生活》,《人民日报》1952年6月6日第2版。
[2] 思光:《鄂伦春族人民建立了新生活》,《人民日报》1952年6月6日第2版。
[3] 苗延秀:《大瑶山瑶族人民的新生活》,《人民日报》1952年6月24日第3版。
[4] 欧阳雪梅:《论毛泽东批判〈武训传〉的缘由及意义》,《毛泽东研究》2014年第2期。
[5] 杨凤城:《新中国建立初期的文化转型研究》,《党史研究与教学》2008年第2期。

发展。

中国共产党通过党报及其他新闻传媒构织的宣传网络，有力地主导着新中国成立初期的文化转型宣传。各级媒体通过"知识分子所熟悉的资产阶级唯心主义思想的批判来具体地宣传马克思主义唯物主义思想"[1]，发表了一系列的新闻报道和社论，这一时期被批判的思想基本上包括了五四运动以来所有的非马克思主义的思想，例如文化上的保守主义、激进的小资产阶级文化思想、欧美派自由主义等。[2]

1951年，围绕电影《武训传》及对电影的评论，大规模批判运动展开，在文艺界和社会各界形成了强大震动。电影《武训传》以武训"行乞兴学"为主题，公映初"好评如潮"，但1951年4月报刊上开始出现批评文章。毛泽东批示《人民日报》发表《应当重视电影〈武训传〉的讨论》一文，加强导向作用。[3] 此后，《人民日报》相继发表《在讨论〈武训传〉的基础上继续加强马列主义的学习》[4]《从学习〈武训历史调查记〉体会到学习政治的重要》[5] 等相关报道、社论、读者来信共117篇[6]，全国报刊媒体掀起声讨资产阶级历史观、教育观和文艺思想的大规模批判运动。

1953年开始，几场声势浩大的思想批判运动借助宣传媒体和政治权力进一步推动思想文化转型，包括对梁漱溟的文化观、乡村建设理论和哲学观的批判，对俞平伯《红楼梦》研究观点的批判、对胡适思想的批判，对胡风文艺思想的批判等。以对胡适的思想批判为例，批判运动从文学、史学、哲学、教育学、政治思想领域全面展开，包括了胡适的唯心论、改良主义、庸俗进化论、奴化思想等，但遗憾的是，批判逐步从学术观点延伸至其思想和政治立场，采用政治斗争的形式，造成了严重的错误。部分批判文章中，政治与学术思想几乎被等同，不恰当地完全抹杀了胡适作为我国资产阶级著名学者自五四新文化运动以来在学术领域的成就。这样的批判缺乏科学性和说服性，也阻碍了学术

---

[1] 中共中央宣传部办公厅、中共档案馆编研部：《中国共产党宣传工作文献选编（1949—1956）》，学习出版社1996年版，第901页。

[2] 陈晋：《毛泽东的文化创新之路》，《中国人民大学学报》2003年第6期。

[3] 欧阳雪梅：《毛泽东与马克思主义在我国思想文化领域指导地位的确立》，《毛泽东研究》2016年第3期。

[4] 王之：《在讨论〈武训传〉的基础上继续加强马列主义的学习》，《人民日报》1951年10月8日第3版。

[5] 周蕴华：《从学习〈武训历史调查记〉体会到学习政治的重要》，《人民日报》1951年9月7日第2版。

[6] 据人民数据库资料整理统计。

的正常发展。

《人民日报》等党中央机关报与各地报纸、电台、通讯社开展的这场学术讨论与批判，一些内容确实切中鹄的，准确捕捉到了被批判者思想和理论体系中的问题与缺陷，① 为新中国成立初期思想文化的迅速转变与重建发挥了重要作用。但几次思想批判运动中的宣传报道混淆了文化、思想问题与政治问题的界限，对被批判者的思想和学术观点缺乏实事求是的态度；在文化改造上过于追求"纯"，也产生了深刻的教训。②

二、提高新闻报道的思想性

新中国成立初期的文化转型是一个"政治权力主导、意识形态灌输、舆论宣传引导、精神压力累加"之交互作用的过程，因而在某种意义上说是外源性的而非内源性的。③ 而这个过程则主要是依托新闻宣传实现的，新闻报道思想性的提高推动了社会思想文化转型的实现。

新中国成立后，新闻报道思想性程度低，成为整个社会思想文化迅速转型的掣肘。许多报纸片面地"以群众眼前的经济利益教育群众"，"某些反映劳动群众的报道，用的是知识分子的腔调，渗透着知识分子的情感"，许多报道"咬文嚼字、长篇大论、干巴话、头绪多，读者看后很少得到启发和教育"。④

宣传马列主义、毛泽东思想是党的思想性在新闻报道中的具体表征，以马克思主义的立场、观点、方法，从政治上说明党所提倡和反对的问题，是加强新闻报道思想性的真正意涵。因此，以马列主义关于人类社会发展的理论透视社会现实，使报纸在任何问题上都具有坚定的阶级立场与鲜明的党性，成为新中国成立初期加强报纸思想性的重要环节。新中国成立初期，围绕"文艺为工农兵服务、为政治服务"的总方针，遵循"社会主义现实主义"⑤ 的原则，新闻宣传努力探寻增强自身思想性的规律与方法。一方面，以鲜明的政治主题、正确的思想、纯洁的意识形态为先决，追求"生活本质的真实"，报道新中国的新政策、新气象、新生活，正面人物、革命领袖、英雄人物以及美好的前

---

① 杨凤城：《新中国建立初期的文化转型研究》，《党史研究与教学》2008 年第 2 期。
② 陈晋：《毛泽东的文化创新之路》，《中国人民大学学报》2003 年第 6 期。
③ 杨凤城：《新中国建立初期的文化转型研究》，《党史研究与教学》2008 年第 2 期。
④ 川南区首届报纸工作会议大会秘书处编印：《川南区首届报纸工作会议资料》，四川省档案馆藏，建国后资料目录（第二册）－8－9/8。
⑤ "社会主义现实主义原则"在 1953 年第二次文代会上被确定为文艺创作和批评的最高准则。

景；另一方面，"经常、尖锐、彻底"地在报纸上开展批评与自我批评[①]，报道问题的本质和人民的思想活动。

通过以上尝试，新闻报道思想性得到增强，帮助完成了对各种文化力量的动员与组织，改变了新中国成立前思想文化界派别丛立、思想和政治倾向复杂不一的面貌。马克思主义在思想文化领域的指导地位基本确立，并且成为所有思想问题的权威界说。

第五节　塑造中国共产党全面执政形象

政党形象是国家形象的主要内容和集中体现。[②] 新中国成立后，中国共产党通过路线宣传、政策宣传、外交宣传、爱国主义宣传等方式，在民族的历史承当中形成了具有时代特征的崭新形象。

一、路线宣传：建立中长期政治目标

党的路线是无产阶级政党为完成一定时期的任务所遵循的指导思想和根本路径，包括党的思想路线、政治路线、组织路线以及作为党的根本工作路线的群众路线等。[③] 新中国成立后，中国共产党以路线建设作为执政党建设的重要内容，不仅注重党的路线的制定、完善和执行，也强调在新闻宣传工作中加强党的指导思想和根本路径的学习宣传。

第一，过渡时期总路线宣传。过渡时期总路线是新中国成立初期影响最大的一项政治目标，围绕总路线的宣传工作也是这一时期历时最长、范围最广、规模最大、效果最好的一次思想政治教育运动。1952年底，党在国家政权初步巩固的基础上，及时提出过渡时期总路线。1953年12月，党中央批转了中宣部制定的《为动员一切力量把我国建设成为一个伟大的社会主义国家而斗争——关于党在过渡时期总路线学习和宣传提纲》[④]，在全国掀起学习宣传过渡时期总路线的热潮。1954年《中共中央关于改进报纸工作的决议》进一步

[①] 川南区首届报纸工作会议大会秘书处编印：《川南区首届报纸工作会议资料》，四川省档案馆藏，建国后资料目录（第二册）－8-9/8。

[②] 管文虎：《国家形象论》，电子科技大学出版社2000年版，第98页。

[③] 李燕杰、姜毅：《也谈加强党的路线建设——与宋海庆同志商榷》，《党校科研信息》1992年第12期。

[④] 中共中央文献研究室：《建国以来重要文献选编》第四册，中央文献出版社1993年版，第693页。

提出，"目前报纸的基本任务，是宣传党在过渡时期的总路线和国家建设的第一个五年计划，宣传第七届中央委员会第四次全体会议所通过的关于增强党的团结的决议，为团结、教育和组织工人阶级，全体劳动人民和全国人民进行社会主义建设和社会主义改造而奋斗"①。各省市的宣传部门通过积极举办过渡时期总路线学习的集训班和学习讲座，培养学习和宣传过渡时期总路线的教员及骨干，深刻领会过渡时期总路线的精神实质。

宣传载体多样，以提高宣传工作有效性，总路线精神深入人心。各省市以前述《提纲》作为基本教材，通过电影放映会、图书展览会、广播大会、实地参观等多种方式，使党员干部了解我国经济建设的现状以及工农业生产的形势，明确我国逐步过渡到社会主义的途径、步骤和主要任务，即"从中华人民共和国成立，到社会主义改造基本完成，这是一个过渡时期"，"党在这个过渡时期的总路线和总任务，是要在一个相当长的时期内，逐步实现国家的社会主义工业化，并逐渐实现国家对农业、手工业和资本主义工商业的社会主义改造"②。

宣传内容全面具体，以发挥各方面力量，分工合作，支援工业。首先，总路线内容丰富，在突出宣传工业化和社会主义改造，宣传经济建设为中心任务时，围绕这一中心，各地相应地宣传文教、卫生、民族工作和政权工作等方面，充分说明这些工作如何为经济建设服务，是实现总路线不可缺少的部分。其次，总路线的各个组成部分是互相联系不可分割的。各地突出宣传工业化，尤其是现有的大工业与地方工业这一总路线的主体；在宣传工业化时，说明它对农业、手工业和资本主义工商业改造的意义；在宣传社会主义各项改造时，说明它对工业化的作用。

宣传重心的确立遵循具体条件，党的总路线宣传与各地区各阶段实际情况紧密结合。我国幅员辽阔，人口众多，各地区情况异常复杂；报纸等新闻宣传媒介按照各地特点与党委方针，确定总路线的宣传重心。在多民族地区，党的总路线宣传必须成为多民族地区宣传的长期重要任务，但囿于民族地区的特殊情况，宣传党的总路线必须根据每一民族的政治、经济、文化和风俗等具体特点，慎重稳妥地确定宣传内容与方法。进行宣传时，既不能把适用于汉族地区的做法机械地搬用到各少数民族地区，也不能把某一民族地区可行的做法，机械地搬用到其他少数民族地区。新中国成立初期，在多民族地区宣传党的总路

---

① 中共中央宣传部办公室印：《中共中央关于改进报纸工作的决议》（1954 年 7 月 17 日），四川省档案馆藏，建川 003-113。
② 中共中央文献研究室：《建国以来重要文献选编》第四册，中央文献出版社 1993 年版，第 517 页。

线首先在干部中进行,然后结合中心工作,宣传以下各点:

  一、巩固和加强民族与民族内部的团结,这是在多民族地区实行总路线的基础。

  二、推行民族区域自治机关管理本民族内部事务的"当家作主"的权利,培养各少数民族干部和建设人才,巩固工农(牧)联盟,促进自治区政府工作的不断进步。

  三、尽力发展少数民族的政治、经济和文化事业,使其逐步达到先进民族的水平,以便经过相当长的时期,共同过渡到社会主义社会。[1]

在西北地区,各报报道重点也各有侧重,"在地方经济建设的报道和宣传方面,群众日报应兼顾工农业,同时注意加强畜牧业的报道;新疆、青海报纸应以报道农牧业为主,逐渐加强工业报道;西安市应以工业报道为主"[2]。同时,总路线的宣传是日益发展与丰富的,各地宣传部门积极帮助和支持社会主义、半社会主义性质的新生事物的成长和发展,批判旧的妨害社会主义因素发展的资本主义势力,主要是资产阶级中反对总路线的思想和行为,资本主义自发势力以及资本主义思想观点在党内各项工作中的反映。[3]

由上所论,通过大规模对总路线开展宣传教育工作,党在过渡时期总路线得到了全国绝大多数人民的拥护。正如刘少奇在总结中提到的,"这次宣传教育工作,使党在过渡时期的总路线获得了全国绝大多数人民的拥护,使社会主义的思想在国内树立了压倒一切的优势,使资本主义的思想受到了深刻的批判"[4]。总路线宣传的突出成效也很好地体现了实际的中心工作与宣传的中心工作的一致性,宣传部门在保障实际工作顺利完成的前提下,提高了人民的社会主义思想觉悟。

  第二,围绕总路线开展党的政治、思想、组织与群众路线宣传,使得党在过渡时期的总路线深入人心,让全国人民接受了一次深刻的社会主义思想教育,有力地保证了社会主义改造的顺利进行,推动了社会主义各项事业的发展。围绕总路线宣传,各级党委大力提高思想路线、政治路线、组织路线与群众路线的宣传水平,宣传实事求是的思想路线和以党的最高纲领、最低纲领为

---

[1] 西北局宣传部印发:《西北局报纸工作会议的总结》,四川省档案馆藏,建川003-113。
[2] 西北局宣传部印发:《西北局报纸工作会议的总结》,四川省档案馆藏,建川003-113。
[3] 西北局宣传部印发:《西北局报纸工作会议的总结》,四川省档案馆藏,建川003-113。
[4] 中央档案馆、中共中央文献研究室:《中共中央文件选集(1949年10月—1966年5月)》第十五册,人民出版社2013年版,第259页。

基本内容的政治路线，宣传指导党内组织生活的基本原则方针和党的群众观、群众路线。

新中国成立初期各项具体路线宣传遵循长期宣传与深入宣传的原则，把思想、政治、组织与群众路线宣传紧密结合。各地报纸注意劳动人民的社会主义教育（思想和道德等方面），报道人民如何按照新的方法组织生活，从党的总路线的角度出发，用马克思列宁主义的观点阐释经济建设中各种新鲜事物的政治意义。各级党委大力提高理论宣传水平，各级党委机关报，特别是省、市以上党委机关报进一步成为宣传马克思列宁主义、宣传党的总路线、宣传社会主义思想、宣传党的政策和决议的重要基地，成为反对一切脱离马克思列宁主义、脱离党的总路线的倾向和与资产阶级思想作斗争的重要武器。通过这样的系统宣传，群众了解到社会主义体制的优越性，对现有体制充满信心。

二、政策宣传：完成短期政治目标

党的政策是"党在一定历史阶段内为实现党的奋斗目标而采取的行动准则或手段"①。列宁认为，"党的报刊必须坚定不移地体现党的政策，全面深入地宣传党的政策，动员人民群众实现党的口号和指示"②。新中国成立初期，在土地革命、镇压反革命、"三反""五反"、社会主义改造等各项政治活动中，以党报党刊为中心的新闻宣传媒体成为全面宣传党的方针政策的重要阵地，在党的政策制定与政策执行中扮演"鼓"与"呼"的角色。

增强政策宣传力度。1942年中共中央机关报《解放日报》在改版社论《致读者》中提出，"（党报宣传）必须与整个党的方针党的政策党的动向密切相连，呼吸相通，成为实现党的一切政策，一切号召的尖兵和倡导者"③。新中国成立后，新闻宣传工作尚带有"盲目性"和"自流性"，"对党的决议与方针政策宣传少，有些问题没有宣传，有的不及时"④。人民出版社在检查和改进工作报告中提到，"总结党的建设和宣传党的方针、政策的书，过去是最薄弱的一环，今后要认真出版这方面的书"⑤。中国共产党增强政策宣传力度，

---

① 蔡长水、高新民：《毛泽东与中国共产党的建设》，浙江人民出版社1993年版，第11页。
② 杨春华、星华：《列宁论报刊与新闻写作》，新华出版社1983年版，第12页。
③ 《解放日报》1942年4月1日社论。转引自张之华：《中国新闻事业史文选》，中国人民大学出版社1999年版，第442页。
④ 中共中央宣传部办公室印：《中央宣传部批转人民出版社检查和改进工作的报告》，四川省档案馆藏，建川003-179。
⑤ 中共中央宣传部办公室印：《中央宣传部批转人民出版社检查和改进工作的报告》，四川省档案馆藏，建川003-179。

使政策宣传逐渐成为新中国成立初期党的宣传内容中所占比例最大的宣传。

政策宣传中坚守"党性""群众性"和"战斗性"①。新中国成立初期,各级党委宣传部坚持"党性",加强对业务部门的思想政治工作的具体监督指导。"督促各部门制定宣传计划,建立宣传工作制度,协助他们审查和共同研究起草有关政策的宣传指示和宣传材料","对各业务部门刊物的政策宣传问题亦在必要时进行抽查"。② 新闻宣传工作坚持"群众性",根据中心工作和新政权各项建设工作,结合群众实际情况,进行时事政策宣传,逐步提高劳动人民的思想政治觉悟。广播等新闻宣传媒体发挥"战斗性"和"鼓动性",在日常宣传工作中细水长流、潜移默化地宣传党的政策方针,教育人民,在历次重大政治运动中鼓舞人民热情,发挥了巨大的战斗作用。

改进政策宣传的表现形式。新中国成立初期,媒体逐渐运用人民喜闻乐见的话语和方式,更具说服力和感染力地宣传时事政策,而非自说自话,"言者谆谆,听者藐藐"。例如,以报纸评论促进政策宣传。全国报纸根据党的总路线和各项政策决议,对国内和国际发生的重大问题发表有高度思想政治水平的评论;各地方报纸除转载《人民日报》的重要评论外,也逐步对当地实际生活和地方工作中各种重要问题发表正确的评论。③ 报纸评论对党的政策进行科学阐释和论证,更加令人民信服。此外,橱窗、黑板报、标语、印发宣传提纲等灵活多样的形式为党的政策宣传创造了良好氛围,形成强大的社会舆论。

新中国成立初期,党的政策宣传成效初显,基本构建了人民对新中国的国家认同,具体体现在思想观念的转变、制度共识的形成和社会行为的支持方面。

三、外交宣传:提升国际形象

在外交宣传方面,新中国成立初期的新闻宣传为塑造一个人民民主专政制度的新中国的光辉形象作了重要贡献。从革命运动中的对外关系到向国家外交过渡;从"一边倒""另起炉灶""打扫干净屋子再请客"④ 等外交原则的确

---

① 《致读者》,《解放日报》1942年4月1日社论。转引自张之华主编:《中国新闻事业史文选》,中国人民大学出版社1999年版,第442页。

② 中央宣传部印发:《中央宣传部转发西北局批转西北局宣传部关于切实贯彻中央和西北局加强群众切身经济问题宣传指示的报告》(1954年3月2日),四川省档案馆藏,建川003-106。

③ 中共中央宣传部办公室印:《中共中央关于改进报纸工作的决议》(1954年7月17日),四川省档案馆藏,建川003-113。

④ 章百家:《解放战争时期毛泽东的国际战略思想》,国际战略研究基金会《环球同此凉热——一代领袖们的国际战略思想》,中央文献出版社1993年版,第60页。

立，到和平统一战线、和平共处五项原则等外交政策的形成；从成功地报道开国盛典、日内瓦会议、万隆会议等重要政治外交活动，到顺利宣传第一届全国人民代表大会、《中华人民共和国宪法》，新闻宣传都被赋予了重要的责任与使命。

新中国成立初期的外交宣传聚焦"三大方针""五项原则""五件大事"。"三大方针"即"一边倒""另起炉灶""打扫干净屋子再请客"的外交方针；"五大原则"即"互相尊重领土主权、互不侵犯、互不干涉内政、平等互惠、和平共处"①（"平等互惠"后改为"平等互利"）的和平共处原则；"五件大事"即举行开国盛典，签订《中苏同盟友好互助条约》，出席联合国会议控诉美国侵略台湾，出席日内瓦会议，参加万隆会议。其中，和平共处五项原则的提出是中华人民共和国外交发展的一个阶段性里程碑，对这一原则的强有力的宣传，为开创中国外交新局面奠定了基础。围绕这三大方针、五项原则和五件大事，报纸发挥文字传播优势，运用主要版面、大量篇幅、醒目标题、多种专栏和新闻体裁，作了引人注目的重点报道；广播发挥传播快速、覆盖面广、感染力强的特点，大量采编新闻稿件，并采用讲话录音、实况录音等形式，树立了新政权独立自主、热爱和平的形象。

具体而言，一方面，对内通过国际形势和国际问题宣传，培育人民的爱国主义情怀，推动国家建设。全国性报纸经常发表国际问题的各种评论和述评，解释我国对外政策，介绍苏联和人民民主国家的建设成就，揭露帝国主义内部矛盾和侵略战争的阴谋，支持国际和平运动和被压迫民族的正义斗争。各地方报纸对国家问题作通俗的解释，新华通讯社经常以解释国际问题的通俗文章供给地方报纸，更具体地传播了国际和平力量日益发展壮大的事实，进一步增强了人民反对战争保卫和平的信心。配合日内瓦会议、万隆亚非会议召开，全国"组织对于当前争取进一步缓和国际紧张局势的斗争的宣传，调查研究党内外对于国际形势的思想动态和思想问题，制订有关的宣传指示和宣传提纲"②。不少宣传员"给群众讲解世界地图，使群众弄清世界各主要国家的地理位置"③，增加人民的国际知识。

通过宣传，有一定文化水平且较关心时事的干部和教师对国际形势的认识

---

① 《周恩来选集》下卷，人民出版社1984年版，第118页。
② 中共中央宣传部办公室印：《中共中央关于改进报纸工作的决议》（1954年7月17日），四川省档案馆藏，建川003-113。
③ 中共成都市委宣传部印发：《关于"五一"前后向群众进行时事教育的情况报告》（1955年6月28日），成都市档案馆藏，54-1-491。

新中国成立初期的新闻宣传实践与经验（1949—1956）

进一步系统和明确起来，"了解了为什么朝鲜停战、印度支那和平恢复之后，国际形势又突然紧张了起来，特别是批准了巴黎协定的道理"①。不少干部和教师从日内瓦会议、《马尼拉条约》、亚非会议、《巴黎协定》、八国华沙会议等政治事件认识到国际和平力量和战争力量之间斗争的长期性和反复性，认识到在长期斗争中，国际和平力量不断发展壮大，国际战争势力不断下降削弱的必然趋势。文化水平较低的一般工人和居民、农民群众，对抗美援朝、中苏友好等基本时事有了不同程度的认识："现在和平民主阵营已空前强大，我们有十多个人民民主国家"，"亚非会议是和平力量的新成就，美帝国主义已愈见孤立"，"帝国主义存在就会有战争，美帝国主义在加紧制造战争威胁，因此我们不得不防备，加强国防建设"。②

另一方面，对外加强国家形象宣传。报社、期刊社、通讯社和广播电台按照宣传任务和宣传内容，制订对外宣传计划。例如，在1954年国庆节宣传中，我国向兄弟国家供给文章，一部分为群众性纪念文章（即组织社会人士、科学家、作家、劳动英雄写的文章），由各中央报纸负责供给兄弟国家相应的报纸需要的文章，由中苏友好协会负责供给苏联其他报刊需要的文章，由对外文化协会负责供给苏联外其他兄弟国家报刊需要的文章，这类文章由工会、青年团、妇联、文联、科联各团体和农业部负责协助组织；一部分为系统解释总路线的文章，由国际宣传处负责约请有专门研究的同志撰写。③ 对外宣传配合我国国际关系新形势和外交政策，系统介绍我国建设情况，增进了社会主义国家对新中国的了解，初步构建起一个独立自主、发展、和平、负责任的崭新的国家形象。

此期的对外广播发挥了重要力量，为增进我国人民与世界人民的友好团结，为实现国家的和平独立发展服务。据统计，中央人民广播电台的对外广播用语，由1950年的11种语言和方言，增加到1958年的22种：北京话、广州话、潮州话、厦门话、客家话、台山话、俄语、捷克语、英语、法语、西班牙语、日语、朝鲜语、越南语、老挝语、印尼语、缅甸语、泰语、阿拉伯语、伊朗语和土耳其语。广播地区由日本、朝鲜及东南亚扩展到世界各个地区，发射电力比1950年增加了七倍。④ 此期中央台的对外广播贡献卓著，宣传了社会

---

① 中共成都市委宣传部印发：《关于"五一"前后向群众进行时事教育的情况报告》（1955年6月28日），成都市档案馆藏，54-1-491。

② 中共成都市委宣传部印发：《关于"五一"前后向群众进行时事教育的情况报告》（1955年6月28日），成都市档案馆藏，54-1-491。

③ 中央宣传部办公室印发：《一九五四年国庆节宣传计划》，四川省档案馆藏，建川003-113。

④ 中国共产党北京市委宣传部编：《北京志·广播通讯社出版篇》，北京市档案馆藏，1-12-863。

主义思想和总路线，展现了我国社会主义建设成就和生动的政治局面，宣传了我国和平外交政策和对国际事务的主张。① 同时，广播媒体积极开展对外业务交流。1950年初，中央人民广播电台同苏联及波兰、罗马尼亚、匈牙利、捷克斯洛伐克、保加利亚、民主德国、朝鲜、蒙古、阿尔巴尼亚、越南等国的国家电台签订协定，开始交换广播节目。仅1956年一年，中央人民广播电台就给32个国家的48个广播机构寄送录音带约120小时，录音报道和讲话136个，广播稿268篇。② 这不仅密切了新中国新闻宣传机构与境外新闻宣传机构的联系，也是打开国门，让中国走向世界，让世界了解中国的有益尝试。

新中国成立初期的外交宣传取得了一定成效，一方面增加了人民对国际形势的了解，推动国家建设；另一方面扩大了新中国的国际影响力，加强与世界的联系，为和平建设争取到较为有利的国际环境。但遗憾的是，囿于美苏对峙，西方资本主义国家对新中国大肆攻击，使中国逐渐陷入与西方世界相对隔绝的半封闭状态，严重影响新中国新闻宣传事业的发展。

四、爱国主义宣传：支援抗美援朝

抗美援朝时期的爱国主义宣传规模大，持续时间长，表现形式多样，不仅成功进行了经济建设动员和战争动员，也科学诠释了马克思主义思想意识与民族精神，掀起了新中国成立后第一次爱国主义高潮。新闻宣传媒体在这一场广泛盛大的宣传活动中表现卓著，建立了覆盖党内党外和城市乡村的宣传网，赋予"爱国主义"具体、可行、人性的内涵，③ 也彰显了主流媒体强大的舆论引导力量。

1950年10月26日，在朝鲜战争爆发的第二天，中共中央即发出了《关于时事宣传的指示》，对抗美援朝宣传工作的目标及内容作了原则性规定，标志着抗美援朝宣传工作全面、正式展开。宣传内容包括五个方面：强调抗美援朝战争的必要性，为运动开展奠定基础；表现人民群众的普遍支持，树立支持抗美援朝的主导意见；揭露敌人的罪恶，显示抗美援朝的正义性；塑造志愿军光辉形象，巩固人民对军队的支持；正面报道战争形势，树立必胜的信念。④

---

① 中国共产党北京市委宣传部编：《北京志·广播通讯社出版篇》，北京市档案馆藏，1—12—863。
② 北京市地方志编纂委员会：《北京志·新闻出版广播电视卷·广播电视志》，北京出版社2006年版，第14页。
③ 孙丹：《论抗美援朝战争的国内宣传工作》，《当代中国史研究》2009年第4期。
④ 赵鹏：《抗美援朝运动初期〈人民日报〉宣传方式分析》，《中共党史研究》2010年第7期。

通过上述内容的宣传报道，党员干部和多数群众对国际形势的基本特点和我国"防止战争、争取和平"的斗争任务有了较为明确的认识。

主流媒体为这场声势浩大、旷日持久的宣传运动提供了巨大支持，保障了战争的伟大胜利，促进各项社会改革及经济重建工作顺利进行，培育了广大人民群众的民族自信心和自尊自强的爱国主义精神。新闻工作者也在这场大规模宣传运动中出色完成了党和人民赋予的使命。

以《人民日报》为核心的党报系统是宣传的重要渠道。《人民日报》设立"抗美援朝专刊"（初为旬刊，后改为周刊、半月刊），共出刊190期，[1] 帮助人民正确认清形势，消除恐美心理，树立胜利信心。为最大限度调动起受众积极性，《人民日报》登载大量说理充分而又尖锐的社论和时评，也广泛运用新闻漫画、新闻通讯和报告文学等体裁。战地记者魏巍采写的《谁是最可爱的人》[2] 成为这一时期广为传诵的名篇，周恩来总理赞扬这篇作品"感动了千百万读者，鼓舞了前方的战士"[3]。《瞎子算命》[4] 等漫画作品深入人心。同时，《人民日报》通过刊登读者来信，刊印众人联名，报道各地各界人士拥护抗美援朝的盛况，树立了正确的舆论导向，促进支持抗美援朝的意见占据主导地位。

以中央人民广播电台为中心的广播电台网也发挥了不可替代的作用。中央人民广播电台开办《美国侵华史》《美国真相》等讲座节目，播送战地录音报道和通讯，举办广播大会，宣传效果广泛直接。北京、天津、沈阳三地广播电台共组"抗美援朝广播收音工作团"，向朝鲜战场播音。全国各地广播电台协助志愿军代表举办了28次广播大会，听众达1亿以上，成为名副其实的"精神食粮空中供应站"[5]。此外，"抗美援朝，保家卫国"等标语口号是当时运用最成功的宣传方式之一，大大增强了群众的团结性和凝聚力。

抗美援朝宣传中，以"战争与和平"为主题的宣传工作是一项长期、重要的任务，与战争形势的宣传同等重要。抗美援朝战争取得胜利后，部分党员干部对国际形势有了进一步了解，但仍存在片面或错误认识。少数干部和教师对国际和平力量与战争势力之间斗争的长期性和反复性认识不足。有的片面看待

---

[1] 中共成都市委宣传部印发：《关于"五一"前后向群众进行时事教育的情况报告》（1955年6月28日），成都市档案馆藏，54-1-491。

[2] 《人民日报》1951年4月11日第1版。

[3] 冉淮舟、刘绳：《魏巍创作记》，陕西人民出版社1995年版，第12页。

[4] 《老漫画》（第3辑），山东画报出版社1999年版，第25页。

[5] 陈昌凤：《中国新闻传播史：传媒社会学的视角（第二版）》，清华大学出版社2009年版，第288页。

国际局势某些紧张现象，认为战争有一触即发之势，认为"伦敦、巴黎协定批准了，西德都武装起来了，世界大战必不可免"，"苏联铲除了苏英、苏法条约，参加华沙会议的都是各国的军事领袖和军事人才，看样子一定要打"。①部分群众尤其是青年工人，仅注意和平民主阵营力量的壮大，忽视帝国主义的战争阴谋和战争准备，认为"我们爱好和平的人多，一人吐一点口水都把它淹死了"②。为此，中国共产党始终坚持运用马克思主义的基本原理，辩证地宣传战争与和平的关系，客观判断、宣传国际形势，引导人民群众成为维护和平的坚定力量，为国家安全和国防建设提供一定程度上的科学指导。

本章小结

新中国国家形象的定位、构建及认同，经历了一个渐进式发展演变过程。中华民族主体意识作为国家形象的精神要素的集中体现，对人民的情感、思想、行为、生活产生着广泛的指导作用，也深刻影响着国家形象塑造。新中国成立初期的新闻宣传实践，推动社会主义意识形态大众化，为中华民族确立和展现自身奠定重要基础，也为民族主体意识形成提供必备前提；展现国民经济恢复发展的成就和人民当家作主的角色转换，建立人民对国家民族发展的信心，推动思想文化领域革旧鼎新，初步建构起一套异于旧中国的民族自我意识和自我阐释方式。伴随中华民族主体意识形成，马克思主义逐步成为中华民族崛起进而争取在世界舞台上身份标识的重要内容。同时，新中国独立自主、自力更生、不畏霸权、爱好和平、政治清明、人民团结、经济恢复发展的社会主义国家形象也逐渐获得国内公众和部分国外公众的认同，中国共产党也在民族的历史承当中形成了具有时代特征的崭新形象。

新政权通过宣传社会主义意识形态的基本内涵，使中国共产党所追求的美好社会图景、所肯定的社会利益关系和所倡导的社会价值理念得以延伸并渗透至民族群体中，逐步确立了以马克思主义为指导的社会主义意识形态的主导地位，为中华民族确立自身、展现自身，形成民族主体意识，提供了必备前提。

经济因素是构成国家形象的基本因素。新中国成立伊始，生产萎缩、市场

---

① 中共成都市委宣传部印发：《关于"五一"前后向群众进行时事教育的情况报告》（1955 年 6 月 28 日），成都市档案馆藏，54-1-491。

② 中共成都市委宣传部印发：《关于"五一"前后向群众进行时事教育的情况报告》（1955 年 6 月 28 日），成都市档案馆藏，54-1-491。

混乱、物价飞涨、民生困苦、失业众多，经济形势异常严峻。新中国成立初七年，国家财政经济状况好转，经济结构发生根本变化。在经济建设"凯歌行进"的七年中，党的新闻宣传工作以土地改革的宣传动员激活生产力中最活跃因素，以"三大改造"的深入宣传推动生产关系快速变革，以对经济恢复振兴的宣传报道建立工人、农民、工商业者对民族崛起的信心和对新政权的认同，展现出国民经济恢复发展的新中国形象。

新中国成立初期，经济恢复，政治清明，社会风尚和道德水平显著提高。中国共产党倡导平等互惠的劳动理念，宣传以艰苦奋斗、勤俭节约、保护婚姻家庭、爱护母亲儿童为主旨的道德观，展现人民幸福乐观的精神面貌和当家作主的角色转换。社会新风尚的宣传，实现了思想道德领域的革旧鼎新，为实现新民主主义社会向社会主义社会过渡提供了强有力的思想保证与智力支持。

新中国成立伊始，新闻宣传媒介成为匡正、破除旧文化，引领新文化建设最重要的阵地，承担着引导新中国文化发展方向的历史使命。在新闻宣传推动思想文化转型重构的过程中，民族的、科学的、大众的文化观被普及，这种文化观逐步成为中华民族确立和展现自身的前提；同时，马克思主义作为文化建设、学术研究、艺术创作的唯一指导思想的地位牢固确立，新的文化范式和文化形态初步奠定。但由于对被批判者的思想、学术观点和研究方法缺乏实事求是的态度，这一时期思想改造与思想批判的宣传报道中出现偏差，引出了深刻的教训。

政党形象是国家形象的主要内容和集中体现。新中国成立后，中国共产党通过对内与对外宣传，在民族的历史承当中形成了具有时代特征的崭新形象。

第四章 新中国成立初期党的新闻宣传的机构与队伍建设

新中国成立初期,为建立并巩固对意识形态领域的思想及组织领导,中国共产党不断增强新闻宣传的机构与队伍建设。相继建立了从中央到地方各级党委宣传职能部门的垂直领导管理体制和运行机制,通过高等院校的培育、基层骨干的选拔以及对旧中国新闻工作者的改造,大批新闻人才和干部陆续涌现。覆盖机关、学校、街道、农村、厂矿等一切社会组织的庞大新闻宣传机构、队伍和教育网络体系日益形成。

第一节 党的新闻宣传机构的设立

党的新闻宣传机构是各级党组织开展新闻宣传工作的组织实体。新中国成立初期,各级新闻宣传管理机构和执行机构组成了从中央到地方再到基层的上下贯通的层级系统,主管意识形态工作,宣传贯彻党的路线、方针、政策,增强对意识形态领域的思想和组织领导。本节由新闻宣传机构的"纵向"系统出发,从中央高层机构、地方中层机构、基层宣传机构三个层次[①]审视和分析此期中国共产党不断推动新闻宣传机构系统化、完善化的初步尝试。

一、中央新闻宣传机构建设

新中国成立前,我国新闻宣传组织机构设置已基本成型。一是建立了新闻宣传管理机构,如中共中央宣传部、中央教育宣传委员会、中央报纸编辑委员

---

① 刘李胜、时永松等把当前我国的"政治宣传管理机构"划分为"纵向""横向"两个系统。纵向系统主要有中央高层机构、地方中层机构、基层宣传机构三个层次。横向系统中的主要部门有党政组织和党委宣传部,各类宣传职能部门,进行政治宣传活动的业务单位、社会团体和群众性组织,社会组织、经济实体中主管宣传的部门。参见刘李胜、时永松:《政治宣传学》,湖北人民出版社1992年版,第352—354页。

会、中央机关报编辑委员会等,并建立健全了各级宣传部门;二是创办了各类新闻媒体以及与新闻宣传工作相关的业务机构,如通讯社、报社、杂志社、出版社等。① 但战争环境中的新闻宣传机构设置存在诸多不足,因此,在政权鼎革的新形势下增强中央新闻宣传机构建设,引领地方与基层新闻宣传机构发展,是时代与形势之所需。

(一)中共中央宣传部的调整

中国共产党执政后,刘少奇即提出:"目前,做宣传工作的人很少,宣传机构不健全,宣传人员的能力不强,这是我们的一个弱点。"② 胡乔木对新闻宣传工作的缺点也有论述,"缺点的根本性质,是在长期的紧张的战争环境中所形成的我们工作的经常性、系统性和深刻性的不足"③。为迅速、有步骤地推进新时期新闻宣传工作,党加强新闻宣传工作的组织载体建设,尤其是增强宣传部这一党的机构中的"重要常设机构"的建设。

调整转变中央宣传部任务。新中国成立初期,中国共产党系统讨论了宣传部工作任务调整转变的问题。刘少奇在第一次全国宣传工作会议上指出:"宣传部应当作为一个计划机关、指挥机关、领导机关来推动全党做宣传工作"④,发挥动员、组织、教育、团结的作用,指导全党一切干部、党员、党外积极分子做好新闻宣传工作;"(宣传部)主要的工作就是研究情况,作计划,发指示,供给宣传材料,总结宣传经验,审查宣传内容合乎不合乎马列主义原则,方法是不是适合群众的需要,宣传机构是不是健全"⑤;宣传部要领导和充分运用各种宣传工具,包含"宣传员网、报纸、刊物、出版、戏剧、电影、美术、音乐、广播、学校等"⑥。1954年,习仲勋在第二次全国宣传工作会议上特别强调,"领导的任务是:出主意,订计划,组织队伍,监督干部,检查工

---

① 刘江船:《建国前中国共产党新闻管理思想研究》,吉林人民出版社2007年版,第67—107页。
② 中共中央文献研究室:《建国以来重要文献选编》第二册,中央文献出版社1992年版,第295页。
③ 中共中央宣传部办公厅、中央档案馆编研部:《中国共产党宣传工作文献选编(1949—1956)》,学习出版社1996年版,第17页。
④ 中共中央文献研究室:《建国以来重要文献选编》第二册,中央文献出版社1992年版,第296页。
⑤ 中共中央文献研究室:《建国以来重要文献选编》第二册,中央文献出版社1992年版,第295页。
⑥ 中共中央文献研究室:《建国以来重要文献选编》第二册,中央文献出版社1992年版,第296页。

作，总结经验"①。党对中央及各级宣传部的工作任务逐渐形成了科学、清晰的认识与规定，积极发挥宣传部计划、指挥、领导和动员、组织、教育、团结的作用。

调整机构设置及业务管理。1949年11月，调整后的中宣部下设时事宣传处、政治教育处、干部处、研究处、秘书处、解放社等机构，各地方宣传部也相应调整机构设置和业务管理内容。②党的宣传部系统把在革命战争年代所担负的文化教育工作转交至各级人民政府具体管理，集中管理整个思想战线。1951年《中共中央关于健全各级宣传机构和加强党的宣传教育工作的指示》指出："所有这些严重的工作，都要由党的宣传部门在党的严格领导下担负首要的责任"，"中央宣传部应设立宣传处、理论教育处、文化艺术处、学校处、报纸与广播处、书刊出版处、干部管理处、国际宣传处等机构"③。党的新闻宣传机构不断调整，趋向完善和系统化，对巩固新政权和推进社会主义意识形态大众化意义重大。

在安排宣传部门人员方面，党不断充实马克思主义大众化力量。1949年至1956年间，中共中央先后任命陆定一、习仲勋为中央宣传部部长，胡乔木、徐特立、陈伯达、周扬、张际春、李卓然、张子意、何凯丰、张磐石等九位马克思主义理论权威为中央宣传部副部长。同样，各地方基层也增添了大量具有高水平的马克思主义理论素养的工作人员。这些人员安排极大地充实了马克思主义大众化的宣传队伍力量。

新闻宣传工作的重要地位和目标任务要求党必须不断加强组织载体建设。党对中共中央宣传部的工作任务、机构设置、业务管理及人员安排等方面的统一规定与整合，为党有效领导、组织和标准化地管理新闻宣传工作提供了重要的组织保证。

（二）新闻总署的成立

为推动新中国新闻宣传事业发展，中央人民政府于1949年11月1日成立了新闻总署，负责领导全国的新闻事业和管理国家的各类新闻媒体和新闻工

---

① 中共中央文献研究室：《建国以来重要文献选编》第二册，中央文献出版社1992年版，第296页。

② 中共中央宣传部办公厅、中央档案馆编研部编：《中国共产党宣传工作文献选编（1949—1956）》，学习出版社1996年版，第11—12页。

③ 中共中央文献研究室：《建国以来重要文献选编》第二册，中央文献出版社1992年版，第78页。

作，胡乔木任署长，范长江、萨空了任副署长。新闻总署下设办公厅、新华通讯社、国际新闻局、广播事业局、新闻摄影局、北京新闻学校等机构。同时，在全国各大区设立了新闻出版局，在各省、市设立了新闻出版处。① 1950年3月29日，胡乔木署长在全国新闻工作会议上指出"关于目前新闻工作的四个问题"，包括"改进报纸工作问题；新华社机构和工作的统一问题；新闻工作中的统一与分工问题；编制问题"。② 此后，新闻总署采取一系列措施，为解决新闻宣传工作面临的困境，并在全国范围内建立规范化、法制化的新闻宣传事业作出许多有益的贡献。

颁布新闻宣传的重要法规。新闻总署成立后颁布了《全国报纸杂志登记暂行办法（草案）》，该办法是新中国第一个全国性的新闻媒体登记法规③，揭示了社会主义新闻事业的宗旨和任务，规定了各报刊社工作人员工作及报纸言论应当遵循的要求。此外，新闻总署先后颁布了《关于建立广播收音网的决定》④《关于改进报纸工作的决定》⑤ 等新闻宣传方面的政策规定，逐步实现了中国共产党和政府对报纸、电台等新闻宣传业务机构的统一领导与管理，并在此基础上建立了宣传党的方针政策和新民主主义思想文化的舆论阵地。

统一新华社组织和工作。1950年以前新华社总社以下各级地方组织，工作上均以服务地方为主，组织上则受各地领导机关领导，带有浓厚的地方性和分散性。为了彻底改变分散的情况，进一步加强对全国和全世界的报道工作，充分发挥新华社作为国家通讯社的作用，真正成为代表国家发布新闻的机关，1950年4月25日，新闻总署通过了《关于统一新华通讯社组织和工作的决定》，调整新华社组织机构，统一新华社的组织和工作，改新华社为统一集中的国家通讯社。具体调整情况如下：

一、各地新华社总分社、分社，在工作上、组织上与财务上均统一受新华社总社指挥与管理；

二、现有新华社总社、分社全部人员，完全受总社任免和调动，各地

---

① 吴廷俊：《中国新闻史新修》，复旦大学出版社2014年版，第401—402页。
② 《关于目前新闻工作的四个问题——胡乔木署长在全国新闻工作会议上的报告》，（1950年3月29日），建国后资料目录（第二册）—8-2/8。
③ 邵华泽：《马克思主义新闻观及其在当代中国的运用和发展》，人民出版社2009年版，第474页。
④ 西南区新闻工作会议秘书处编印：《新闻工作参考资料》（1950年5月8日），四川省档案馆藏，建国后资料目录（第二册）—8-2/8。
⑤ 西南区新闻工作会议秘书处编印：《新闻工作参考资料》（1950年5月8日），四川省档案馆藏，建国后资料目录（第二册）—8-2/8。

不得抽调或派遣；

三、各野战军及各军区新华社各级分社组织及其全部人员由新华社总社统一管理和作必要调动；

四、各地新华总分社、分社在统一后只向新华总社发稿，不再向当地发表消息与评论……①

此后，新华社负责将国内外新闻以"全貌的、概括的"报道供给全国报纸或广播电台，与各报纸和电台建立密切联系，"互相援助、互相建议"，并加强自身建设，成为全国的"消息总汇"。②

改进报纸工作，主持全国各类报纸的社会分工。新中国成立初期，在新闻总署统一领导下，从报纸的领导思想、工作方法到具体业务，均有不同程度的改进。报纸分工也各有侧重、减少重复。例如，《人民日报》的读者对象主要是各级领导干部和机关工作人员，因此其主要内容侧重报道、评论国内国际时事、思想、政策情况等；《光明日报》的读者对象主要是民主党派、小资产阶级、知识分子等，因此其内容侧重于时事、文化、学术、思想及业务学习等方面。③

推行报纸"企业化经营"与"邮发合一"的举措。1949年12月，新闻总署决定实行企业化经营报纸的方针，以解决由于战争后物质匮乏、纸价上涨，加之社会购买力低，公营、私营报纸普遍存在的严重损耗问题。为此，新闻总署提出报纸"企业化经营"与"邮发合一"的措施。1950年9月《中宣部关于报纸实行企业化经营情况的通报》对总署方针予以肯定："据新闻总署党组报告，华北十六家公私营报纸，和其他地区十七家主要的公私营报纸，在1950年财政统一、物价稳定的有利条件下，开始实行企业化经营，整编臃肿机构，厉行精简节约"，"推广发行，改进广告工作"，使收入的比重增加，过去的严重损耗现象有了基本改变。④ 据统计，各报广告业务这一时期发展迅速，《新华日报》广告收入原来只占总收入的28%，实行企业化经营后，增加为总收入的42%。普及"邮发合一"的措施，即出版发行部门与邮电部门紧

---

① 中国社会科学院新闻研究所：《中国共产党新闻工作文件汇编》中卷，新华出版社1980年版，第66—69页。

② 《关于目前新闻工作的四个问题——胡乔木署长在全国新闻工作会议上的报告》（1950年3月29日），四川省档案馆藏，建国后资料目录（第二册）—8—2/8。

③ 中国共产党北京市委宣传部编：《北京志·报纸杂志篇》，北京市档案馆藏，1—12—864。

④ 邵华泽：《马克思主义新闻观及其在当代中国的运用和发展》，人民出版社2009年版，第474页。

新中国成立初期的新闻宣传实践与经验（1949—1956）

密合作以扩大宣传范围。1950年1月，新闻总署与邮电部联合颁布了《关于邮电局发行报纸暂行办法》，以增加报纸的发行量。"邮发合一"率先在《人民日报》实行，1953年1月1日全面施行，这些措施在不同程度上促进了报纸的盈利。

新闻总署的成立保障了新中国成立初期宣传任务的完成和新闻宣传事业发展。此外，新闻总署开创性地颁布了一系列新闻法规，使管理趋于规范化、法制化。1952年8月7日新闻总署被撤销，各大区新闻出版局、各省市新闻出版处也随之撤销。党中央及各级党委宣传部门逐步代替政府部门主管新闻事业与新闻宣传工作。

二、地方新闻宣传机构建设

新中国成立初期，从中央到地方各级党委宣传部都面临着机构残缺不全、人力资源短缺的问题。各中央局、中央分局的宣传部大部分都只设立宣传及教育二处，工作人员的数量也不平衡，其中东北及华南地区稍多，其他地区一般只有20余人，西南局宣传部仅10人，新疆分局宣传部工作人员更少，仅有一名部长。[①] 各省委、地委宣传部的干部配备更是严重不足，"地委宣传部往往只有部长而无其他工作人员，西南及中南的有些地委且无宣传部长，县委宣传部更弱"[②]，"在知识分子较多的浙江省，七十七县中只有四十八县有宣传部长，川南三十五县，只有五个县有宣传部长"[③]。

为改变党的宣传部门这种状态，进一步健全各级宣传机构，中央于1951年2月发布《中共中央关于健全各级宣传机构和加强党的宣传教育工作的指示》，要求各级党委必须制订计划，按照中央在群众宣传、理论教育、文化艺术、学校教育、报纸广播、书刊出版、干部管理等任务需求，在一两年内逐步充实宣传部的机构与人力。以北京市委宣传部的调整为例，北京市委对宣传部的组织机构进行了大幅度的调整。调整前北京市委宣传部只设有宣传科、教育科和秘书处，调整后增加干部教育科、编审科、支部教育科、出版发行科以及

---

① 中共中央文献研究室：《建国以来重要文献选编》第二册，中央文献出版社1992年版，第76页。

② 中共中央文献研究室：《建国以来重要文献选编》第二册，中央文献出版社1992年版，第76页。

③ 中共中央文献研究室：《建国以来重要文献选编》第二册，中央文献出版社1992年版，第76页。

广播电台与各报社。① 在增设机构的同时，北京市委宣传部也明确了这些增设机构的相关职能。为了加强对各个处室和科室的领导，北京市委宣传部制定了定期的会议制度：即每两周召开一次由部长、副部长、秘书长和各个处、室主要负责人参加的部务会议；每周召开一次由部长、副部长、秘书长、副秘书长和各处、室负责人参加的集体办公会议；每两周召开一次处、室务会议，具体时间由各处、室自行安排。② 可见，市委宣传部的内部机构设置、工作范围都有较大的调整，宣传部门内部设立了宣传、教育、出版等各系统工作的业务管理归口部门。宣传部作为"党委领导思想战线的工作机关"，不仅要对新闻宣传工作进行管理，还要对文化教育相关工作进行监督和管理，为党对宣传工作的系统化管理与领导提供了坚实的组织支撑。

各地通过机构调整及制度设立，新闻宣传的机构设置和建设基本达到了中央的要求，也基本适应了新中国成立初期新闻宣传的工作需求。地方新闻宣传机构得到调整和充实，全国新闻宣传组织机构也日趋完善，一张巨大的新闻宣传网络覆盖各地，掌握并引导社会舆论动态和舆论导向。

三、基层新闻宣传机构建设

新中国成立后，中央及地方新闻宣传机构建设已基本成型，从中央宣传部、省委宣传部、地委宣传部、县委宣传部、乡镇宣传部，直到乡村的基层总支和支部，都设有宣传委员。在省、市委宣传部的直接领导下，新闻宣传工作在全国范围内展开，对"提高全国人民的阶级觉悟和思想水平"作出了有益的贡献，但仍存在一系列问题。一是新闻宣传工作存在多头领导的紊乱现象，"一个学校里，会在同一时间有八个单位去布置工作，卫生所要宣传接种卡介苗，区委会又要搞和平签名宣传"③，多头布置使新闻宣传工作缺乏科学性和系统性，群众疲劳不堪。二是新闻宣传工作患了"寒热病"，各类宣传活动集中安排在同一时间段，效率低下。④ "一个时候大宣传运动来了，或几个宣传工作夹在一起了，宣传人员就忙的一塌糊涂，运动过去了，忙过了，又一点宣

---

① 《市委宣传部组织及工作计划》（1949 年），北京市档案馆藏，1-12-7；《宣传部整风总结报告》（1950 年），北京市档案馆藏，1-12-41。
② 《中共北京市委宣传部关于工作制度的几项暂行规定》（1955 年），北京市档案馆藏，38-2-391。
③ 《市宣关于建立区传委会和发展宣传的初步意见》，南京市档案馆藏，4009-1-0002。
④ 董涛：《树立共和国形象——建国初南京市宣传工作研究（1949—1953）》，南京大学 2013 年硕士学位论文，第 13 页。

传也没有了。"① 鉴于此,迫切需要建立基层宣传机构,统一各地区、各部门、各单位新闻宣传工作的部署。

党的宣传机构向各地区、各部门、各行业渗透,形成一个严密的新闻宣传机构系统,覆盖各基层。在城市,从区委宣传部到街道党委宣传部的宣传机构网络体系开始形成;在企业,无论工业企业、商业企业或服务业企业,各级党委都设有宣传部;② 在地区,设立区宣传机构,在区内宣传工作中发挥调剂作用,不代替各系统的垂直领导。一个纵横交错的严密的新闻宣传机构系统逐步形成,保障了党的新闻宣传工作有力开展,也保证了党对新闻宣传工作的坚强领导。

群众团体作为类似党政机构的组织,通过形式多样的宣传方法向人民群众开展宣传活动,积极引导舆论。新中国成立初期的群众性团体组织包括工会、青年团、妇联或特定背景下成立的群众团体,如中苏友好协会、反侵略委员会等。这些群众团体在党的支持下成立并接受党的领导,阵容庞大,且在群众中影响广泛。新中国成立前后,一系列并行的群众组织如雨后春笋般出现,包括全国民主妇女联合会(1953年有7600万会员)、民主青年联合会(1957年有3400万会员)、农民协会(1956年有1.62亿会员),等等,这些群众组织为宣传动员知识分子发挥了巨大作用。据统计,这一时期新中国大约一半成年人参加了群众性团体组织,按照各组织计划进行学习和宣传鼓动。③ 宣传部门与各群众团体建立了领导与被领导的关系,一些群众团体被吸收进宣传系统,在党的领导下积极发挥引导舆论的强大力量。

值得注意的是,新中国成立初期,庞大的宣传网发挥组织动员功能,深入群众迅速传播党的各项方针政策,建立了坚实的群众基础,更加有效地进行社会动员。宣传网是指由党内外各级宣传机构和各有关部门以及各类宣传工作人员组成的多层次、多渠道、纵横交错的网络式的宣传工作体系和组织结构。1951年1月1日,中共中央下达了《关于在全党建立对人民群众的宣传网的决定》,将宣传网制度推行至全国。全国范围内逐步建立起对人民群众的系统性、经常性的宣传网,"在党的每个支部设立宣传员","在党的各级领导机关设立报告员",并建立起以宣传员和报告员为核心的群众宣传工作队伍。宣传员用读报、谈心与图画、编辑墙报等简单通俗的方式,向群众解释党和人民政

---

① 《市宣关于建立区传委会和发展宣传的初步意见》,南京市档案馆藏,4009-1-0002。
② 张蔚萍:《毛泽东思想政治工作学说》,陕西人民出版社1993年版,第262页。
③ 费正清:《美国与中国》,世界知识出版社2003年版,第350页。

府的政策，发布国内外时事，宣传人民群众在生产劳动中的有益经验，批驳各种谣言及错误思想。报告员则经常地向人民群众作关于时事、政策、工作任务及工作经验的报告。[①] 在当时历史条件下，中国共产党将构建"宣传员与报告员"体系作为建立党的经常性、系统性宣传工作的重要手段，也是一种特殊的基层宣传机构。

综上所述，中国共产党全面推进新闻宣传系统一体化格局，这既是社会条件与政治环境的客观要求，也是中国共产党在"全国范围内和全体规模上"迅速确立马克思主义在意识形态领域主导地位的主观需要。在各级党委的领导和重视下，一支由各级党委主管、领导，宣传部门负责实施，以党的各级组织为依托，以报告员和宣传员为核心骨干，包括党的宣传职能部门以及非党群众宣传组织在内的，覆盖田间地头、工厂矿区、胡同巷口等一切社会组织细胞的庞大群众宣传教育网络体系开始形成。[②] 相应地，从中央到地方各级党委宣传职能部门，再到宣传员、报告员所构成的自上而下、层级分明的垂直领导管理体制和运行机制建立起来，为社会主义意识形态宣传建立系统高效的体制机制支撑。

第二节　新闻工作者的选用

新中国成立初期，新闻工作者的选用不仅为人民新闻事业培养了大批新闻人才和干部，也形成了新闻教育工作的优良传统。此期新闻工作队伍的补充和成长，主要得益于三方面渠道：一是大专院校新闻专业的培训、输送；二是从工作生产第一线和基层选拔优秀人才，丰富、充实新闻工作者队伍；[③] 三是旧中国新闻工作者的改造。

一、高等教育的培育与输送

新中国成立之初，新闻教育工作受到党和政府的高度重视，大批新闻宣传业务的专门人才涌现。具体表现在，创建北京新闻学校、中国人民大学新闻

[①] 中央档案馆、中共中央文献研究室：《中共中央文件选集（1949年10月—1966年5月）》第五册，人民出版社2013年版，第2—4页。

[②] 陈丽凤：《中国共产党领导体制的历史考察》，上海人民出版社2007年版，第202页。

[③] 北京市地方志编纂委员会：《北京志·新闻出版广播电视卷·报业·通讯社志》，北京出版社2006年版，第275—276页。

系、中国社会科学院研究生院新闻系、中国新闻学院、中央民族学院汉语文学系新闻专业等新闻学校或院系,为国家培养了大批新闻人才;对旧中国遗留下来的新闻教育机构和资产阶级新闻学进行批判、改造,逐步发展社会主义新型新闻教育事业;新闻教育机构编写了一批新闻教材,在建立和发展无产阶级新闻学方面,取得卓越成绩。①

新型无产阶级新闻学校创办。1949年11月,北京新闻学校在新华社第二期新闻训练班基础上改建成立,隶属于新闻总署,由新闻总署副署长范长江兼任校长,陈翰伯任副校长。新闻学校设研究班和普通班,改变过去短期新闻班以"政治理论教育与思想改造为主,业务为辅的教育方针",采取"理论与业务并重的教育方针",②成为新中国成立后第一家新型的新闻专业学校;至1951年7月停办,共培训两期学员435人③。同时,1949年7月19日,上海创建华东新闻学院作为中共中央华东局主办的新闻干部学校,恽逸群任院长,先后招收学员合计828人。④ 新型无产阶级新闻学校的建立,为新时期报纸、广播等媒体的采、写、编、播培养了大批专门人才,同时标志着中国共产党主办的新闻教育事业的一个历史性转折,新闻教育从短期训练班方式向正规学校教育方式过渡。

高等院校实现大规模院系调整。新中国成立初期,北京燕京大学新闻系并入北京大学中文系,改为编辑专业(后改名新闻专业)。上海华东新闻学院、圣约翰大学新闻系、暨南大学新闻系、中国新闻专科学校等并入复旦大学新闻系。中央政治局1954年通过的《关于改进报纸工作的决议》中规定:

> 扩大现有的大学新闻系的学生数目,逐步地充实省(市)以上的报纸、通讯社、广播电台、期刊和出版机关的干部。中央民族学院及各地方少数民族干部学校应负责培养少数民族文字出版的报纸期刊、出版机关以及广播电台和通讯社所需要的少数民族新闻干部。⑤

根据这一规定,各省市新闻行政机构与新闻业务机关整编调整,所有编外

---

① 北京市地方志编纂委员会:《北京志·新闻出版广播电视卷·报业·通讯社志》,北京出版社2006年版,第393页。
② 郑保卫:《中国共产党新闻思想史》,福建人民出版社2005年版,第333页。
③ 北京市地方志编纂委员会:《北京志·新闻出版广播电视卷·报业·通讯社志》,北京出版社2006年版,第396页。
④ 方汉奇、丁淦林、黄瑚等:《中国新闻传播史》,中国人民大学出版社2002年版,第349页。
⑤ 中共中央宣传部办公室印:《中共中央关于改进报纸工作的决议》(1954年7月17日),四川省档案馆藏,建川003-113。

人员，包括"编辑、记者、无线电技术人员"等呈报总署，"由总署提交全国编辑委员会分别遣送至北京新闻学校及适当的专业学校学习深造"，作为"新闻事业发展时的后备干部"①。1954 年，马列学院（即现在的中共中央党校）设立新闻班，负责培训省市委机关报的总编辑、副总编辑和编委，聘有苏联专家讲课，同时开展新闻学研究工作。1955 年，中国人民大学新闻系创建，以轮训在职新闻干部为主要任务，成为新中国成立后新创办的第一个大学新闻系。② 据统计：

> 中国人民大学新闻系遵照中央宣传部指示，1955 年由各报纸、期刊、广播电台、新华通讯社及出版机关报送的干部中，录取一百零五人。这次录取的学生中，有党员八十四名（其中候补党员七名），团员二十一名。全国各省市，除广西省外，均有学生被录取。计：中央级报纸十二名，中央级期刊一名；新华通讯社和分社十一名；中央和省市广播电台十三名；中央和省市出版机关八名，省报二十九名；地委报十九名；省工人、农民、青年报七名；铁道报二名；部队小报二名；过去做报纸工作的一名。③

可见，中国人民大学新闻系招生兼顾报社、通讯社、广播电台、期刊社、出版社各个单位，以政治可靠、业务上有培养前途的党团员为主要培训对象。此外，根据《决议》要求，各大学新闻系招生名额增加，并积极培养少数民族的新闻干部。以复旦大学新闻系为例，1955 年招生人数为 120 人，比前一年增长两成；若按照当时 5 年制学制（学习苏联），1956 年整个新闻系在读学生至少达到 391 人。④ 新闻院系的开创性改革适应新中国情势，是为新中国构建科学的新闻教育模式和路径的初步探索。

新闻教学改革。教学改革以教材改革为先。据不完全统计，1949 年 9 月以前全国共印行新闻学专著 468 种，内容涵盖新闻学概论、新闻事业、新闻业务、中外新闻史等各个方面，徐宝璜、邵飘萍、戈公振、任白涛、黄天鹏等新

---

① 《关于省市区新闻机关员额暂行编制的决定（草案）》（1950 年 4 月 14 日），四川省档案馆藏，建国后资料目录（第二册）—8—2/8。
② 方汉奇、丁淦林、黄瑚等：《中国新闻传播史》，中国人民大学出版社 2002 年版，第 349 页。
③ 中共中央宣传部印：《中央宣传部转发中国人民大学关于今年新闻系招生工作情况和问题的报告》（1955 年 10 月 15 日），四川省档案馆藏，建川 003—179。
④ 数据来自《复旦大学百年纪事》，复旦大学出版社 2005 年版，第 709 页。转引自黄旦、肖晶：《走自己的路：新中国新闻教育改革的"先声"——1956 年的复旦大学新闻系》，《新闻大学》2009 年第 3 期。

闻教育名家的力作①，因属于"旧新闻教育"产物，都被弃置不用。总的来说，旧新闻教材对基础性学理的探讨不够，对其他国家的新闻学著作关注极少，重复出版的学术层次低的新闻学著作多，有特色的可以研究的学术成果少。因此，新中国成立初期的新闻教材改革以史论为重点，中外并包，历史与现状皆备，整体提高了新闻教学与科研水平。

新中国成立初期的新闻高等教育不仅为人民新闻事业培养了大批新闻人才和干部，也形成了新闻教育工作的优良传统，包括重视马克思主义理论和思想教育，贯彻理论联系实际的原则，强调总结新闻工作经验和中国共产党新闻工作传统，等等。

二、基层骨干的招收和培养

新中国成立初期，在新闻宣传实践活动中，中国共产党注重对基层骨干的招收、选拔和培养，使党的声音始终能够迅速传达到群众之中，形成了一定规模的基层新闻工作队伍。宣传员、收音员成为这一时期新闻宣传工作的中坚力量。

作为构建新中国新闻宣传网络的基层骨干和新政权党政方针的宣讲人和意识形态的灌输者，宣传员的选拔、培训、纯化和角色担当皆体现出中国共产党对新闻宣传工作的高度重视。1951年中央公布建立宣传网的决定，将具备必要的政治觉悟确立为选拔宣传员的统一标准，要求宣传员在生产劳动和其他工作中以身作则，联系群众。宣传员来源广泛，既包括党支部党员、青年团员、劳动模范、革命积极分子、墙报编辑等，也有党和青年团的支部书记、工会干部、合作社干部、区村干部、学校教师等。②据不完全统计，上海市1952年已组织的"宣传员、鼓动员有一五八六人，其中宣传员八二〇人，鼓动员七六六人；党员一八二人，团员四四九人，其中以工人为主（约占百分之六十余），其次为学生，及少数的教师、职员、家庭妇女；培训方法大都采取成立宣传员学习班或训练班"③。

经过选拔培训，广大宣传员的政治觉悟和宣传能力大大提升，为新闻宣传事业发展提供重要的人力资源。在城市，党与团的支部中涌现出一部分政治纯

---

① 童兵、林涵：《20世纪中国新闻学与传播学（理论新闻学卷）》，复旦大学出版社2001年版，第145—153页。
② 《中国共产党中央委员会发布关于在全党建立对人民群众的宣传网的决定》，江苏省档案馆藏，3006—203。
③ 上海市委宣传部：《宣传鼓动员情况简报》，上海市档案馆藏，A22—1—4。

洁、与群众联系密切、有一定水平及宣传鼓动能力之党团员作为宣传员骨干，一些党外积极分子也加入宣传员队伍。在农村，宣传员人数"每乡三五人至十数人，最多不超过二十人，均为不脱离生产或兼职"[①]。由此，党领导的、以报告员和宣传员为核心骨干的群众宣传工作队伍及其组织制度形成，这在一定程度上为新闻工作者队伍壮大和新闻宣传事业发展做出了积极贡献。

此外，为执行中央人民政府新闻总署关于"建立广播收音网的决定"，使无线电广播真正达到指导工作、交流经验、密切联系群众之目的，中国共产党在各机关、工厂、学校、部队、群众团体和广大听众中选拔培训了大批收音员。以成都人民广播电台为例，关于招收收音员的条件和任务有如下规定：

收音员条件：凡政治思想纯正、热心广播工作、并能密切联系群众，由所在单位指定，经本台登记，均为本台收音员。凡各界听众中有收音机者，自愿担任本台收音员，和本台取得密切联系，并积极组织群众收听本台广播节目，经本台登记，可为本台收音员。各专区和县由领导上指定的收音员，均为本台专任收音员。

收音员任务：1. 收抄记录本台新闻、政府指示，送给领导参考和供给各黑板报、油印报登载。可能条件下收抄中央台和西南台的记录新闻。

2. 向听众预告本台重要节目，组织并领导群众收听本台重要节目，随时搜集与反映观众对本台意见和要求。

3. 和本台密切联系，每月向本台以书面报告工作一次。

4. 协助本台发展广播通讯员。

5. 保管收音机。[②]

在新中国百业待兴、广播收听工具亦十分缺乏的情况下，一批"政治思想纯正、热心广播工作、并能密切联系群众"的收音员被招收和培养；收音员"组织并领导群众收听"重要节目，"随时搜集与反映观众对本台意见和要求"。根据党的指示，收音员到群众中利用现有收音设备，广泛组织了广播收音小组，发动群众集体收听。据 1950 年 3 月不完全统计，北京市工厂、企业中、组织了 23 个广播收听小组，大、中学校组织了 29 个广播收听小组。[③] 这不仅

[①] 刘少华：《1950 年代中共宣传网研究——以江苏为例》，南京大学 2012 年硕士学位论文，第 36 页。

[②] 《川西成都人民广播电台收音员条例》，四川省档案馆藏，建国后资料目录（第二册）－8－2/10。

[③] 中国共产党北京市委宣传部编：《北京志·广播通讯社出版篇》，北京市档案馆藏，1－12－863。

在一定程度上解决了收听工具不足的困难,也密切了电台与群众的联系,培养了群众从广播中接受教育的习惯。广播成为广大家庭一种常见的新闻宣传媒介,充分发挥宣传鼓动作用。

由上所论,大批基层骨干力量构建起新闻宣传事业坚实的群众基础,为中国共产党新闻宣传工作在全国范围内和全体规模上顺利开展提供了系统而强固的支撑。

三、旧中国新闻工作者的改造

新中国成立后,中国共产党对旧新闻教育体系进行全面改造,凡国民党直属的新闻教育单位,实行一律停办的政策。[①] 在改造和整顿新闻教育单位的同时,在人事管理上,党和政府调配新闻工作者担任教职,并组织原有教师进行学习和思想改造,用无产阶级新闻观点消除资产阶级新闻观点。

一方面,为解决旧中国新闻工作者"漂浮""游离"的体制外状态,新政权逐步取缔民间报刊等一切具有民间形态的新闻机构。同时,完成对旧有私营新闻宣传事业的改造,单一的公营新闻体制替代了党营、公营和私营并存的新闻体制;建立"单位"制度,新闻工作者由体制外转变为体制内,成为国家体制的一部分。据1950年统计数据,在广播工作人员方面,"现有的4000工作人员中,将近一半是旧有的技术人员,余下的一半,新参加的人员,又过半数。广播工作的干部,一般比其他新闻事业的干部要弱"[②]。随着对私营广播电台社会主义改造的完成,广播电台全部被收归国有,"将近一半的旧有技术人员"成为国家体制的一部分,逐步坚定了无产阶级的新闻宣传思想。

另一方面,通过一系列教育与批判活动,许多旧中国新闻工作者纷纷进行自我批判、自我否定,通过否定"旧我"——挖掘"旧我"的思想根源——宣誓塑造"新我","重新确认自己的认同"。由此,新中国成立后,新的中央政府在极短时间内接管、改造旧的新闻工作者,使之迅速成为为新中国建设服务的新闻工作者。

新中国对旧中国新闻工作者的改造,伴随对新闻教育机构的改造和对资产阶级新闻学的批判、改造,促进了社会主义新型新闻教育事业的发展。

[①] 方汉奇、丁淦林、黄瑚等:《中国新闻传播史》,中国人民大学出版社2002年版,第349页。
[②] 梅益:《我国人民广播事业概况》,《人民日报》1950年4月23日第3版。

第三节　新闻工作者的引导培育

新中国成立初期，中国共产党对新闻工作者的思想、政治和新闻业务等方面开展了深入细致的教育。在教育实践过程中，初步形成了马克思主义新闻观和中国无产阶级新闻学的理论体系，奠定了中国共产党新闻宣传思想的发展基石，为新中国培养了大批专业人才和领导干部队伍。

一、思想政治教育

马克思主义认为，新闻工作者应具备政治立场、道德品质，应在长时期的工作实践中加强思想政治修养。恩格斯曾提出，要在新闻工作中担任负责的职务，"仅仅有写作才能和理论知识，即使二者确实具备，都是不够的"，"还需要熟悉党的斗争条件，习惯这种斗争的方式，具备久经考验的耿耿忠心和坚强性格，最后还必须自愿地把自己列入战士的行列"。① 列宁把党报编辑部看作"领导者和组织者的参谋部"，强调编辑部是一个坚强的"有组织的整体"和"一个真正钢铁般的组织"，② 具有"坦率、团结和进攻的魄力"③。

新中国成立前夕，毛泽东《对〈晋绥日报〉编辑人员的讲话》和刘少奇《对华北记者团的讲话》即从立场、观点、方法等方面给予新闻工作者极重要的思想武装，影响深远。1948 年 4 月 2 日毛泽东对《晋绥日报》编辑人员的谈话指出，报纸"要尖锐、泼辣、鲜明，要认真地办"，"必须坚持真理，而真理必须旗帜鲜明"。④ 1948 年 10 月 2 日，刘少奇对华北记者团的谈话对新闻工作者的使命、任务、工作路线、工作方法、职业修养等一系列问题做出全面透彻的讲述，并且指出：新闻宣传如果搞得好，"就能引导人民向好的方面走，引导人民前进，引导人民团结，引导人民走向真理"；如果搞得不好，"就存在着很大的危险性，会散布落后的错误的东西，而且会导致人民分裂，导致他们互相磨擦"。⑤ 这实际上是要求广大新闻工作者站在人民大众的立场，配合党的中心工作，体察人民所思所想，以战斗文风激浊扬清。

---

① 《马克思恩格斯选集》第四卷，人民出版社 1995 年版，第 399 页。
② 宋镜明：《毛泽东建党科学体系发展史》，武汉大学出版社 1998 年版，第 56 页。
③ 《列宁全集》第九卷，人民出版社 1987 年版，第 226 页。
④ 《毛泽东选集》第四卷，人民出版社 1991 年版，第 1322 页。
⑤ 《刘少奇选集》上卷，人民出版社 1981 年版，第 396 页。

新中国成立初期的新闻宣传实践与经验(1949—1956)

新中国成立后,广大新闻工作者因为"在农村工作十几年,同农民朝夕相处,农民晨昏作息,喜怒哀乐,都比较熟悉","到了北京,既像刘姥姥进大观园,看什么都新奇、都美气;又像林黛玉进荣国府,不敢多说一句话,多走一步路,唯恐被人耻笑了去"①。针对新闻人才在工作环境方面的不适应和政治素质方面缺乏敏锐性和责任感的问题,党对新闻工作者进行了深入的政治思想教育和革命品质锻炼。

首先,改革新闻学专业课程,培育马克思主义新闻修养。新中国成立初期取消了原有的政治上反动的一切课程,开设马列主义政治理论课;组织学术活动,创造良好的舆论环境,保证党在复杂环境下顺利开展新闻学教育。

其次,出版新闻学著作,传播马克思主义新闻思想。例如,中国人民大学新闻系编的《马克思恩格斯论报刊》《列宁论报刊》,基本是选编马克思、恩格斯、列宁、斯大林等经典作家的新闻学论文。一批判资产阶级办报路线与资产阶级新闻观点的论文集也陆续出版。各类新闻学著作或论文集都以提高新闻工作者的思想意识修养为主要目标,教育新闻工作者始终同党中央保持一致,当好人民的耳目喉舌,不断加强职业道德建设,保持艰苦奋斗精神。

最后,在整顿和纯化党组织的基础上培养训练新闻工作者。新中国成立初期,"宣传干部还配备不齐(包括专职或兼职的宣传干部)",已有的宣传干部中,"有的还不安心,更多的是不知如何工作"。②对已有宣传干部,党委通过"加强思想调查和定期召开思想分析会"③交流经验,增强了新闻宣传的思想领导工作。此外,中国共产党在全国范围实施了一场大规模整党建党计划,许多市县地区都在党训班与党校及其他训练班中增加了关于训练宣传员的内容,对广大学员施以共产主义理想的教育,并且决定从中发展宣传员。④因此,在整顿和纯化党组织的基础上培养训练新闻工作者成为这一时期对新闻工作者开展思想政治教育的一大特色,思想教育成为培养教育新闻工作者的首要职责。

思想政治教育加深了新闻工作者对无产阶级新闻事业党性原则的认识,培养其坚定的党性修养。一批党性坚强的、有新闻工作能力的党员和政治上可靠的非党员干部构建起新中国的新闻宣传队伍,成为中共健全支部工作的重要力

---

① 李庄:《我在人民日报四十年》,人民日报出版社1990年版,第88页。
② 中共成都市委办公厅印:《关于1955年工矿宣传工作的基本情况和1956年工作任务意见》,成都市档案馆藏,54-1-491。
③ 中共成都市委办公厅印:《关于1955年工矿宣传工作的基本情况和1956年工作任务意见》,成都市档案馆藏,54-1-491。
④ 《苏南工作会议后建网工作的情况及存在问题的通报》,江苏省档案馆藏,3006-1。转引自刘少华:《1950年代中共宣传网研究——以江苏为例》,南京大学2012年硕士学位论文,第40页。

量，也为引导人民群众增强马克思主义理论学习、培育社会主义信仰，作出了卓越贡献。

二、新闻业务培训

新中国成立后，各新闻单位注重新闻学知识的普及，注重实用性知识的传授，亦注重苏联新闻学著作的译介出版，提高了工作者的文化水平及业务能力。全国记协、人民日报社、北京日报社都办过夜大、红专学院，中央党校、市委党校都开办新闻培训班，对新闻干部进行培训。

开展纯洁祖国语言文字的活动，促进新闻工作者端正文风，修正语法和修辞。1951年6月6日，《人民日报》发表了毛泽东修改定稿的社论《正确地使用祖国的语言，为语言的纯洁和健康而斗争》[1]，发起了纯洁祖国语言文字的活动。社论指出，报刊出版物应正确使用祖国的语言来表现思想，"使思想为群众所真正地掌握，才能产生正确的物质力量"[2]。在《人民日报》倡导下，新闻文化宣传战线向全国人民开展了纯洁语言和文字的活动，新闻工作者身体力行，不断修正语法修辞、纯洁语言文字，更好地向群众宣传真理。

开展练笔运动，提高记者的写作能力。1951年2月13日，新华社颁布了《开展练笔运动的决定》，成立了练笔运动委员会，对旨在消灭稿件中事实错误、文法错误与文字冗长现象的练笔运动作了具体部署。[3] 新华社总编室把练笔运动规定为编辑部重要任务，制定了全编辑部及各部门消灭错误的目标与进程，以尽可能提高勘误效率。与此同时，新华社创办业务刊物《新闻业务》，作为全社编辑记者探讨业务、交流采写经验的阵地。[4]

为保障党所确定的宣传任务和宣传内容完整而准确地传递至人民群众中，中央政治局1954年通过《关于改进报纸工作的决议》，提出要进一步加强对新闻工作者的培养和训练：

> 为了加强对新闻干部的培养和训练，中央责成马列学院设立新闻班，负责训练现有省（市）委机关报的总编辑、副总编辑、编委委员，省农民报的总编辑，省以上报纸的党员编辑组长和记者，及条件与此相当的新华

---

[1] 《正确地使用祖国的语言，为语言的纯洁和健康而斗争》，《人民日报》1951年2月13日第1版。

[2] 《中国共产党第一次全国宣传工作会议关于加强党的宣传教育工作的决定（草案）》（1951年），成都市档案馆藏，54-1-15。

[3] 方汉奇、丁淦林、黄瑚等：《中国新闻传播史》，中国人民大学出版社2002年版，第347页。

[4] 方汉奇、丁淦林、黄瑚等：《中国新闻传播史》，中国人民大学出版社2002年版，第347页。

通讯社的、广播电台的和出版机关的党员干部……上述院校的新闻班或选修的新闻课程，应由所在地区的党委机关报、通讯社和广播台的负责人员担任教课工作并编写教材。①

根据上述决议规定，人民出版社即译介出版了《联共（布）中央直属高级党校新闻班讲义汇编》等书，供新闻工作者和新闻系学生学习。② 由于党对新闻工作者的正确教育和引导，新闻工作者大大提高了理论和政治水平。新闻宣传媒体展开卓有成效的新闻宣传战，保证了新中国从新民主主义到社会主义国家的顺利过渡。尽管这种教育模式存在诸多不足，培养的人才"根底不深"，"学术底蕴不足"，③ 但不可否认的是，中国共产党在对新闻工作者的教育实践过程中，成功培育了一批新闻工作优秀人才，构建了以人民日报社、中央人民广播电台、新华通讯社为中心的新闻宣传主渠道与主阵地。

三、工作能力培养

新闻工作者是党和人民群众沟通与交流的桥梁，其业务素质和工作能力直接关系到新闻宣传的效果。新中国成立初期，为保证宣传报道中坚持坚定的政治立场和正确的舆论导向，党和政府注重对新闻工作者的能力培养，提高其宣传解读党政方针的能力和回应群众呼声诉求、引导舆论的能力，具体而言，就是注重培育其观察、思考、表达的能力。

短期训练班和党训班的开设是新闻工作者能力培养的重要途径，有效克服了新中国成立初期新闻工作者数量急剧增长、质量良莠不齐的弊端。宣传网初建时期，中国共产党即提出"训练宣传员是有系统地提高宣传员的政治水平和工作能力的重要方法，也是巩固党的宣传网、保证宣传工作经常化的重要方法"④。从全国范围审视，新中国成立初期虽未开办大规模、有系统的专业机构，但时间短、规模小、见效快的短期训练班和规模大、人数多、次数多、时间长的党训班均被广泛采用，大大提高了新闻工作者的党性修养和业务能力。在广大农村地区，互助组训练班亦是培训宣传员的一种途径。"凡互助组长、

---

① 中共中央宣传部办公室印：《中共中央关于改进报纸工作的决议》（1954年7月17日），四川省档案馆藏，建川003-113。
② 吴廷俊：《中国新闻史新修》，复旦大学出版社2014年版，第410页。
③ 吴廷俊：《传播学的导入与中国新闻教育模式改革》，《新闻大学》2002年春季号。
④ 《怎样加强宣传员的训练工作》，江苏省档案馆藏，3006-107。

互助组中的劳动模范、骨干分子，只要符合条件，应放手发展为宣传员"①，并在训练班中进行宣传网工作的教育。

新中国成立初期，中国共产党基层组织薄弱，通过党训班、互助组训练班等形式，不仅发展了大批党员，壮大党员队伍，巩固了党在地方的执政地位，并且为培养优秀的新闻工作者提供契机，推动其能力发展，基本实现了新闻工作者"既以理论家的身份，又以宣传员的身份，又以鼓动员的身份，又以组织者的身份'到居民的一切阶级中去'"② 的现实要求。

本章小结

新中国成立初期，中国共产党不断推动新闻宣传机构系统化、完善化建设，各级新闻宣传管理机构和执行机构构建了从中央到地方再到基层的上下贯通的层级系统，增强了对意识形态领域的思想和组织领导。中央、地方、基层宣传机构不断建设调整，全国新闻宣传组织机构日趋完善，新闻宣传网络覆盖各地民众，有效把握了社会舆论导向，较好地引导了社会舆论动态。

在构建层次分明的新闻宣传管理机构的基础上，中国共产党科学选拔培育了大批优秀新闻工作者，为展开卓有成效的新闻宣传战，保证新中国从新民主主义到社会主义国家的顺利过渡作出了卓越贡献。大专院校新闻专业的培训，优秀人才的基层选拔和旧中国新闻工作者的改造，是这一时期人民新闻事业人才培育的重要方式，也为形成新闻教育工作的优良传统奠定了基础。

中国共产党在整顿和纯化党组织的基础上增强新闻宣传队伍建设，对新闻工作者开展深入细致的思想政治和新闻业务教育。思想教育成为这一时期培训新闻工作者的首要职责，加深了新闻工作者的政治敏锐性和责任感。通过开设新闻培训班、短期训练班、党训班和开展纯洁祖国语言文字活动、练笔运动等，新闻学知识和实用性知识得到普及，新闻工作者的文化水平及业务能力得到提高。一批党性坚强的、有新闻工作能力的党员和政治上可靠的非党员干部构建起新中国的新闻宣传队伍，筚路蓝缕的新中国新闻宣传事业的先驱在新闻宣传理论与实践中积累了丰厚的历史经验。

---

① 《苏南区党委宣传部关于在互助组建立与加强宣传员工作制度的情况及今后意见》，江苏省档案馆藏，3006－109。

② 《列宁选集》第一卷，人民出版社2012年版，第366页。

诚然，新中国成立初期的新闻宣传机构设置与教育模式存在诸多不足，培养的人才学术底蕴不足，大多数只是一些工匠式的编辑、记者。但不可否认的是，中国共产党在对宣传机构建设与新闻工作者的教育实践过程中，成功构建了以人民日报社、中央人民广播电台、新华通讯社为中心的新闻宣传主渠道与主阵地，有效地建立并强固了党对意识形态领域的思想及组织领导。马克思主义新闻观和中国无产阶级新闻学的理论体系初步形成，奠定了中国共产党新闻宣传思想的发展基石。

第五章 新中国成立初期党的新闻宣传的渠道建设[①]

新闻宣传媒体从属于上层建筑范畴，是一定社会经济基础通过新闻宣传手段的反映。无产阶级新闻宣传事业中，报刊、广播、通讯等新闻媒体不仅是开展新闻宣传活动的强大思想武器，也是中国共产党进行思想引导和理论创造所依托的重要物质手段。新中国成立初期，规模宏大的广播收音网、全面覆盖的报刊宣传网、加速布局的国家通讯网、初步成型的新闻摄影与新闻漫画宣传、生动活泼的群众宣传形成合力，为新中国各项事业顺利发展提供了巨大的精神动力，也成为新生共和国政权统一思想、凝聚共识、重塑社会信仰的重要渠道。

第一节 规模宏大的广播收音网

新中国的成立翻开了广播事业改革发展的历史新篇章，发轫于旧中国20世纪20年代的广播技术在新中国成立初期成为广大家庭最常见的一种新闻宣传媒介技术。在城市，通过对私营广播电台的社会主义改造，中国共产党初步建成了以中央人民广播电台为中心，包括中央、大行政区、省、市四级广播电台的广播收音网。在农村，有线广播进一步普及并形成规模。广播的规模不断增加，人口覆盖率不断提高，技术设施趋于现代化。广播网的建成为拉近中国共产党与群众间的距离，建构群众对新政权的认同提供了重要技术保障。

一、城市广播网全面建成

新中国成立伊始，囿于物资贫乏、交通落后、民众文化水平低、报纸种类

[①] 本章部分内容见邱爽：《中华人民共和国成立初期马克思主义话语体系构建：基于红色文化符号表征的分析》，《华中科技大学学报（社会科学版）》2020年第4期。收入时有改动。

和发行量少等客观条件，新闻宣传工作发展迟滞。广播凭借收听范围大、时间地点固定，且既能转播无线广播电台节目又可通过有线传递本地消息等特点成为最可行且最有力的新闻宣传工具。中国共产党一方面在城市建立广播发射台及电台，接收中央人民广播电台节目，建立地方特色广播节目；另一方面在街道、学校、工厂和商店建立广播收音设备。全国城市广播网基本建成，在满足居民精神文化需求的同时，在政治宣传上作用显著，为中国化马克思主义的传播提供了有利平台。

（一）发挥喉舌功能，以中央人民广播电台为中心的全国广播事业初具规模

新中国成立后，中央人民广播电台逐步成为全国广播事业的中心，初步奠定了新中国广播事业的规模。1950年4月1日，广播事业局发布《关于各人民台联播中央人民广播电台节目的规定》，要求各地转播中央台的节目。[①] 中央人民广播电台发挥喉舌功能，传播社会主义主流意识形态，最终成为亿万中国人民了解国家大事以及党和国家大政方针的重要时政消息来源。

新中国成立伊始，中央人民广播电台对内以政治广播为主。政治性节目中的新闻节目是最重要且听众最多的节目之一，国内外许多重大事件新闻都首先由中央人民广播电台推送给听众。从1949年每天播送两次新闻，到1952年增加到每天八次，再到1957年增加到每天十余次，[②] 中央人民广播电台成为国内民众最主要的新闻来源。其中，"首都报纸摘要""各地人民广播电台联播"两个节目每天都迅速、及时地报道全国各地重要新闻，前者在晨间播出，后者在晚间黄金时间播出，皆拥有广大听众。除新闻节目外，其他政治性节目先后有"评论""讲解""职工妇女""青年节目""社会科学讲座""自然科学讲座""经济生活""文化生活""工业节目""青年生活""广播政治"等，[③] 内容以思想政治教育为中心，丰富准确，且日趋文艺化。政治性节目为马克思主义在新中国的传播奠定了坚实基础，原本作为党的指导思想的马克思主义成为国家主流意识形态，成为体现中华民族凝聚力的精神信仰。

值得一提的是，以中央人民广播电台为中心，华北、华东、西南、西北、

[①] 郭镇之：《中外广播电视史》，复旦大学出版社2008年版，第170页。

[②] 中国共产党北京市委宣传部编：《北京志·广播通讯社出版篇》，北京市档案馆藏，1-12-863。

[③] 中国共产党北京市委宣传部编：《北京志·广播通讯社出版篇》，北京市档案馆藏，1-12-863。

中南等地陆续建立人民广播电台。至此，以中央人民广播电台为主体、地方广播电台联动的城市广播收音网初具规模。

（二）革新技术，覆盖全国各大城市的广播宣传网建成

新政权初建时期，广播事业发展薄弱，技术滞后，播音系统与收听系统皆不完善。据统计，1949 年全国仅有有线广播站 5 座，广播喇叭 500 个，中央人民广播电台发射功率仅 70 瓦；经历短暂发展，1950 年全国有"49 座人民广播电台"，"使用 89 部长、中、短波广播机向国内外播音"，各电台的输出电力较 1947 年增加了 200 倍，工作人员由 150 人增至 4000 人。[①] 但是，人民广播事业仍处于发展初期，设备差、电力小，广播机的分配和使用也不合理，"全国约有 100 万部以上的收音机，其过半数是在东北和上海"，大部分收听工具掌握在中上层阶级和工商业户手中，基本群众掌握得极少，"许多地方没有收音机，或虽有而未加以有效的使用"。[②] 鉴于此，新中国成立初期采取有力举措，为广播事业发展提供政策与技术保障。

国家颁布一系列政策规定，为在经济技术相对落后的条件下推动广播技术发展提供了制度支持。1950 年 3 月 29 日，新闻总署在北京召开全国第一次新闻工作会议，作出"应在全国建立广播收音网，以便使人民广播事业在确实的群众基础上发挥应有的宣传教育作用"[③] 的决定。1950 年 4 月 23 日，中央人民政府新闻总署在《人民日报》刊发了新中国成立后第一个由中央政府公布的有关无线电广播的政令，即《新闻总署关于建立广播收音网的决定》，对不同的政府机构、社会组织、群众等广播使用情况进行了总体性规定。[④] 1951 年 9 月新闻总署及全国总工会联合发布在全国工厂、企业、矿山中建立广播网的决定。北京地区 300 人以上的厂矿企业、机关学校和群众团体都逐步建立了有线广播站[⑤]，各广播站不仅有条件充分转播中央人民广播电台节目，而且结合各自单位工作设立了宣传鼓动节目。

在政策保障下，国家投入资金，革新技术，提高发射功率，推动广播宣传网建成。北京及全国各地建立了 13 座大功率中、短波直属发射台，至 1957

---

① 梅益：《我国人民广播事业概况》，《人民日报》1950 年 4 月 23 日第 3 版。
② 梅益：《我国人民广播事业概况》，《人民日报》1950 年 4 月 23 日第 3 版。
③ 中国共产党北京市委宣传部编：《北京志·广播通讯社出版篇》，北京市档案馆藏，1-12-863。
④ 《新闻总署关于建立广播收音网的决定》，《人民日报》1950 年 4 月 23 日第 1 版。
⑤ 中国共产党北京市委宣传部编：《北京志·广播通讯社出版篇》，北京市档案馆藏，1-12-863。

年，中央人民广播电台的发射功率比1952年增加了7.4倍，全国范围内有线广播站已有6772座，广播喇叭达到了2987500只。[①] 部分城市还试办了特定内容的职工台、经济台、工商台、广告台和有限广播台等。截至1956年，共有地方广播电台36座，其中省级广播电台27座，其余为地市级广播电台，各地普遍建立了广播收音站。[②]

广播技术革新为建立以中央台为核心，包括中央、大行政区、省、市四级广播电台的广播宣传网奠定了基础，也为新中国成立初期建构人民群众对新生政权的认同与支持提供了重要技术保障，具有划时代的意义。

（三）增辟对象性、教育性广播电台节目，民众思想觉悟提升

新中国成立后，广播节目在内容方面"没有确实的群众基础，与听众联系不够，不能经常得到各种反映，以作为检查和改进工作的根据"[③]。鉴于此，1950年4月，中央人民政府新闻总署召开京津新闻工作者会议，为广播电台确立了"发布新闻、传达政令；社会教育；文化娱乐"三项任务[④]；1952年12月，中央广播事业局召开第一次全国广播工作会议，提出"精办节目"的口号；1954年11月，中央广播事业局召开第二次全国广播工作会议，确定过渡时期广播的基本任务是宣传中国共产党过渡时期总路线和国家建设计划，提高人民的政治觉悟和文化水平。广播事业以确立坚实的群众基础为依归，重视民众思想觉悟的提升，呈现出日趋繁荣的新局面。

广播电台增设对象性节目，增强节目的群众基础。中央人民广播电台陆续开办《首都报纸摘要》（后改称《新闻和报纸摘要》）、《全国各地人民广播电台联播》（后改称《全国新闻联播》）、《自然科学讲座》《社会科学讲座》《对少年儿童广播》等节目[⑤]，面向各类听众编辑播报国内外时事。中国国际广播电台以周边国家和海外侨胞为主要对象，先后开办了越南语、泰国语、缅甸玉、印度尼西亚语、朝鲜语和汉语广州话、潮州话、客家话、厦门话等11种语言或

[①] 北京市地方志编纂委员会：《北京志·新闻出版广播电视卷·广播电视志》，北京出版社2006年版，第11页；国家统计局：《伟大的十年：中华人民共和国经济和文化建设成就的统计》，人民出版社1959年版，第184页。

[②] 郭镇之：《中外广播电视史》，复旦大学出版社2008年版，第170—171页。

[③] 梅益：《我国人民广播事业概况》，《人民日报》1950年4月23日第3版。

[④] 中国共产党北京市委宣传部编：《北京志·广播通讯社出版篇》，北京市档案馆藏，1—12—863。

[⑤] 北京市地方志编纂委员会：《北京志·新闻出版广播电视卷·广播电视志》，北京出版社2006年版，第6页。

方言的对外广播，配合党和政府的各项方针政策，宣传恢复发展生产、社会主义改造、"三反""五反"运动和抗美援朝。

广播宣传注重思想教育性内容与时事性内容的结合。前者通过介绍马列主义、毛泽东思想以及党的方针政策，实现群众思想的高度统一。后者通过报道重大事件，促使人民了解形势。例如，抗美援朝期间，各地电台组织大量节目，包括英雄事迹、前线战况、中朝友谊等内容，并出动广播车到未建立广播收音设备的地区进行宣传。[①] "五反"运动期间，北京市人民广播电台建立全市广播电台联播节目，每天设 90 分钟"五反"特别节目。[②] 在"中苏友好月"宣传中，北京台举办"中苏友声"节目，从当年 8 月份起，每月两次，传达中苏友好关系。[③] 时事性内容与思想教育性内容结合，总体上丰富了群众文化生活，也为提高群众思想觉悟，调动其积极性，以推动社会主义改造和社会主义建设，发挥了重要作用。

二、农村有线广播逐步普及

新中国成立初期，全国文盲率高达 80%（1949 年），且大多数分布在农村，需要发展适宜于不同层次，尤其是适宜广大农村受众的信息传播媒介。此外，中央各项政策方针以文件形式按行政级别层层下发，效率低下，且无法判断执行力度，需要采取可行的信息传播技术将分布在广大乡村地区的群众与新政权紧密联系。在此背景下，兼具广泛性、通俗性与时效性的广播在乡村迅速普及。广大农村家庭统一安装广播，广播的规模增加，人口覆盖率提高，技术设施也趋于现代化。农村有线广播网基本建成，并迅速成为新中国农村思想文化建设的重要阵地。

有线广播是新中国成立后最早进入农村的现代传播媒体，拥有强大的话语权和广泛影响力。新闻总署于 1950 年 4 月发布《关于建立广播收音网的决定》，提出大力发展和推广收音站和农村有线广播站。随后，从中央到县区乡村的广播网形成，在全国乡村基本普及了广播宣传。到 1954 年底，全国共有县广播站 547 个，中小城镇广播站 705 个，有线广播喇叭 49854 只。[④] 1955 年 12 月毛泽东在《征询对农业十七条的意见》中提出："在七年内，建立有线广

[①]《抗美援朝宣传工作计划》（1953 年），北京市档案馆藏，1-12-125。
[②] 何永红：《"五反"运动研究》，中共党史出版社 2006 年版，第 139 页。
[③]《北京市"中苏友好月"工作报告》（1952 年），北京市档案馆藏，1-12-99。
[④] 赵玉明：《中国广播电视通史》，北京广播学院出版社 2004 年版，第 225 页。

播网，使每个乡和每个合作社都能收听有线广播。"① 我国农村有线广播网进一步普及并形成规模。由此，广播真正走进农村千家万户，人民广播宣传事业具备了坚实的群众基础和发展条件。

农村有线广播网的建立与农业社会主义改造高潮来临和国民经济发展是基本同步的。以北京市为例，1955年下半年，北京郊区农村掀起轰轰烈烈的农业合作社高潮，全郊区实现了半社会主义农业合作化；1956年初，实现了全社会主义的农业合作化。农业合作化的高潮为郊区农村有线广播站迅速发展带来契机。早在高潮到来之前，"国务院就另拨下一批收音机，在郊区建立了一些收音站"，但收音机不同于有线广播具有广泛群众性，电台工作人员需下乡组织农民收听，而农村基层领导无法结合本地情况直接向农民进行宣传教育。因此，农业社会主义改造完成后，北京郊区农村有线广播网在迫切需求下生产并发展起来。1955年，北京郊区建成了第一座有线广播站——红星集体广播站。1956年初，北京市根据第三次全国广播工作会议精神，制订了建立郊区农村有线广播网规划，规定建设广播网的详细步骤及广播站的领导、编制等一系列问题，确定了"依靠群众，利用现有设备，分期发展，逐步正规，先到村社，后到院户"的方针和"民办公助"原则。为进一步加强党对郊区农村有线广播网的领导，北京市人民委员会在1956年3月20日第十四次行政会议上决定成立北京市广播管理处，负责郊区在农村广播网的规划，编制年度发展计划，指导广播站的设计，分配器材，训练编辑干部，组织经验交流等工作。1956年，在中共北京市委和北京市人民委员会领导下，郊区农村有线广播站迅速从无到有、从小到大地发展起来。据统计，北京郊区共建立广播站3个，乡广播站28个，负架线500千米以上，安装喇叭6000余只。其中以石景山区发展最快，全区大部分村庄都安装喇叭，南苑、东郊、昌平、京西矿区等区乡也建立广播站。②

广播成为新中国成立初期中国共产党在农村强有力的宣传武器，不仅在新中国重大斗争中发挥重要作用，在经常性工作中作用也极为显著。一是宣传政策，传达政令。党委经常运用广播向农民传达政令，深入细致地宣传党在各个

---

① 中共中央文献研究室：《建国以来重要文献选编》第七册，中央文献出版社1993年版，第431页。

② 中国共产党北京市委宣传部编：《北京志·广播通讯社出版篇》，北京市档案馆藏，1-12-863。

时期的路线方针,"及时迅速地解释党的各项政策,做到家喻户晓"[①]。二是宣传先进,提高群众觉悟。广播站积极邀请先进个人讲话,表扬新人新事,批评落后现象,农民社会主义觉悟不断提高。三是为农业生产服务。广播介绍先进农业技术经验,组织生产和经验交流,成为各级党委的有力助手。在数以百升的水利工地上、造林的山上、深翻地的田间,广播发挥了巨大的宣传鼓动作用;许多广播站直接搬到现场,动员鼓舞农民积极劳动,建设社会主义。四是跃进农村文化生活,普及科学知识。广播增设优秀的文艺节目,并倡导农民亲自走进广播站,演播自己的创作,丰富和活跃了农村文化生活;向农民普及通俗科学知识,不断提高其知识水平。

农村广播宣传阵地的开拓,加速了马克思主义意识形态在农村的传播,并使之在整个农村社会的观念形态上占有统治地位。但发展迅速的农村有线广播站仅为新中国现代传播技术的初步尝试,囿于条件限制,亦存在诸多问题。例如,广播站基层干部缺乏;线路的维护和设备的修理工作较差;广播站工作者缺乏充分训练,教条主义、经验主义等保守落后思想在一定程度上阻碍工作更大规模、更迅速开展。

三、宏大宣传活动和知识讲座

广播作为新中国成立初期党的重要宣传工具和舆论阵地,除在日常宣传工作中潜移默化地教育广大听众外,在新中国成立初期历次重大政治运动中也发挥了尤为显著的作用。各地广播电台围绕党的各项中心工作开展宏大的宣传活动和知识讲座,使党和政府更迅速、灵活、深入地传达政令、调度工作,也为加强社会主义教育,满足群众对科学文化生活的需求,引导群众认同、支持新政权奠定了基础。

抗美援朝期间,为提高广大市民的爱国主义与国际主义觉悟,支援朝鲜前线,曾举行了一次工商联广播大会。参加收听的单位包括北京市所有136个行业和郊区的8个工商联分会,听众达23.8万人以上。大会进行中,136个行业和1.2万多户纷纷打电话和写决心书,表示要踊跃捐献,继续做抗美援朝的爱国工作,群情至为激昂。三小时内,所捐款项即达23.6亿多万元,会后不到十天,全市工商界即捐款215.5亿多万元,超额完成缴款50%的捐献计

[①] 中国共产党北京市委宣传部编:《北京志·广播通讯社出版篇》,北京市档案馆藏,1-12-863。

划。① 此次广播大会有力支援了朝鲜前线，动员了人们抗美援朝、保家卫国的政治情绪。

镇压反革命运动中，各地广播电台反复播送各界人民代表扩大联席会议讨论惩治反革命罪犯的实况录音。据统计，北京市收听人数最少在 30 万人以上，帮助人民进一步具体了解镇压反革命的重要性，发动广大群众参加运动，严重打击与分化了敌人。许多单位把收听广播作为学习镇压反革命的主要材料之一，许多听众在听完广播后，"当场就自动出来控诉特务、恶霸罪行"。② 为宣传取缔"一贯道"反动组织的决定，电台组织受害道徒，忏悔的三才、坛主、点传师现身说法，开展了较全面的揭露"一贯道"罪恶的广播控诉大会。仅北京市一个派出所的调查即指出，"以往每天只三十人退道，广播后每天增加到五、六十人，在一千多退道者中，约一半以上都表示是在收听广播以后，帮助他们认识了一贯道的黑幕，从而鼓励了他们退道的决心"。③

"三反""五反"运动期间，广播除大量组织了斗争贪污犯及解释党的政策的广播大会外，还在电台节目中建立了与违法资本家短兵相接、面对面斗争的指名警告节目，对一批罪行严重、拒不坦白的违法资本家陆续指名警告。许多贪污盗窃分子在收听节目后纷纷坦白了违法事实。声势浩大的广播大会充分显示了广播在宣传中所特有的鼓动性和战斗性，受到广大工人农民欢迎，也鼓舞了他们的战斗热情。

由上所论，广播发挥了鲜明的鼓动性和战斗性，在新中国成立初期历次政治运动中迅速地掀起群众情绪，造成声势浩大的局面。由此，广播大会也作为一种我国独创的广播形式，在深入发动群众的基础上，充分运用广播特点逐步摸索出明确的做法。广播电台通过实况转播和录音广播等方式，直接配合党的政治运动，广泛组织广播大会。

新中国成立初期，广播大会的内容和形式臻于完善，宣传效果显著，广播知识讲座使得时事性新闻和社会主义知识能够快速传递至广大群众中，为群众了解国家时事、方针、政策提供了快捷的渠道。1955 年 3 月以后，北京人民广播电台集中力量开办多种讲座，如"俄语讲座""广播学校"以及"对中小

---

① 中国共产党北京市委宣传部编：《北京志·广播通讯社出版篇》，北京市档案馆藏，1-12-863。

② 中国共产党北京市委宣传部编：《北京志·广播通讯社出版篇》，北京市档案馆藏，1-12-863。

③ 中国共产党北京市委宣传部编：《北京志·广播通讯社出版篇》，北京市档案馆藏，1-12-863。

学教师教学讲座"和其他理论学习讲座等。① 广播知识讲座内容充实,紧密配合北京市各时期中心工作和各项经常性工作,多方面反映了首都人民的思想生活。四川人民广播电台逐步停办了"少年儿童节目""妇女节目""宣传员讲话"等节目,充实了"学习讲座"的人力。其中,"政治学习讲座"每日播音1小时30分钟(每次45分钟,每天两次,每周两篇讲稿,星期一和星期二播出新内容,其余都是重播)。据统计,四川人民广播电台自办的"工人节目""农民节目"和"学习讲座"等7个节目中,拥有固定听众最多的是"学习讲座",计有有联系的城乡干部10万余人,工厂矿山广播站51处。② 广播知识讲座推动形成了广播事业波澜壮阔的发展形势,过往单纯追求形式,脱离政治、脱离群众、脱离实际的广播倾向在一定程度上得到纠正。

广播在党的坚强领导下联系群众,深入实际,节目内容更加准确、鲜明和生动,宏大的宣传活动和知识讲座对人民群众的政治文化生活和全国范围的社会舆论影响深远。广播节目思想性提高,密切配合各战线中心工作,成为人们认同、理解与接受马克思主义思想学说与社会主义价值观的重要载体。

列宁曾把无线电广播称为"千百万人的群众大会"③"不用纸张和没有距离的报纸"④。在新中国百业待兴的特殊时期,建立规模宏大的广播收音网,具有浓厚的政治意涵:进行新民主主义教育和马克思主义理论思想宣传,动员人民群众参加新民主主义建设事业,尤其对在工厂与乡村中击破敌人谣言诽谤和反动思想意义重大。新中国成立初期,基于坚实的群众基础发展起来的人民广播事业,深刻凸显了人民的主体地位和广播事业巨大的公共话语力量,并在一定程度上实现了广播作为"新闻的源泉、教育的讲坛和文化娱乐的工具"⑤的主要功能,对新闻宣传事业的发展和马克思主义国家意识形态的确立巩固都意蕴深远。

---

① 中国共产党北京市委宣传部编:《北京志·广播通讯社出版篇》,北京市档案馆藏,1-12-863。
② 《四川人民广播电台一九五三年工作情况》,四川省档案馆藏,建川128-3。
③ 《必须重视广播》,《人民日报》1951年4月24日第3版。
④ 川西成都人民广播电台主编:《发展人民的广播事业》(1951年),四川省档案馆藏,建国后资料目录(第二册)-8-2/10。
⑤ 中央广播局:《广播通报》第1卷第10期,1950年5月1日编印。

新中国成立初期的新闻宣传实践与经验（1949—1956）

第二节　全面覆盖的报刊宣传网

新中国成立之初，中国共产党重视人民报刊的创建并充分运用报刊推动实际工作，构建了全面覆盖的报刊宣传网络。报刊成为党的强有力的工具，在社会主义革命和建设事业中宣传动员群众，卓有成效地传播马克思主义和马克思主义中国化理论成果。报刊宣传为人民新闻事业发展奠定了有利条件，也深刻影响了群众的理论选择和价值取向，在统一思想、凝聚共识、重塑社会信仰方面取得了巨大成功。

一、以《人民日报》为核心的党报体系

新中国成立伊始，高度集权的政治体制和高度集中的计划经济构建了一元化的党媒（党报）格局。其中，以《人民日报》为核心的党报系统成为这一时期新闻宣传的重要阵地。作为新中国成立初期发行量最大、具有高度权威和影响力的中国共产党机关报，《人民日报》在确立马克思主义在意识形态领域的指导地位，推动马克思主义大众化进程，凝聚全民思想，重塑社会信仰等方面作用卓著。

第一，以意识形态主阵地的理论自觉推进马克思主义、毛泽东思想的宣传普及，为重塑新社会的信仰与认同发挥了重要作用。

新中国成立初期，宣传马克思列宁主义、毛泽东思想是一项极端重要的工作。《人民日报》从干部群众马克思主义水平较低且社会思想芜杂的实际出发，围绕新旧政权更迭及党的历史方位变化之大背景，刊载理论文章和著作选读，开展纪念活动，有效推进了马克思列宁主义、毛泽东思想的宣传普及，形成了"原文刊载"与"通俗化解读"结合、"理论宣传"与"实际运用"结合、"社论引导"与"体裁多样"结合的宣传特点。[①]

《人民日报》是中国共产党中央委员会机关报，也是人民的报纸。在解放战争节节胜利的背景中，《人民日报》于1948年6月15日在石家庄创刊，原为中共中央华北局机关报。1949年8月1日，《人民日报》改为中共中央机关报，面向全国发行；至1952年2月底，发行量已由1948年7月间的4.7万多

[①] 刘长军、谢瑜：《新中国成立初期〈人民日报〉宣传毛泽东思想的当代启示》，《毛泽东思想研究》2016年第5期。

份增加为 9.28 万份。① 1952 年 2 月 13 日，人民日报社在我国各报社中率先与邮政总局签订了"邮发合一"协定，《人民日报》全部移交北京邮局和邮电部邮政总局发行，发行量节节上升。② 可以说，新中国成立初期，《人民日报》同年轻的共和国一同成长，经历政治风云考验，逐步成为中国共产党指导和鼓舞全国人民积极参加社会主义事业、维护世界和平的有力武器，具体表现在两方面：

一是从新旧社会大变革大转型的背景出发，普及马克思主义基本观点，在社会历史观、自然观和宗教观等方面破旧立新。③ 例如，《社会发展史读物中的若干问题》④ 和《对"社会发展史纲"的几点意见》⑤ 等文章，对社会发展的基础、阶级起源、劳动、新民主主义与上层建筑等问题提出质疑，以理论争鸣推进社会发展史宣传。《两本马列主义论宗教的书》推介宣传《社会主义与宗教》《宗教问题选辑》两本经典著作，帮助读者"找到马列主义对宗教问题的基本看法"，并且"从苏联所早已实行并还在实行的宗教政策上找到社会主义国家和人民民主国家对宗教问题的合理态度"。⑥ 冯昌达撰写《〈马列主义与自然科学〉》⑦，推介这本新书，引导人民正确认识自然、对待自然和改造自然，掀起新社会学习自然辩证法的热潮。这类文章增进了民众对马克思主义基本观点的理解，也推动了理论界对马克思主义的深入探研。

二是刊载毛泽东的代表性著作及相关解读文章，引导干部群众深入学习毛泽东原著及思想。从 1950 年 12 月至 1952 年 4 月，《人民日报》连续刊载《实践论：论认识和实践的关系——知和行的关系》《中国社会各阶级的分析》《湖南农民运动考察报告》《中国的红色政权为什么能够存在？》《关于纠正党内的错误思想》《星星之火，可以燎原》《矛盾论》等毛泽东经典著作，⑧ 为广大民众接受毛泽东思想发挥了重要作用。此外，《"实践论"——毛泽东思想的哲

---

① 中国共产党北京市委宣传部编：《北京志·报纸杂志篇》，北京市档案馆藏，1-12-864。
② 北京市地方志编纂委员会：《北京志·新闻出版广播电视卷·报业·通讯社志》，北京出版社 2006 年版，第 84 页。
③ 刘洁、杨连生：《建国初期〈人民日报〉在马克思主义大众化中的作用及其现实启示》，《理论学刊》2015 年第 6 期。
④ 王城：《社会发展史读物中的若干问题》，《人民日报》1950 年 8 月 23 日第 5 版。
⑤ 征鸿：《对"社会发展史纲"的几点意见》，《人民日报》1950 年 10 月 18 日第 5 版。
⑥ 陈驰：《两本马列主义论宗教的书》，《人民日报》1950 年 10 月 18 日第 5 版。
⑦ 冯昌达：《〈马列主义与自然科学〉》，《人民日报》1950 年 4 月 22 日第 5 版。
⑧ 刘洁、杨连生：《建国初期〈人民日报〉在马克思主义大众化中的作用及其现实启示》，《理论学刊》2015 年第 6 期。

学基础》①《马克思主义辩证法的科学性和革命性——学习〈矛盾论〉笔记》②等文章,深入解读毛泽东经典著作,引导干部群众学习毛泽东原著及思想。

第二,《人民日报》1956年改版,为全国新闻改革率先垂范。

《人民日报》1956年改版是一次重大的新闻改革,也是中国共产党独立自主探索党报发展规律的初步尝试。改版前,我国已基本完成对农业、手工业、资本主义工商业的社会主义改造,开始转入大规模社会主义建设,但《人民日报》"从革命到建设"的转变进行得异常艰难,引起编辑部全面反思。报纸缺乏生气,新闻内容不充实,"对于中共的政策宣传不及时、不系统、没有力量",不能反映国内和国际生活的客观实际;文章长篇大论多,"标题呆板、写法笨拙、更没有不同意见的讨论";"无论学术问题和政治问题,都是一家独唱,未见'百家争鸣'的气象"。③ 鉴于此,人民日报社编辑委员会为适应社会主义建设发展,满足广大读者需要,在反思盛行一时的"苏联报纸模式"过程中,针对报纸存在的严重缺点提出了"充实报纸内容"的设想。1956年7月1日,《人民日报》发表《致读者》社论,阐明改版内容,包括扩大报道范围、多发新闻,开展自由讨论、阐发社会言论,改进文风、活泼空气等,重点揭示了《人民日报》是党的报纸,也是人民的报纸的改革方向和改版实质。

改革从拓展版面到改进内容风格,以社会需求和新闻规律为出发点,体现了《人民日报》既是"党的报纸",也是"人民的报纸"和"人民的公共武器、公共财产"④等改革者对新闻理想的切实追求。报纸由四版扩充至八版,并在编辑部内设立了七个部以适应改版需要。⑤ 改版后的《人民日报》一版为要闻版,二、三版为国内经济版(包括工业、农业、商业运输业等),四版为国内政治版(包括党的生活、国家机关工作、群众生活和群众工作,首都新闻和地方通讯、国防、公安和司法等),五、六版为国际版,七版为学术文化版(主要登载学术论文和学术文化动态),八版为副刊(包括各种体裁内容的轻松活

---

① 李达:《"实践论"——毛泽东思想的哲学基础》,《人民日报》1951年2月1日第1版。

② 胡绳:《马克思主义辩证法的科学性和革命性——学习〈矛盾论〉笔记》,《人民日报》1952年9月1日第3版。

③ 北京市地方志编纂委员会:《北京志·新闻出版广播电视卷·报业·通讯社志》,北京出版社2006年版,第81页。

④ 《致读者》,《人民日报》1956年7月1日第1版。

⑤ 编辑部设立的七个部分别为政文部、理论部、工业和商业部、农村部、文艺部、国际部、记者部。此外,总编辑室设有九个组,即报纸研究组、一版编辑组、读者来信组、图片摄影组、检查组、校对组、国内资料组、美术设计组、新闻动向编辑组。为适应编辑工作需要,还设有图书馆。参见中国共产党北京市委宣传部编:《北京志·报纸杂志篇》,北京市档案馆藏,1-12-864。

泼、短小精悍的文艺性文章）。① 八个版面满足了不同读者从不同方面了解社会发展变化的客观需求。

报纸合理安排编辑记者的力量，改进编辑部的组织领导工作。例如，实行"站社合并"，将人民日报社驻各地记者站与新华社各地分社合并，密切了报纸与各地党委及广大人民群众的联系，使编辑部能及时了解各地的新情况、新经验、新问题。人民日报社驻各地记者站原有记者 30 多人，同新华社各地分社合并后增至 300 多人（不属于人民日报社编制），全部记者均下放省委领导。② 此外，人民日报社国外记者站和新华社的国外分社也实行合作，增强了国际宣传力量。人民日报编辑部在改革后试图用一种新的方式来实现党报作用，以对新闻本质的深刻认识和推动改革的勇气，实践"扩大报道面、开展自由讨论、改进文风"等主张，给报纸带来前所未有的新气象。

《人民日报》的新闻改革是在革命中诞生的、与战争年代相适应的"以宣传为本位"的党报模式向"以新闻为本位"回归的伟大实践，亦是"如何在社会主义建设条件下办好一张能够体现报纸本质的党报"的积极探索，为全国性新闻改革作出垂范。改版后，《人民日报》报道范围扩大，涉及社会生活各领域，批评性报道增多，文风改进，皆为全国党报及其他报纸树立了标杆。《光明日报》《工人日报》《中国青年报》学习《人民日报》改革经验，结合各报情况，在如何办好一张社会主义大报的目标下各自总结、肯定和发挥独有的传统优势，分别办出了特色。③

新中国成立初期，以《人民日报》为中心、以党报为主体的社会主义公营报刊系统日趋成熟，中共党报体制基本形成。④ 截至 1950 年，全国各大行政区、省、直辖市基本都建立了党委机关报，党报在各类报刊中占优势地位。⑤ 此期以《人民日报》为核心的党报系统高度契合新中国从农村到城市、从革命战争向生产建设转换的发展方向，大大推进了马克思列宁主义、毛泽东思想的宣传普及。

---

① 中国共产党北京市委宣传部编：《北京志·报纸杂志篇》，北京市档案馆藏，1-12-864。
② 中国共产党北京市委宣传部编：《北京志·报纸杂志篇》，北京市档案馆藏，1-12-864。
③ 北京市地方志编纂委员会：《北京志·新闻出版广播电视卷·报业·通讯社志》，北京出版社 2006 年版，第 10 页。
④ 王琛：《新中国党报 60 年的发展与变革》，《深圳大学学报（人文社会科学版）》2009 年第 3 期。
⑤ 丁淦林：《中国新闻事业史》，高等教育出版社 2002 年版，第 389-390 页。转引自王琛：《新中国党报 60 年的发展与变革》，《深圳大学学报（人文社会科学版）》2009 年第 3 期。

二、以《解放军报》为核心的军报体系

新中国成立初期，以《解放军报》为核心的军报系统肩负着凝聚全军思想的重大历史使命。全国共设东北、华北、华东、中南、西北、西南六大军区，各军区下设党委机关报，例如华东军区党委机关报《华北解放军》、西南军区党委机关报《人民战士》、东北党委机关报《前进报》等。其中，《解放军报》是面向全军全国发行的中央军委机关报，是中国共产党在军队的喉舌和中国人民解放军新闻宣传工作的重要阵地。中国共产党通过《解放军报》对全军进行思想及工作指导，鼓舞、激励广大官兵的觉悟和斗志，统一思想，提升军队战斗力和军队不断跃进之精神力量。

为适应中国人民解放军总部各机关加强对全军思想领导和工作指导的要求，《解放军报》于1955年上半年筹办创刊，1956年1月1日正式出版，为双日报，每周星期三、四、六出版，1957年1月1日改为日报，毛泽东亲自为《解放军报》题写报名。[①]《解放军报》由中国人民解放军总政治部出版，主要在部队内部发行，县以上党政机关、高等学校和较大的厂矿企业机关中也发行了一部分。

《解放军报》主要宣传三方面内容：宣传国家的形势任务和党的路线政策；反映部队生活，指导部队军事政治训练和各项工作；宣传理论、文化、科学知识。根据宣传内容，各版亦分工明晰：一版为要闻版，包括社论、国内外重要新闻及反映部队生活的新闻和通讯等；二版为部队工作指导版，包括指导部队训练和各项工作的新闻、通讯、论文等；三版为理论、文化版，包括思想指导、理论学习、文化生活、科学知识、体育活动的文章及"党团生活"专栏；四版为时事政策版，包括国内外新闻、社会主义国家经济建设和部队生活报道、时事政策教育材料等。[②] 新中国成立初期，《解放军报》通过宣传全军任务和各总部的命令及指示，指导军事政治训练；通过宣传党的路线政策、毛泽东军事思想，成为党在军队的喉舌；通过介绍苏联先进军事科学和社会主义各国兄弟军队情况以及我军光荣传统和各种英雄模范事迹，最终成为军队舆论宣传的重要阵地。

《解放军报》与军队其他机关报刊初步构成军报体系，宣传党的路线、方针、政策和中央军委、军区党委对部队建设的重大决策、指示及工作部署，并

---

① 中国共产党北京市委宣传部编：《北京志·报纸杂志篇》，北京市档案馆藏，1-12-864。
② 中国共产党北京市委宣传部编：《北京志·报纸杂志篇》，北京市档案馆藏，1-12-864。

大力报道军区指战员事迹，反映基层官兵呼声，取得了有益的宣传效果。

三、以《光明日报》为核心的民主党派报纸体系

新中国成立，新政权迫切需要话语的建构与论证，以建立交流平台，团结全国各民主党派和各界爱国人士，达到"民主、和平、独立、统一"的政权建设目标。

《光明日报》是民主党派和无党派民主人士共同主办的中央一级国营的报纸。1949年6月16日在北京创刊，由中国民盟主办；1953年1月，改为各民主党派共同主办。初创时期其基本任务包括贯彻共产党和人民政府的方针政策，宣传社会主义建设和社会主义改造，促进新中国科学文化建设和知识分子的思想改造。[①] 根据《光明日报》在新中国成立初期所宣传的主要政治思想及版面的重大变化，大致可分为三个阶段：

第一阶段从1949年6月16日创刊至1952年，此期是国家国民经济恢复和民主改革时期，《光明日报》由中国民盟主办，并作为全国性报纸着重进行统一战线和文化教育的宣传报道。在创刊号社论中，《光明日报》提出宣传纲领："民主、和平、独立、统一是中国民主同盟奋斗的目标，也就是光明日报的奋斗目标。但是要达到民主、和平、独立、统一的目标，并且建设自由幸福富强的新中国，首先要依靠工农大众的力量和中国共产党的领导，同时也必须团结全国各革命阶级，各民主党派和各界爱国人士，共同来努力。"[②] 1950年全国新闻工作会议以后，按照会议决定的精神，《光明日报》进一步明确以统一战线和文教工作为宣传报道的重点，并且以"结合民盟的政治任务，着重联系、团结和改造民族资产阶级和小资产阶级知识分子"为特殊宣传任务。在创刊一周年社论中，更提出"要以知识分子的团结改造，作为本报的中心任务"。[③]

围绕此期宣传任务与编辑方针，《光明日报》着重进行了四方面工作：其一，报道民盟和其他民主党派活动；其二，"经常以大约四分之一的篇幅报道文教建设"，讨论新学制问题及阐述高等学校的课程改革、院系调整、爱国主义教育、新的教学方法、学习苏联教育经验问题等；其三，报道民主党派成员、高级知识分子和民族资产阶级（包括有地位的工商业者）参加抗美援朝、

---

① 中国共产党北京市委宣传部编：《北京志·报纸杂志篇》，北京市档案馆藏，1-12-864。
② 中国共产党北京市委宣传部编：《北京志·报纸杂志篇》，北京市档案馆藏，1-12-864。
③ 中国共产党北京市委宣传部编：《北京志·报纸杂志篇》，北京市档案馆藏，1-12-864。

土地改革以及参加政权工作的情况；其四，联合有关学术团体先后合办了《文学遗产》《哲学》《文艺生活》《科学》《史学》《文字改革》《图书评论》《教育研究》等8种专刊，受到读者欢迎。① 这些工作对巩固发展人民民主统一战线，激发广大民族资产阶级和知识分子思想改造，推动学术自由讨论，发挥了积极、重要的作用。

第二阶段从1953年至1954年，此期党的过渡时期总路线总任务提出，《光明日报》改为各民主党派共同主办，继续进行统一战线的宣传报道，并着重宣传国家文教建设和人民文化生活，以更好地为经济建设服务。这一时期的宣传内容较为突出的是，介绍了高等学校的教学改革情况及开展科学研究工作的经验，系统组织了学习苏联先进经验的宣传。

第三阶段从1955年至1956年，此期明确规定《光明日报》是面向全国人民，以高等学校、中等专业学校的教师，学生，国家机关工作人员，文化界及其他各界（包括各民主党派的成员）中、上层知识分子为主要读者对象的报纸。编辑方针发生改变，一方面仍以文化教育为宣传重点；另一方面逐步加强关于国家机关工作和民族工作的宣传报道，继续进行关于民主党派活动的报道，并加强国际问题的宣传。1955年1月，《光明日报》在编排形式上进行重大改革，由直排改为横排，引领报刊排版改革的潮流，是为历史性突破。同时，根据1954年党中央宣传会议关于进一步改进报纸工作的决定，改进宣传内容，加强报纸宣传同实际的联系，注意开展报纸上的批评与自我批评。这一时期，报纸开展了学术自由讨论和对封建思想、资产阶级唯心主义思想的批判，进行了卓有成效的辩证唯物主义宣传和共产主义道德教育宣传，提高了民众的政治觉悟。

在"团结起来，光明在望"②的指导思想下，《光明日报》在新中国成立初期的宣传实践奠定了其面向中国知识分子的全国性大报地位，为团结激励广大知识分子，巩固和发展人民民主统一战线作出卓越贡献。同时，以《光明日报》为核心、其他民主党派报纸共同构成的民主党派报纸体系初步形成。据统计，1953年我国共有民主党派及各类团体报纸15家③，为团结各民主党派和各界爱国人士提供了重要基础。1956年中国国民党革命委员会中央委员会创办《团结报》，进一步为统一战线和民主党派工作服务。

---

① 中国共产党北京市委宣传部编：《北京志·报纸杂志篇》，北京市档案馆藏，1-12-864。
② 毛泽东为《光明日报》创刊题词为"团结起来，光明在望，庆祝光明日报出版"。
③ 党静萍：《多元信息环境下公务员的传媒素养研究》，人民出版社2011年版，第41页。

四、以《工人日报》《中国工人》为代表的行业类报刊体系

在新中国的社会系统中，各行各业都有特定的位置和作用。行业类报刊定向性强，在行业内部为各方面互通情报服务，面向社会则发挥着沟通内外信息的桥梁作用。据统计，1953年全国共有专区以上报纸258种，其中工会报纸17种，农民报纸23种。[①] 新中国成立初期，以《工人日报》《中国工人》为代表的行业类报刊以共产主义教育与工农联盟教育为核心内容，通俗浅显、图文并茂地"宣传共产主义与共产党"[②]，为强固人民群众主体力量和工农联盟阶级基础提供了充分条件。

《工人日报》创刊于1949年7月15日，由中华全国总工会主办，以全国广大职工群众（包括企业中的党、政、工会干部和工程技术人员）为主要读者对象。创刊时即规定主要任务为"宣传和贯彻党的路线、方针、政策和中心工作任务，特别是关于社会主义工业建设（包括交通运输和商业）的方针和措施；宣传职工群众在社会主义建设中的革命干劲和模范事迹；宣传企业中的政治工作和管理工作经验，交流各地工会工作经验；对职工群众进行共产主义教育和工农联盟教育"[③]。

《中国工人》创刊于1956年1月，由中华全国总工会主办，是面向广大工人群众进行政治思想教育的通俗报刊。该报包括要闻版、经济宣传版、共产主义教育版和国际时事及副刊综合版共四版。作为向工人群众进行思想教育的报刊，《中国工人》宣传党在每一个时期的中心工作和工业建设中的重大问题和先进经验，推介工会工作中的典型经验，并结合群众思想及具体实际向读者进行共产主义教育，为解决工人在革命斗争和生产建设中的思想问题提供了有力平台。

这类报纸有两大特点。一是正面教育与思想批判结合，对提高工人政治思想水平，调动工人的积极性与主动性大有助益。在正面教育方面，除经常登载有关共产主义和党的时事政策的解释性"论文"；《中国工人》还针对思想问题，登载正面典型人物的"特写""故事"和反映新气象、新成就的"通讯"等。思想批判方面，除经常登载"思想漫谈""思想杂谈"等批评类文章，也适当登载"小品""漫画""相声"，以诙谐的形式批判部分社会问题。

---

① 中国共产党北京市委宣传部编：《北京志·报纸杂志篇》，北京市档案馆藏，1-12-864。
② 中国共产党北京市委宣传部编：《北京志·报纸杂志篇》，北京市档案馆藏，1-12-864。
③ 中国共产党北京市委宣传部编：《北京志·报纸杂志篇》，北京市档案馆藏，1-12-864。

二是在充实内容的基础上，通俗浅显、生动活泼、图文并茂地向工人群众进行马列主义思想教育。这一时期特别受读者欢迎的栏目除了"论文""思想修养""思想漫谈""思想杂谈""特写""故事""革命领袖故事""革命斗争故事""工厂史""大家谈哲学""大家画"，还有"讲座"（或"讲话"）。"讲座"栏目针对广大工人迫切需要解决的思想认识问题，及时系统地登载专题讲座或讲话，提出当前工人中较普遍或较突出的问题供群众讨论。这些栏目基于工人群众的文化水平和思想实际，多层次地呈现其丰富多彩的生活和鲜活的事例，充分反映工人的意见和要求，加强了报刊同工人的联系。

以《工人日报》和《中共工人》为代表的行业类报刊体系形成，成为反映和报道各行业人民生活，鼓舞人民参加劳动的主要平台，也为报道国家建设的新成就与新气象，宣传共产主义与中国共产党，创造了有利条件。

五、以《政治学习》为代表的理论刊物体系

新中国成立初期，中国共产党创办了一批有影响力的理论刊物，对研究、学习、宣传马克思主义大有裨益。例如《政治学习》杂志，详细介绍了马克思主义哲学、政治经济学、科学社会主义，对马克思、恩格斯、列宁的重要观点和学习马克思主义的基本方法，以及理论工作者传播马克思主义的基本经验等都有精辟阐释。也有一些刊物专门刊发苏联以及东欧学者对马克思主义理论研究的文章，如《哲学译丛》《经济译丛》《政法译丛》等[1]，推进学术界对马克思主义的深入探研。

《政治学习》是一本初级政治理论刊物，1955年1月创刊，它的方针和特点是"紧密地联系我国社会主义建设的斗争和生活，结合党的方针政策和群众的思想认识，通俗地讲解马克思主义的基础知识"，每期印数一直保持在50万份左右。[2] 初创时，为适应农村县区干部的迫切需要，《政治学习》确定了刊物的编辑任务：密切结合国家社会主义建设和社会主义改造的实际，较为系统地向读者进行党的总路线、党的互助合作政策、共产主义和共产党三个方面的政治思想教育。随后，为了与其他报刊有更明确的分工，《政治学习》在内容和形式上进一步明确规定：以毛泽东经典著作为中心，结合各种理论思想问题，通俗地向读者讲解马克思主义的基础知识；同时，在学习方法上给予读者

---

[1] 徐建飞：《建国初期马克思主义意识形态社会化研究》，南京师范大学2013年硕士学位论文，第16页。

[2] 中国共产党北京市委宣传部编：《北京志·报纸杂志篇》，北京市档案馆藏，1-12-864。

必要的辅导，包括共产主义、辩证唯物主义和历史唯物主义、政治经济学的基础知识以及干部思想修养、学习方法辅导等。在各项政治运动中，《政治学习》及时发表文章，用马克思主义的基本原理给予分析和说明，以提高读者的思想认识。《政治学习》刊载的文章既有理论色彩，又与实际紧密联系，篇幅短小，形式多样，受到读者的欢迎。

值得一提的是，对不同文化程度的读者对象，中国共产党在其他非理论刊物上也有针对地宣传马克思主义基本理论。例如，《新建设》面向高等学校教师和学生、中等学校教师，全国学术工作者、理论工作者、机关干部及其他爱好阅读者宣传马列主义，"团结学术界人士，学习马克思列宁主义，共同探讨学术方面、特别是社会科学方面的各种问题"；《新华半月刊》主要针对机关干部和科学研究工作者，"编选宣传马克思列宁主义"。[1] 理论刊物与非理论刊物的理论宣传，对加强马列主义基本理论的文本建设、建立扩大马克思主义理论队伍、提高全社会马克思主义理论水平都大有助益。

六、以黑板报与小报为代表的基础性宣传体系

在实际宣传过程中，为促进国家力量与国家意志进一步渗透和延伸至城乡社会的基层群体中，中国共产党采用小型的、分散的、于群众方便的大众化宣传方式，深入城市的车间、机关学校、家庭，以及乡村及少数民族地区的田间地头进行宣传。此期，以黑板报、小报、墙报等为代表的基础性宣传体系成为国家政权建设和群众动员的重要力量，黑板报在农业集体化运动时甚至成为乡镇和公社生产大队党组织的"机关报"。

在城市，黑板报根据各市中心工作任务，结合群众实际情况，以逐步提高人民思想政治觉悟并配合各种运动和建设为基本任务，主要进行时事政策宣传。从1950年《成都市黑板报工作暂行办法》可审视此期黑板报的主要方针、内容、形式、稿件及设置等具体情况。

成都市黑板报工作暂行办法

　　方针与任务：根据本市中心工作任务，结合群众实际情况，以逐步提高劳动人民的思想政治觉悟，进行时事政策宣传，配合推进各种建设工作，为黑板报的基本任务。

---

[1] 中国共产党北京市委宣传部编：《北京志·报纸杂志篇》，北京市档案馆藏，1-12-864。

内容：

1. 报道本市有关治安，反特，生产，建设，金融，贸易，民主设施，文化教育，卫生等各种工作情形与经验，反映劳动人民的要求与意见，表扬工作中之各种英雄模范事例。

2. 宣传政府政策法令。

3. 摘录或记录川西日报与广播电台之重要新闻与大的胜利消息。

4. 办理人民问答，为各界人民解答各种问题。

形式：

1. 篇幅要求简短扼要，标题鲜明。

2. 词句通俗大众化，用正楷字登写。

稿件：

1. 在工人劳动群众，学生，市民中建立基本通讯小组。

2. 发动群众写稿，实行大家办，大家看的办法，但稿件须由文化馆统一审查。

设置：

1. 文化馆必须办好一块，各机关学校均可办理，但如内容有违反政策，违反事实者，区公所得指令纠正，必要时报请教育局批准令其停办。

2. 黑板报应有计划地安放在群众集中的地方。①

可见，城市黑板报以"通俗""大众化"的内容，以"大家办，大家看"的形式，"安放在群众集中的地方"，深入基层劳动人民群体，发挥新闻宣传的传播与导向功能，为奠定中国共产党执政合法性的思想基础，实现马克思主义的大众化发展奠定了坚实基础。例如，"三反"运动期间，北京市车站各车间黑板报针对贪污分子的各种思想顾虑，画出怕追赃、爱面子、怕处分、谈小的不谈大的等类漫画，并交代政策，使贪污分子敢于谈出自己的问题。②通过宣传，以贪污、腐败为耻，以朴素、廉洁为荣的社会风尚流行起来。

在乡村，新中国成立初期三四年，黑板报主要由基层群众主办，农业集体化运动时逐渐转变为乡镇和公社生产大队党组织的"机关报"。乡村党组织通过健全黑板报的运作机制，使乡村黑板报的面貌焕然一新，为更好地开展思想动员与政治动员奠定了基础。值得注意的是，此期黑板报与读报工作结合，每

---

① 中共成都市委宣传部编印：《成都市黑板报工作暂行办法》（1950年），成都市档案馆藏，56—1—4。

② 王欣媛：《三反运动中的文艺宣传工作》，《三峡大学学报（人文社会科学版）》2014年第6期。

期报纸上的重要消息被读报员登上黑板报,有力推动了新政权的文化建设和宣传鼓励工作。据统计,1951年12月,山东省海阳县全县有村板报774块,但通过半年来的读报工作,全县建立起987块村板报。① 黑板报成为中国共产党动员农民、组织农民走社会主义道路的强有力的乡村新闻媒体。

新中国成立初期,小报作为大众化、基础性宣传媒体,曾短暂存续,发挥了一定的积极作用,满足了部分市民的文化需要。以上海市为例,上海解放后,报业的破旧立新成为必然。中国共产党在确立《解放日报》党报核心与权威的同时,有计划、有步骤地对上海旧报业进行整顿与改造。由于小市民"习惯上对小报的嗜好",上海在复杂的小报市场(解放前有各类别十余种小报)中保留了《大报》与《亦报》种,冀望将这两种报纸作为对"落后小市民的一种改换气质的辅助教育"②。两种小报的发行量在1950年第四季度达到顶峰,《大报》在1950年底日销数达到最高的32000份左右,《亦报》在1950年10月销量最高达到每日27000份以上。③ 但是至1952年底,随着公营新闻宣传事业体系和党的思想文化领导权的确立,小报最终停办。小报在新中国成立初期的短暂历史,深刻反映出中共对报业的整顿思路,折射出新中国成立初期我国文化格局的嬗替。④ 但不可否认,在新旧社会过渡的特殊历史时期,小报作为大众化、基础性宣传媒体,发挥了一定的积极作用。

黑板报、小报、墙报等所代表的基础性宣传体系以小型、分散、与群众联系密切等特点,在满足广大民众参与政治生活的需要中具有独特的功能与价值。它们扩大了新闻宣传的覆盖面,激发了人民群众建设新中国的热情和创造力,也有助于共同信仰与价值观的确立。

第三节　加速布局的国家通讯网

新中国成立后,国家通讯网迅速建成,成为党中央与人民群众息息相通的精神导线,也成为我国人民与世界各国人民联系的最重要渠道之一。新华社迅

---

① 川南区首届报纸工作会议大会秘书处编印:《川南区首届报纸工作会议资料》,四川省档案馆藏,建国后资料目录(第二册)-8-9/8。
② 《关于小报》,上海市档案馆藏,Q431-1-74。转引自龙伟:《上海解放初期中共对小报的改造与整编》,《中共党史研究》2015年第3期。
③ 《关于亦报发行工作的材料》,上海市档案馆藏,G21-1-278。转引自龙伟:《上海解放初期中共对小报的改造与整编》,《中共党史研究》2015年第3期。
④ 龙伟:《上海解放初期中共对小报的改造与整编》,《中共党史研究》2015年第3期。

新中国成立初期的新闻宣传实践与经验（1949—1956）

速从战争年代的党中央通讯社转变为集中统一的国家通讯社，在国内和国际的新闻传播中担负起重大责任，成为强有力的中央新闻宣传机构。中国新闻社成立，以对外宣传为主要任务，广泛报道祖国的政治、经济、文化等方面建设成就和侨乡情况，促成爱国华侨大团结。至此，国家通讯网建成，新中国的通讯事业初具规模。

一、新华通讯社：国家通讯社走向世界

新华通讯社（简称新华社）是中华人民共和国的国家通讯社，是国家集中统一的新闻发布机关，也是中国最大的新闻信息中心和国际上具有重要影响的新闻机构。新华社总社设在北京，其前身是1931年11月7日成立于江西瑞金的红色中华通讯社（简称红中社）[1]，曾在中共中央指导全国革命斗争的过程中发挥重要作用。

新中国成立后，新华社逐步统一和调整了全国各地组织，结束了战争年代分支机构带有浓厚地方性和分散性的状态，成为集中统一的国家通讯社。1950年3月28日，中共中央发出《关于改新华社为统一集中的国家通讯社的指示》，同年4月，中央人民政府新闻总署通过《关于统一新华社组织和工作的决定》。[2] 1950年11月，新华社第一次全国社务会议明确提出，新华社是"全国性的国家通讯社，是对全中国和全世界进行有系统的宣传鼓动工作的最有力的工具之一"[3]。新华社的组织和业务规模都进一步发展，并且在加强全国性通讯社建设的同时，开始向世界性通讯社迈进，具体表现在以下几方面：

首先，新华社作为国家通讯社，统一集中地发布新闻。1949年12月9日，《中央人民政府政务院关于统一发表中央人民政府及其所属各机关重要新闻的暂行办法》指出：

> 凡须经过中央人民政府委员会、政务院、人民革命军事委员会、最高人民法院和最高人民检察署通过或统一的一切公告（如文告、法律、法令、决议、命令、训令、计划、方针、外交条约、外交文书、判决、起诉书等）以及须经上述机构负责首长同意后发布的一切公告性新闻（如关于政府会议、政府重要措施、政令解释、工作总结、外交实践、重要案件等

---

[1] 北京市地方志编纂委员会：《北京志·新闻出版广播电视卷·报业·通讯社志》，北京出版社2006年版，第345页。
[2] 北京市地方志编纂委员会：《北京志·新闻出版广播电视卷·报业·通讯社志》，北京出版社2006年版，第345页。
[3] 新华社编辑研究部：《新华社文件资料选编》第二辑，新华出版社1953年版，第112页。

的新闻），均由国家通讯社即新华社统一发布。①

1950年公布的《中央人民政府政务院关于中央人民政府所属各机关发表公告及公告性文件的办法》又指出：

> 凡属：中央人民政府及其所属各机关的一切公告及公告性新闻，均应交由新华通讯社发布，并由《人民日报》负责刊载；如各种报刊所发表的文字有出入时，应以新华通讯社发布、《人民日报》刊载的文字为准。②

上述文件明确规定了新华社的性质和任务，体现了新华社作为国家通讯社的重要职能。

其次，成为全国消息总汇和信息服务中心。新中国成立初期，新华社就提出成为全国消息总汇的总方针：根据党的总路线和各项政策以及国内外形势，充分、及时、精确地报道对人民群众有教育意义和对实际工作有指导意义的新事物、新人物和新经验。此后，又对消息总汇的具体内容作了新阐释，即"在全国和全世界采集和发布有关中国和外国的政治、经济、文化和其他一切重要的、引起共同兴趣的新闻（包括文字的、照片的）提供中央和各有关方面参考"③。由此，新华社承担着向全国新闻媒体提供稿件的任务，为报纸、广播电台供稿。新华社新闻是否受到各新闻单位欢迎，采用率多少，成为衡量新华社工作成绩的重要标准之一。这一时期，通过记者的深入调研和采访，一些有影响的稿件涌现，如《北京今夏的奇迹》④《北京下水道的新生》⑤ 等。这些稿件经总社播发后，被许多报纸刊登，在全国产生了重大影响，有的还被外国通讯社转发。

最后，开始承担国家对外宣传任务。编辑部专门设立了国际部，按地域下设东方组、西方组、苏联东欧组、外文编译组、国内政治组等。1950—1952年间，新华社开始从事对外宣传工作，如报道中国与苏联及各人民民主国家的友好外交关系，宣传全国开展的反对美国侵略朝鲜和我国台湾的运动，介绍世界各国争取和平、反对战争的人民运动及亚洲各国人民的民族解放运动等。

---

① 北京市地方志编纂委员会：《北京志·新闻出版广播电视卷·报业·通讯社志》，北京出版社2006年版，第346页。
② 北京市地方志编纂委员会：《北京志·新闻出版广播电视卷·报业·通讯社志》，北京出版社2006年版，第346页。
③ 北京市地方志编纂委员会：《北京志·新闻出版广播电视卷·报业·通讯社志》，北京出版社2006年版，第347页。
④ 沈容：《北京今夏的奇迹》，《人民日报》1952年6月27日第3版。
⑤ 沈容：《北京下水道的新生》，《人民日报》1952年7月13日第3版。

新中国成立初期的新闻宣传实践与经验（1949—1956）

1952年底，新华社已有平壤、莫斯科、新德里、柏林等6个国外分社，每日播发5000字的对华侨广播、8000字的对国外英文广播、70万份新闻照片。①

值得注意的是，新中国成立初期，在指导思想上，新华社将对外报道提高到与对内报道同等重要的地位。1953年2月，新华社召开第一次国外分社会议，确定国外分社的报道方针是"立足国外，面向国内，面向东方及世界"。3月，新华社第三次全国社务会议提出"内外并重"的报道方针，强调加强对外报道，并提出发展国外分社的计划。② 朝鲜战争进入谈判阶段后，新华社首次派记者出国采访，以"吴敏""江南"笔名发表的谈判评论引起西方媒体广泛关注。1954年的日内瓦会议、1955年的亚非万隆会议后，新华社开始进入长期被西方媒体垄断的世界舆论阵地。1956年，新华社记者采访了美苏巴黎首脑会议、贝尔格莱德不结盟国家首次首脑会议等国际会议。一系列有影响力的对外宣传初步实现了中国声音的世界表达，使中国新闻媒体开始进入世界舆论阵地。

总的来说，新中国成立初期，中国进入大规模建设社会主义时期，新华社成功地将战争年代形成的分散的组织和业务观念转变到集中统一的全国消息总汇和信息服务中心的定位上。在新中国迫切需要获得和平发展环境的大背景下，新华社增强对外宣传，冀望把"地球管起来，让全世界都能听到我们的声音"③。此外，新华社逐步实现了从组织机构、业务工作到财务制度的全面统一，完成了从性质、职能到工作任务的重大转变，一个统一集中的国家通讯社基本形成。

二、中国新闻社：对外宣传的专业机构

新中国成立时，海外共分布着1300多万名华侨，大部分居住在印尼、马来西亚、新加坡、泰国等东南亚国家和北美，他们迫切渴望了解新中国情况。但囿于历史和现实的诸多因素，当时海外的94家华文报纸大多数被美国封锁或台湾政权拉拢，④ 不实宣传充斥报刊广播，以致在华侨中造成混乱。少数华文报刊虽有正确介绍祖国情况的意愿，但缺乏中国新闻的直接来源，且在抄收国内通讯的英文电讯时存在政治上和技术上的困难。因此，成立一家直接向海

---

① 习少颖：《1949—1966年中国对外宣传史研究》，华中科技大学出版社2010年版，第27页。
② 马胜荣：《走向世界：新华社国际报道70年》，新华出版社2001年版，第527页。
③ 1956年3月，毛泽东指示新华社要准备大发展，要把"地球管起来，让全世界都能听到我们的声音"。徐达深主编：《中华人民共和国实录》第一卷下，吉林人民出版社1994年版，第1296页。
④ 习少颖：《1949—1966年中国对外宣传史研究》，华中科技大学出版社2010年版，第29页。

外华文报刊提供稿件的通讯社极为必要。

中国新闻社建立，以服务党和国家工作大局，以沟通世界、传递中国声音为使命，是新中国新闻宣传事业发展的必然要求。1952年5月22日，中央对外联络部部长王稼祥和中央人民政府华侨事务委员会副主任廖志成联名向中央报告，提议扩充并加强新中国成立前的国际新闻社，以指导国外华侨报刊日常的议论报道，并供给消息来源。1952年9月14日，中国新闻社（简称中新社）成立，成为一家由新闻界著名人士和归侨界知名人士发起创立，专门为海外和港、澳、台华文传播媒介服务的非官方新闻通讯社。中新社以爱国主义为宣传方针，以海外华侨和外籍华人为主要宣传对象，逐步成为新政权向海外华文媒体提供国内新闻和资讯的重要渠道，也成为促进全球华人新闻交流的桥梁和纽带。

中新社注重新闻工作者的选拔任用。创办之初，中新社的采编人员主要来自三方面：一是来自解放区的新四军、八路军的新闻战士，如长期担任中新社副社长、主持日常工作的张帆，先后担任过总编辑、副社长职务的吴江等人；二是来自长期在国民党统治区工作的进步报人，如担任过副社长的陆慧年；三是来自海外的华侨报人，主要包括新加坡、印度尼西亚、马来西亚、越南、泰国、缅甸等国的华侨报人，他们中有的是当地某家华文报刊的主笔、总主笔，有的是某家华文报刊的社论撰稿人。[①] 他们熟悉当地华侨、华人的心态，又具有丰富的华文报刊工作经验，在中新社的报道工作中以强烈的针对性、吸引力和感染力，实现了中国立场的国际表达。

中新社不断巩固和扩大在海外华人社会中的影响。1952年10月1日，新华社开始播发口语记录新闻，向香港、雅加达、吉隆坡、加尔各答、仰光、西贡、檀香山和墨尔本8个定点地区广播，每天播发5000字。[②] 从10月4日起，印度尼西亚、缅甸、泰国和香港等国家和地区的华文报刊陆续刊登中新社播发的新闻。与此同时，中新社每周向海外华文报刊航寄一次通讯稿。随着影响范围扩大，中新社以和平统一、振兴中华为目标，积极、热情地向海外华侨、台湾同胞、港澳同胞和外籍华人报道中国有关的方针政策及发展的成就和问题，使华人华侨形成对社会主义中国的正确认识，积极支持新中国的统一大业和发展建设。

---

① 北京市地方志编纂委员会：《北京志·新闻出版广播电视卷·报业·通讯社志》，北京出版社2006年版，第362页。

② 北京市地方志编纂委员会：《北京志·新闻出版广播电视卷·报业·通讯社志》，北京出版社2006年版，第362页。

作为民间身份的通讯社，中新社在中国对外宣传事业中写下了浓墨重彩的一笔。通过全面、正确、及时地报道中国的情况，中新社驳斥了帝国主义和敌对势力的不实宣传，指导着海外华侨的言论和态度，对促进华侨爱国大团结，实现新中国成立初期巩固政权、凝聚共识的历史使命发挥了重要作用。

第四节　初步成型的新闻摄影与新闻漫画宣传

新中国成立初期，民众文化程度普遍较低，文盲与半文盲人数较多，新闻摄影、新闻漫画以民众喜闻乐见的形式宣传新中国的新政策与新风尚，突破了部分民众无法阅读报刊书籍等纸质材料的局限，在马克思主义大众化的实践路径中有显著优势。初步成型的新闻摄影与新闻漫画宣传依托报纸媒介，拥有广泛的群众基础和快捷的新闻时效性，并坚持舆论宣传与文艺渗透相结合，将深邃的理论形象化，极大地丰富了这一时期的新闻宣传形式，成为中国共产党重要的舆论宣传武器。

一、新闻摄影事业的早期尝试

国内报刊出现新闻照片应追溯到 1900 年前后，照相制版技术传入中国，但此期报纸的摄影图片尚处于萌芽阶段，许多报纸不能制作铜板，也无专职摄影记者，新闻照片稿源奇缺。

新中国成立初期，在一部分经验丰富的随军记者和苏联摄影专家的引导下，新闻摄影事业真正进入发展时期。1950 年 4 月，中央人民政府新闻总署设立了新闻摄影局，其主要任务包括四个方面：一是向国内外报刊统发新闻照片，向全国大城市、工矿企业发行新闻展览图片；二是搜集和保存国家照片资料；三是出版《人民画报》和摄影、美术佳作；四是组织和领导全国摄影工作者改进摄影工作。[1]

作为新闻报道中的一种视觉新闻形式，新闻摄影日益受到报纸编辑部的重视和广大读者的欢迎。这一时期，《人民日报》《光明日报》《解放军报》《工人日报》《中国青年报》《北京日报》分别在编辑部建立、健全了摄影部（组），设有专职记者从事摄影报道。《人民日报》还在一版开辟"伟大祖国"专栏，

---

[1] 北京市地方志编纂委员会：《北京志·新闻出版广播电视卷·报业·通讯社志》，北京出版社 2006 年版，第 239 页。

每天刊登一张新闻照片，每年出 24 期摄影专版。《北京日报》1956 年作出规定，每日报上的图片不少于 10 幅，每周出"图片窗"一次。[①] 此时各报逢节假日都出有图片专版。北京还先后出版了专门刊登图片的《人民画报》《解放军画报》《民族画报》，1956 年中国摄影家学会成立后，又分别创办了《中国摄影》《大众摄影》两种研究探讨摄影工作的业务刊物。新闻摄影作品主要以爱国主义为主题，帮助读者在潜移默化中树立社会主义信念。1955 年，中国对外文化交流机构开始选送中国的新闻摄影作品参加国际展览。同年 2 月，人民日报社、新华社、人民画报社、解放军画报社和中国美术家协会联合举办了第一届全国摄影作品展览，展出了抗日战争时期、解放战争时期及新中国成立初期的优秀新闻图片，激发了民众的爱国信念与家国情怀。

新中国成立初期的新闻摄影作品围绕整个国家的政治、经济、社会生活、思想文化展开宣传，以浅显通俗的方式，反映出社会主义制度下人民的幸福生活，进一步坚定了民众的社会主义信仰。

二、新闻漫画的发展

以漫画表达时事及引导舆论，在中国已有 200 余年的历史。18 世纪中叶的清朝乾隆年间，北京的集市上曾出现过公开发售的社会新闻单项画页。[②] 这种画页在新闻报刊史上被称为新闻画，亦是中国新闻漫画的前身。在抗日战争时期，新闻漫画以超文本的形象化语言，以及其村夫稚子皆宜的特点发挥了特殊的战斗作用，是共产党革命文艺的重要组成部分。

新中国成立后，新闻漫画以其独特的评议功能及其对现实生活强烈的导向性、干预性，成为党刊重要的舆论宣传武器。各级报纸纷纷设立版面、栏目刊登和推介漫画；一批漫画家参加了报纸编辑部工作，报刊中甚至出现专职漫画家。此期新闻漫画积极配合党的中心工作，及时反映群众呼声，具有强烈的时代特色和新闻特色。

新中国成立初期的新闻漫画有三种类型，一是用漫画进行对敌斗争；二是批评性漫画；三是歌颂新人、新事物、新成就的漫画。据统计，从 1950 年到 1954 年，《人民日报》发表的漫画反映国家对敌斗争题材的比反映国内题材的

---

① 北京市地方志编纂委员会：《北京志·新闻出版广播电视卷·报业·通讯社志》，北京出版社 2006 年版，第 239 页。

② 北京市地方志编纂委员会：《北京志·新闻出版广播电视卷·报业·通讯社志》，北京出版社 2006 年版，第 240 页。

更多。① 华君武、米谷、方成、英韬、王宇等新闻漫画家发表了一大批国际题材的漫画。新闻漫画作品都体现出强烈的政治色彩,其舆论引导与监督功能进一步凸显,并深刻影响民众对时事政策的理解与认知。例如,《抽刀计》(图2)讽刺了美国希望扩大和直接干涉印度支那战争,向美国要求直接参加训练印度支那伪军的行为。《摊派美国礼品》(图3)揭示了美国为扩大侵略战争,不得不尽量用其他国家士兵的伤亡来代替美国士兵的伤亡,以缓和国内人民的不满情绪的阴谋。漫画以诙谐的方式还原了当时的历史图景:美国政府选择联合国大会作为鞭策这些国家出兵的场所,联合国秘书长赖伊已经忠顺地替华盛顿布置好一切,在他给联合国大会的"世界形势"报告中,指出"各国必须更公平地分任在朝鲜的负担"。

抽刀计(图片)

图 2　华君武《抽刀计》
(《人民日报》1954 年 3 月 3 日第 4 版)

---

① 北京市地方志编纂委员会:《北京志·新闻出版广播电视卷·报业·通讯社志》,北京出版社2006 年版,第 240 页。

图 3　华君武《摊派美国礼品》
(《人民日报》1952年10月17日第4版)

新闻漫画化深刻为简单,以读者易于理解的语言和乐于接受的方式,通过象征、联想、夸张、对比、寓意等艺术手法,以幽默诙谐的形式将新政权的立场观点巧妙地传达给民众。新闻漫画因避免了说教式的思想灌输,极具亲和力和感染力,在潜移默化中改变了民众的态度和行为,也扩大了新政权的民意基础。

总的来说,新中国成立初期的新闻漫画,内含特定的时代精神和时代情绪,以简洁、夸张、幽默、风趣之表现技巧传递时代主题,蕴含强烈的思想性、战斗性和艺术感染力。此期漫画与报纸紧密相融,并借助纸质传媒广泛的群众基础和快捷的新闻时效性,围绕社会生活中人们普遍关心的矛盾与问题进行创作,在巩固政权,引导舆论,凝聚共识方面发挥了独特的作用。具体言之,一是发挥评议属性,揭丑颂美,增强选题的思想性;二是突出艺术属性,寓评于乐,增强形式的吸引力;三是运用技术属性,潜移默化,增强内容的劝服性。

第五节　生动活泼的群众宣传

新中国成立初期,新闻宣传工作尊重人民群众首创精神,发挥群众的主体地位,开展了生动活泼的群众宣传,取得引人瞩目的成效。中国共产党广泛动员各地文化馆、放映队、幻灯队、文艺团体、民间艺人、群众宣传队、读报组等宣传力量,充分运用群众大会、学习会、图画、歌曲、电影、戏剧、金钱板、花灯、花鼓、口号、标语等简单通俗的形式,向群众发布国内外时事,解释党和人民政府的政策方针，宣传人民群众在生产劳动和其他工作中的模范经验，批驳各种谣言及在人民群众中流传的错误思想。马克思主义理论与社会主义价值观通过群众宣传，从深邃的理论转变为形象化、通俗化的宣传作品，深入人心。

一、简易便捷的口头宣传

口头宣传简易灵活且反馈及时，是宣传工作中使用频率最高、范围最广的宣传方式。新中国成立初期，口头宣传包括座谈会、报告会、演讲会、控诉会、群众大会、谈心会、胡同会等，从内容划分包括时事宣传会议与理论学习会议。

时事宣传会议主要对国内外重大事件、中央政策进行重点宣传，规模较大的有群众大会、报告会等，规模较小的有座谈会、演讲会等。在1952年禁毒宣传中，国家要求"大力向人民进行宣传，务使人民全部了解禁毒运动的意义和目的"，并且"为防止美帝国主义的造谣，禁毒宣传只限于在人民群众中进行内部的口头的宣传，不在报纸、刊物、新华社、广播电台、黑板报、墙报进行公开的、文字性的宣传（包括绘画等）"。[①] 鉴于此，成都市采用了以真人真事为内容的金钱板、花鼓词、控诉会、坦白检举会、流动卡车宣传等生动活泼的通俗宣传形式，但其中以控诉和坦白检举结合进行的群众大会和组织罪犯"现身说法"的卡车宣传收效最大。各区都有计划地组织了一些群众大会和卡车宣传，"号召坦白检举，对拒不坦白情节严重的毒犯当众扣捕，对一般毒犯，只要当众坦白，交出毒品毒具后，即不予扣捕"[②]。大规模会议宣传以广泛的普及范围推动了这场深刻的社会改革运动，全国人民了解了禁毒运动的意义和目的，旧社会遗留下来一大污毒被清洗，为国家大规模经济建设创造了有利条件。

小型会议宣传对一般居民更具成效，如座谈会、演讲会、胡同会，甚至是院会、家长会等。这类会议使民众与宣传员深入交流，对有关问题的认识更加透彻。在上海市1950年公私出版业座谈会中，由于有出席人员"具体的、有步骤的准备工作"以及必要的思想上的酝酿与教育，"各组提出意见达二百多条"，为未来全国出版会议提供了相当宝贵的材料和基础。[③] 北京市前门区在总结1952年的抗美援朝、爱国卫生运动、禁毒劳动就业、五一劳动节、国庆节、亚洲及太平洋区域和平会议及中苏友好月的宣传工作时曾指出，"每次宣

[①] 中共成都市委：《禁烟运动宣传工作计划》，成都市档案馆藏，54-1-90。
[②] 中共成都市委：《关于禁毒宣传工作情况报告》，成都市档案馆藏，54-1-103。
[③] 中央人民政府出版总署编印：《上海市公私出版业座谈会的报告》，四川省档案馆藏，建国后资料目录（第二册）-8-1-1/9。

传活动用过的方式方法很多，宣传方式中口头宣传比文字宣传效果大，小会（座谈会片会）比大会的效果大"①。

理论学习会议是通过召开学习班、学习会议，组织有一定理论基础的党员及群众学习党的最新理论政策的口头宣传方式。新中国成立初期的理论学习会议以提高干部的思想政治水平为目标，引导干部联系实际，批判资产阶级个人主义及唯心主义思想。为提高理论理论学习成效，中共重视对初级组专职教员、理论教员及学习辅导员的培养和提高工作，在新的课程开始前将专职辅导员集中培训，学习初级组新的理论课程及有关辅导员工作的业务。②

控诉会是新中国成立后群众动员的重要方式，以召集控诉人揭发控诉对象恶行为主要形式，以此造成群情激奋、同仇敌忾的情绪场面，达到宣传目的。新中国成立初期，控诉会增强了群众对旧政权以及帝国主义的憎恶感，激发了群众对新中国以及中国共产党的感恩之情，成为巩固新生共和国政权的一种手段。在历次政治运动中，中共都注意对控诉会的使用，诉苦者通过对本人悲惨际遇的描述，引发与会者的强烈情感共鸣。

新中国成立初期，口头宣传以简易、方便、灵活、直观的特点，对党员干部、各界民主人士、知识分子、广大青年、文艺工作者、工商业者、工人阶级、农民等展开了不同形式和角度的理论政策宣传和意识形态宣传，推进了马克思主义大众化。

二、内容丰富的文艺宣传

文艺宣传是通过举办各种文艺演出活动以及出版小说、连环画等文艺作品来宣传重大时事政策的宣传方式。新中国成立初期，文艺宣传包括电影宣传、幻灯片宣传、歌曲宣传、文艺演出宣传、文艺作品宣传、图片展览等形式，这类宣传贴近民众，受群众欢迎。其中，幻灯片、文艺演出、图片展览等适用于突发性时事宣传，电影、歌曲、文艺作品等主要适用于日常思想政治宣传。

以电影宣传为例。新中国成立初期电影创作以批判旧社会旧制度，歌颂新生活新风尚为主题，表达人民"翻身做主人"的心理情感。1951年4月，《新电影》杂志社评价新中国成立后国营厂的电影："这些影片的主题思想，无一不是紧紧地把握着为工农兵方向。每部影片都在歌颂着工农兵对敌斗争中或生

---

① 中共前门区委宣传部：《前门区委宣传部一九五二年工作总结》，北京市档案馆藏，38-1-580。

② 中共成都市委办公厅：《中共成都市委宣传部一九五五年上半年工作计划要点》，成都市档案馆藏，54-1-491。

新中国成立初期的新闻宣传实践与经验（1949—1956）

产建设中的革命英雄主义、爱国主义和集体主义。"① 1951年上映的《白毛女》将浪漫主义精神与阶级斗争结合，以白毛女的悲惨遭遇揭露旧社会罪恶，促使人民群众阶级意识觉醒。《南征北战》《上甘岭》《渡江侦察记》等影片取材革命战争，注重爱国主义、集体主义等社会主义价值观的传播，引导人民群众将爱国主义情怀转化成为新生活、新理想奋斗的动力。

全国建立进步电影优势，"增加国产进步片与翻译苏联片的产量"②，提高国产片质量以争取更多观众，是新中国成立初期电影工作中的一项重要任务。中央文化部电影局帮助和发展私营影片厂及设立公私合营影片厂，以期增加进步影片产量，逐渐减少美英影片发行量。1950年中央文化部电影局计划拍制故事片26部，纪录片7部，新闻简报48号，美术片1部，翻译苏联影片40部；进步电影受到观众欢迎，华北区美英片的发行量由1—8月的63部减至9—12月的12部。③ 电影放映队不断扩大，深入部队、工厂、农村，从已有的100队增加到700队，平均每省有20个巡回的电影放映队。电影宣传，尤其是进步电影的大众化宣传，既丰富了群众的文娱生活，也在一定程度上促进了马克思主义意识形态的宣传普及。

新中国成立初期的文艺宣传大部分融合多种形式，受众面广。例如，1952年"中苏友好月"的宣传活动中，北京市委宣传部不仅放映幻灯片，举行文艺晚会以及图片展览，而且加强了电影宣传方面的工作。宣传部扩充了16米放映机两台，发电机一台，平均每月放映122场，主要放映苏联和中国的相关影片，其中又以苏联纪录片、新闻片、科学技术教育影片为主。各党支部组织合唱团，学习中苏友好歌曲，进行合唱比赛；各支部举办苏联音乐欣赏晚会，学习苏联集体舞和集体游戏，开展苏联集体舞舞会。④ 通过内容丰富的文艺宣传方式，群众逐步了解苏联，增强了对苏联的情感，达到了宣传中苏友好的目的。

文艺宣传虽不是众多宣传方法中的主流方法，但突破了书籍报刊的局限（新中国成立初期文盲、半文盲比例高，无法阅读），最受群众欢迎，效果显著。但限于文艺宣传需要耗费大量的人力、物力，且这种宣传方式主要集中于城市，因此作用有限。

---

① 《人民电影事业的胜利》，《新电影》1952年第2期。
② 郭沫若：《关于文化教育工作的报告》，《新华月报》1950年第2卷第3期，第651—652页。
③ 中央人民政府出版总署整理：《中央人民政府政务院文化教育委员会郭沫若主任在人民政协全国委员会第二次会议上关于文化教育工作的报告》，四川省档案馆藏，建国后资料目录（第二册）—8-3-2/9。
④ 《北京市"中苏友好月"工作报告》，北京市档案馆藏，1-12-99。

三、鼓动性口号与标语宣传

新中国成立初期,国内外局势纷繁复杂,民众思想芜杂,口号与标语宣传以意义鲜明、时代性强,且具有概括性、思想性、鼓动性和通俗性等特点,成为一种特殊且重要的宣传方式。口号与标语都是通过对生动活泼、准确鲜明、平易近人的语言词汇的甄选,以一种简洁有力的表达出现在民众日常活动范围内,在民间广泛传播。因此,口号与标语宣传具有极强的鼓动性,既深悉政治形势与政治任务,又深入人心。

口号一般应用于重大集会,经过反复呼喊,其内涵深入群众,其中一些词汇潜移默化地成为民众行为准则,在一定程度上达到了动员群众、发动群众的目的。新中国成立初期口号宣传的重点是口号的制定。刘少奇曾指出:"当我们规定口号的时候,应该很谨慎地研究各方面的形势,很明确地观察群众的要求和需要及当时群众的争斗任务。绝不可单凭我们脑子里的想象,随便规定出实际上不能真正代表群众的要求,甚至与群众要求相左的口号。这样的口号在群众中是无力的,不起作用的,根本不能号召群众。"① 中央宣传部在1955年关于标语的制定与检查作了如下规定:

一、重大纪念日一律采用中央发布的标语口号。

二、各地委如有必要制发地方性的标语时,须依照中央有关政策方针精神,结合本地区工作实际情况制发,但具有政治性的标语和图表应省委宣传部审查。

三、各机关单位和各业务部门,召开工作会议或业务会议时,可按工作需要制发一些标语,但必须严格符合党的政策方针,并只能在会场内张贴,会后即行撤除……②

从上述规定可以看出,口号的制定程序严格;在遇到重大时事的口号宣传时,其规定更为严格。以1955年国庆游行呼喊口号的制定为例,这些口号完全由中央宣传部派专门小组制定,而且要求各省、市委宣传部严格按照中央宣传部制定的口号执行,最后,下发给各省、市委宣传部的口号仅26条:

1. 庆祝中华人民共和国成立六周年!

---

① 《刘少奇选集》上卷,人民出版社1981年版,第10—11页。
② 中共四川省委宣传部:《中共四川省委宣传部关于执行〈中央批转中央宣传部关于检查标语的报告〉的通知》(1955年),四川省档案馆藏,建川003—173。

2. 庆祝我国六年来的伟大成就！
3. 拥护第一个五年计划！
4. 努力增产，厉行节约，为完成五年计划而奋斗！
5. 努力完成一九五五年国家建设计划！
6. 为社会主义奋斗！
7. 努力增强国防，拥护兵役法的实行！
8. 坚决肃清一切反革命分子！
9. 一定要解放台湾！美军从台湾撤走！
10. 反对美国侵占台湾！美军从台湾撤走！
11. 禁止原子武器！
12. 裁减各国的军备！
13. 建立欧洲的集体安全！
14. 要求签订欧洲和太平洋地区的集体和平公约！
15. 坚决拥护朝鲜停战协定，争取朝鲜的和平统一！
16. 彻底实现日内瓦协定，实现越南的统一！
17. 世界和平万岁！
18. 中苏友好万岁！
19. 和平民主社会主义阵营万岁！
20. 亚非各国的友谊万岁！
21. 全国人民大团结万岁！
22. 世界人民大团结万岁！
23. 马克思列宁主义万岁！
24. 中华人民共和国万岁！
25. 中国共产党万岁！
26. 毛主席万岁！[①]

以上口号涵盖了当年国际国内重大事件，如亚非会议、第一个五年计划、增产节约运动等。口号以简洁有力、便于记忆的语言给群众传递明确信息，唤起广大人民情感共鸣，鼓舞人民支持新政权各项事业。但"要求签订欧洲和太平洋地区的集体和平公约"这类口号，脱离民众实际，普通百姓大多不了解集体和平公约，高呼多遍之后仍不明白。正如刘少奇在《论口号的转变》中指

---

① 四川省成都市庆祝第六届国庆节筹备处：《一九五五年国庆节游行呼喊口号》，成都市档案馆藏，56-1-4。

出，口号如"不切合群众的要求和心理"，就"不适合作为群众行动口号"，①新中国成立初期口号过多过泛，部分宣传内容趋于简单化和庸俗化。

标语宣传与口号宣传相似，同为新中国成立初期极为普遍且深入人心的一种宣传方式。新中国成立伊始，国内外形势错综复杂，但国家物资与技术匮乏，文盲、半文盲人数众多，且"交通不便""报纸不足"②。纸质标语、墙壁标语、门板标语、岩刻标语等以简洁醒目且易被民众接受理解的形式，满足了国家开展新闻宣传工作的迫切需要。围绕中心工作，中共打造了"不要四面出击""耕者有其田""抗美援朝，保家卫国""工业学大庆""农业学大寨"和"百花齐放，百家争鸣"等标语，为民众广泛传播新的意识形态。由此，男女平等、人民是国家的主人、中国共产党是代表劳动人民利益的政党等观念深入人心。

标语宣传的方式多样，不受地点条件的限制，有充分的主动性。标语可悬挂于街道、公园，也可布置在各家各户外墙或电车、汽车等运输工具上。但正是这种不受地点限制的布置条件带来了相关问题，"一些标语由于制作草率、贴挂不固，经过几日风吹，现已残缺不全……造成严重政治错误和政治上的损失"。

由上所论，口号、标语宣传是一种相对简单，经济成本相对较低的宣传方法，效果突出。新中国成立初期，中国共产党打造了许多具有亲和力、吸引力、感染力的标语口号，唤起了民众对社会主义建设事业的积极参与和热情支持，对于推动新民主主义社会向社会主义社会顺利过渡发挥了积极作用。

以上对新中国成立初期新闻宣传的主要渠道作了简要梳理，初步勾勒了新闻宣传事业蓬勃发展的情景。中国共产党成为执政党之后，利用广播、报纸、杂志、通讯社等宣传媒介，深入社会各阶级各领域开展宣传，奠定了党的执政合法性基础，建立了马克思主义在意识形态领域的指导地位。可以说，中共合理使用宣传媒体的能力，已成为其执政能力的重要构成部分。

值得一提的是，此期新闻宣传的一大特点是新闻宣传工作与声势浩大的社会主义运动深刻结合，虽有部分错误、失败，但仍不能掩盖一个重大史实：在复杂背景和广阔地域下，在经济建设、民族团结、公共福利、劳工权利等方面，取得了诸多有着世界历史意义的成功。③ 由于篇幅限制，此处不单列章节

---

① 《刘少奇选集》上卷，人民出版社1981年版，第13页。
② 《各级领导机关应当有效地利用无线电广播》，《人民日报》1950年6月6日第3版。
③ 林春：《马克思主义与中国在世界历史中定位的政治》，《领导者》2010年总第35期。

详细阐释。但需要注意的是，反思与扬弃新中国成立初期新闻宣传在一片混沌中探索中国道路所出现的偏差与失误，包括新闻界一些极左的说法与做法，绝不意味着完全否定，[①] 需审慎分析，批判地继承，开创性地发展。

本章小结

新中国成立伊始，中国共产党面临国内外错综复杂的矛盾斗争，亟须新闻宣传加强引导。但国内物资匮乏，交通落后，民众文化水平低，建立满足各阶层人民需求的新闻宣传媒体，有的放矢地进行宣传，成为这一时期新闻宣传的重要任务。在此背景下，新中国建立起广播收音网、报刊宣传网、国家通讯网等无产阶级新闻宣传网络，为新中国各项事业顺利发展提供精神动力，也成为新生共和国政权统一思想、凝聚共识、重塑社会信仰的重要渠道。

广播成为广大家庭最常见的一种新闻宣传媒介，为拉近中国共产党与群众间的距离，建构群众对新政权的认同提供了重要技术保障。在城市，通过对私营广播电台的社会主义改造，中国共产党初步建成了以中央人民广播电台为中心，包括中央、大行政区、省、市四级广播电台的广播宣传网。广播的规模不断增加，人口覆盖率不断提高，技术设施趋于现代化。在农村，有线广播进一步普及并形成规模。基于坚实的群众基础发展起来的人民广播事业凸显了人民的主体地位和广播事业巨大的公共话语力量，对新中国新闻宣传事业的发展意义深远。

报刊成为党的强有力的新闻宣传工具，在社会主义革命和建设事业中宣传动员群众，卓有成效地传播马克思主义和马克思主义中国化理论成果。中国共产党重视人民报刊的创建并充分运用报刊推动实际工作，构建了分别以《人民日报》《解放军报》《光明日报》《工人日报》《政治学习》为核心的党报、军报、民主党派报纸、行业内报刊、理论刊物等全面覆盖的报刊宣传网络。报刊宣传为人民新闻事业发展奠定了有利条件，也深刻影响了群众的理论选择和价值取向，在新中国成立初期凝聚共识、重塑社会信仰等方面取得了巨大成功。

国家通讯网成为党中央与人民群众息息相通的精神导线，也成为我国人民与世界各国人民联系的最重要渠道之一。新中国成立初期国家通讯事业已初具规模。一方面新华社迅速从战争年代的党中央通讯社转变为集中统一的国家通

---

① 李彬：《专业性还是人民性：新中国新闻业的一点断想》，《经济导刊》2014年第6期。

讯社，在国内和国际的新闻传播中担负起重大责任，成为强有力的中央新闻宣传机构；另一方面中国新闻社成立，以对外宣传为主要任务，广泛报道祖国的政治、经济、文化等方面建设成就和侨乡情况，促成爱国华侨大团结。

新中国成立初期，民众文化程度普遍较低，文盲、半文盲人数多，新闻摄影、新闻漫画以民众喜闻乐见的形式宣传新中国的新政策与新风尚，突破了部分民众无法阅读报刊书籍等纸质材料的局限，在马克思主义大众化的实践路径中有显著优势。初步成型的新闻摄影与新闻漫画宣传依托报纸媒介，拥有广泛的群众基础和快捷的新闻时效性，成为中国共产党重要的舆论宣传武器。

此外，生动活泼的群众宣传是新中国成立初期新闻宣传工作的一大特色，是对主流新闻宣传方式的有益补充。群众宣传广泛动员各地文化馆、放映队、幻灯队、文艺团体、民间艺人、群众宣传队、读报组等宣传力量，充分运用群众大会、学习会、图画、歌曲、电影、戏剧、金钱板、花灯、花鼓、口号、标语等简单通俗的形式，向群众发布国内外时事，解释党和人民政府的政策方针，宣传人民群众在生产劳动和其他工作中的模范经验，批驳各种谣言及在人民群众中流传的错误思想。马克思主义理论与社会主义价值观通过群众宣传，从深邃理论转变为形象化、通俗化的宣传作品，深入人心。

从符号学视角出发，这一时期两类符号的融合是新闻宣传事业蓬勃发展的重要表征。一是语言、声音、文字、图像、色彩等媒介符号，一是"马克思主义"及相关思想学说的概念符号。"作为一个概念符号，'马克思主义'不仅仅客观存在于马克思、恩格斯等经典作家的文本之中，而且还存在于各种传播和表达它的文本中。"[①] 新中国成立初期的新闻宣传成功实现了媒介符号与"马克思主义"概念符号的融合，马克思主义意识形态广泛普及。

从马克思主义基本理论出发，新闻宣传媒体从属于上层建筑范畴，是一定社会经济基础通过新闻宣传手段的反映。在新中国无产阶级新闻宣传事业中，报刊、广播电台、通讯社等新闻宣传媒体不仅是开展新闻宣传活动的强大思想武器，也是中国共产党进行思想引导和理论创造所依托的重要物质手段。规模宏大的广播收音网、全面覆盖的报刊宣传网、加速布局的国家通讯网、初步成型的新闻摄影与新闻漫画宣传、生动活泼的群众宣传形成合力，以不同的宣传特点和角度，满足不同阶层人民需求。

[①] 易如：《"马克思主义"：从符号到大众化——传播的视角》，复旦大学 2009 年博士学位论文，第 6 页。

第六章　新中国成立初期党的新闻宣传的策略与效果

面临国际上美、苏两种力量泾渭分明的抗争格局与国内新生政权亟待巩固的严峻挑战,新中国成立初期中国共产党确立了立足群众主动宣传、立足实际正面宣传、立场鲜明集中宣传、重点突出典型宣传的新闻宣传策略。新闻宣传初步构建了新闻宣传事业体系,总结出一套行之有效的新闻宣传指导思想,建立了与经济政策相适应的新闻宣传体制和政策,形成了指导思想一元化、宣传对象全民化、运行机制垂直化、外部信息隔绝化的基本特征。

第一节　新闻宣传的主要策略

新闻宣传策略是宣传者在某一时期制定的具有统领性、全局性的新闻宣传方针,它影响着新闻宣传机制的变迁,是建构政党领导合法性的逻辑起点。新中国成立初期,面临国际上美、苏两种力量泾渭分明的抗争格局与国内新生政权亟待巩固的严峻挑战,中国共产党确立了立足群众主动宣传、立足实际正面宣传、立场鲜明集中宣传、重点突出典型宣传的新闻宣传策略,有力推动了马克思主义意识形态和社会主义价值观的广泛传播,为新生政权巩固和新的国家形象塑造发挥了重要作用。

一、立足群众主动宣传

人民群众是新闻宣传的价值主体与实践主体。马克思主义认为,"理论只要说服人,就能掌握群众,而理论只要彻底,就能说服人","所谓彻底,就是抓住事物的根本","人的根本就是人本身"。[①] 新中国成立初期,中国共产党把各项宣传任务,尤其是以马克思主义为主导的社会主义意识形态宣传,与人

---

① 《马克思恩格斯选集》第一卷,人民出版社1995年版,第9页。

民利益需求联系,在结构复杂、成分多样的宣传对象中开展了积极且富有针对性的宣传实践。新闻宣传充分关注"人本身",回应人民的期待与诉求,建立与广大群众根本利益相一致的联系,发挥人民群众的智慧与创造力,取得了引人瞩目的成效。

(一)坚持群众路线,新闻宣传内容与人民利益需求密切联系

群众路线是中国共产党新闻宣传思想的根本内容,是新闻宣传根本政治和工作路线。新中国成立后,工人阶级一跃成为领导阶级,人民群众成为新中国建设与发展的主体力量。强固这一主体力量,亟待把人民群众利益需求与新闻宣传主体内容密切联系。

积极开展有针对性的新闻宣传活动。毛泽东提出,通讯社、报纸和广播电台属于意识形态范畴,即属于思想的上层建筑,是由它们的经济基础决定的,因此毫无疑问地具有阶级性,为一定阶级的利益服务[①]。新中国成立初期,工人阶级成为领导阶级,人民群众成为国家建设发展的主体力量。新闻宣传以工人、农民为主要对象,开展有针对性的新闻宣传活动,使党的纲领路线、方针政策、工作任务和工作方法最迅速、最广泛地同群众见面。例如,土改宣传中,新闻宣传贴近农民渴望得到土地的心理需求;抗美援朝宣传中,维护各阶层人民对国家民族独立自强的诉求;社会主义改造运动宣传中,倡导工商业者、农民互帮互助的传统。人民群众在了解自己关切的重大问题的基础上,提升了理论修养,坚定了社会主义信仰。

新闻宣传建立与人民利益相一致的联系。新闻宣传以理论与路线宣传、党的生活宣传和经济宣传为主体内容,回应人民的期待与诉求,建立了与广大人民利益相一致的联系。人民群众逐步认识到新中国的真实情况与动向,"对于自己的力量具备信心"[②]。例如,在抗美援朝、镇反肃反运动中,新闻宣传动员人民群众同美帝国主义和反革命分子进行坚决斗争,以爱国主义、国际主义和革命英雄主义思想教育群众;在"三反""五反"和知识分子思想改造运动中,引导群众划清同资产阶级思想的界限;在第一个五年计划期间,大力报道工人、突击队、节约队的活动,支持工人及群众的创造发明和合理化建议,组织群众为提前完成和超额完成国家计划贡献力量。值得一提的是,这一时期新

---

① 童兵:《报纸:经济基础通过新闻手段的反映——毛泽东新闻思想要点之一》,《新闻与写作》1993年第6期。
② 《毛泽东选集》第四卷,人民出版社1991年版,第1131页。

闻宣传媒介成为传播"符合于人民利益"①的一切真理的渠道,以党报为主体的新闻宣传媒介系统以意识形态主阵地的理论自觉推进马克思列宁主义、毛泽东思想的宣传普及,为巩固新政权,实现人民根本利益奠定了基础。

通过开展针对性的宣传和建立与人民利益相一致的联系,新中国成立初期的新闻宣传成为人民喉舌,体现人民精神,维护人民利益,表达人民情感,"真诚地和人民共患难、同甘苦、齐爱憎",取得了引人瞩目的成效。

(二)发挥群众的智慧与创造力,为新闻宣传提供实践动力

广大人民群众共同构成新闻宣传的实践主体与价值主体,其蕴藏的智慧与力量是新闻宣传发展的动力源泉,其利益需求是新闻宣传的价值评判标准。新中国成立初期,新闻宣传发挥人民群众的创造力和积极性,改变群众"无法表述自己""只能被别人表述"的被动地位,以"工农通讯运动""读报组""宣传员""报告员"等不拘一格的宣传形式凝聚动员群众,推动了新中国生产资料所有制方面的社会主义改造和政治思想战线社会主义革命的伟大变革。

首先,开展工农通讯运动,增强报纸的群众性。报纸的群众性是人民报纸的基本特性和重要原则;报纸要真正成为"解放人民的武器",必须"具体地掌握在劳动人民自己手里","真正充满人民的声音,人民的要求和人民的舆论"。② 新中国成立初期,工农通讯员在人民群众与报纸之间建立起具体的经常的联系,把人民的舆论传达给报纸,揭发各种实际工作中的缺点和错误。据1950年统计,《长春新报》全部通讯员中,工人通讯员约占50%;《旅大职工报》每期报纸70%以上的稿件来自工人通讯员,受到工人群众普遍欢迎;《辽东大众报》七月份有农民通讯员350名,收到200多封来信来稿,反映了农民的生活和呼声。③ 工人、农民在近代中国社会一直处于文化弱势地位,但新中国成立初期的工农通讯运动使工人与农民开始代表和传达群众舆论,报道生动活泼的新鲜事物,反映群众思想情况,逐步成为报纸联系群众、联系实际的主要纽带。

值得注意的是,各地报纸通讯员中,一些积极分子勇敢地担负起"社会缺点揭发者"的任务。报纸上来自工农通讯员的批评稿件成为报纸开展批评与自

---

① 《毛泽东著作选读》下册,人民出版社1995年版,第720页。
② 川南区首届报纸工作会议大会秘书处编印:《川南区首届报纸工作会议资料》,四川省档案馆藏,建国后资料目录(第二册)-8-9/8。
③ 川南区首届报纸工作会议大会秘书处编印:《川南区首届报纸工作会议资料》,四川省档案馆藏,建国后资料目录(第二册)-8-9/8。

我批评的重要部分。例如，上海市通讯员王泽民反映了在增产捐献中因盲目追求生产超额而忽视质量，"个别组废品率达百分之九一"的情况，并组织报道。《解放日报》在一版刊登新闻并发表短论，指出"应重视这个教训"，"这种情况决非个别现象，希望类似现象的工厂、企业进行检查"。[1] 报纸成为与落后、蜕化、阻碍社会前进的思想与行为战斗的武器，工农通讯员也进一步成为劳动人民舆论的代表者和传达者，成为报纸开展批评和自我批评的主力军，成为实行群众舆论监督的可靠力量。报社不断加强与通讯员的政治联系，并最大限度地发挥通讯员力量，使报纸真正成为党的各项工作的宣传者、鼓励者、组织者。

其次，发展工农读报组，充实新闻宣传的群众力量。新中国成立初期，中国共产党在全国范围组建了规模宏大的读报组。一方面邀集工农代表、英雄模范人物座谈等方式，培养读报组骨干；另一方面在读报组有初步基础的地区，以行政区为单位，重点召开读报组代表会议，吸收积极分子。读报组成为新中国成立初期一种特殊而重要的新闻宣传形式，使国家力量与国家意志进一步渗透和延伸到城市农村最基层的各类群体中。河北通县专区采取"重点建立，逐渐展开"方针，首先通过基点村，县、区机关驻地，英雄模范村建立，再逐渐发展，取得成功。[2] 华北地区白塔寺村在和平签名运动中，经过读报组的宣传，全村503人，两天内即有450人签了名，山东省海阳县"全县六百九十七个村庄中，六百一十四个有经常的读报组织，共有二千四百六十二个读报组"[3]。在新中国宣传工作人员少，宣传机构不健全，人民群众文化水平普遍较低的情况下，读报组承担了重要的宣传任务，成为这一时期新闻宣传的依靠力量。读报组以工人阶级立场和马克思主义世界观教育引导群众，以通俗易懂、生动活泼、不拘一格的形式宣传人民群众真正关切的重大问题，在历次政治运动和生产建设事业中取得了引人瞩目的成效。

最后，遴选宣传员报告员，建立坚实的群众宣传基础。1951年，党中央颁布《关于在全党建立对人民群众的宣传网的决定》，规定每个党支部都必须设立宣传员，同时在党的各级报刊设立报告员[4]。截至1951年4月，仅东北、

---

[1] 川南区首届报纸工作会议大会秘书处编印：《川南区首届报纸工作会议资料》，四川省档案馆藏，建国后资料目录（第二册）-8-9/8。
[2] 川南区首届报纸工作会议大会秘书处编印：《川南区首届报纸工作会议资料》，四川省档案馆藏，建国后资料目录（第二册）-8-9/8。
[3] 川南区首届报纸工作会议大会秘书处编印：《川南区首届报纸工作会议资料》，四川省档案馆藏，建国后资料目录（第二册）-8-9/8。
[4] 《中共中央关于在全党建立对人民群众的宣传网的决定》，《人民日报》1951年1月1日第1版。

华东、华北、中南四个大区就已遴选出宣传员 30 多万人。[①] 宣传员报告员覆盖各基层业务单位，如基层合作社、贸易公司门市部、推销小组、粮食收购站、银行营业所、税务所、地质勘探队以及农业试验场、技术指导站等，深入工厂矿区和田间地头开展宣传，建立了坚实的群众基础，更加有效地进行社会动员。宣传网制度在 1956 年党的宣传机构及宣传力量不断充实后逐渐淡出，但其存续时期在全面动员群众参与国家建设、抵制错误思潮等方面承担了重要的历史使命。

新中国成立初期，新闻宣传"坚持与群众打成一片，虚心向群众学习，关心群众疾苦并为群众说话的民主、平等的传统"[②]，把人民群众的利益需求与新闻宣传主体内容密切联系，唤起了广大人民对社会主义建设各项事业的积极参与和热情支持。在"全党办报，群众办报"思想的指导下，中国共产党开创了许多立足群众、不拘一格的新闻宣传形式。统一的、集中的、大规模的宣传活动与小型的、分散的、于群众方便的新闻宣传形式互为补充，充分发挥群众的智慧、创造力与积极性，促进马克思主义理论与社会主义价值观的在全国范围与全体规模的普及。

二、立足实际正面宣传

新中国成立后，中国共产党由革命党转变为执政党，党的政治任务从革命战争转移到和平建设，"坚持团结、稳定、鼓励和正面宣传为主"成为新闻宣传的基本方针。新闻媒介正面宣传当前形势，报道新政策、新生活、新气象，树立革命领袖和英雄人物的典型形象，勾勒社会主义美好前景，构建了积极正面的主流思想舆论，为建立社会主义意识形态、赢得国内民众和国际社会对新生政权认同发挥了巨大作用。

（一）正面宣传当前形势，巩固新生政权

新中国成立初期，新闻宣传承担着建立社会主义意识形态、巩固新生政权的历史使命。正面宣传当前的形势，突出安定团结、和平统一的主题，是建立积极正面的主流思想舆论、凝聚民心的关键。在专题性时事宣传，如抗美援朝、中苏友好等，以及综合性时事宣传中，新政权都以正面宣传为主，取得了积极的效果。

---

① 人民出版社编辑部：《怎样建立宣传网》，人民出版社 1951 年版，前言。
② 林之达：《中国共产党宣传史》，四川人民出版社 1990 年版，第 2 页。

抗美援朝战争爆发后，新闻宣传正面报道战争形势，展现人民群众的普遍支持，树立支持抗美援朝的主导意见和战争必胜的信念，塑造了志愿军的光辉形象，巩固了人民对军队的支持。[①] 通过正面宣传，党员干部和多数群众对国际形势的基本特点和我国人民"防止战争、争取和平"的斗争任务有了较为明确的认识。例如，战地记者魏巍采写的《谁是最可爱的人》[②] 成为这一时期广为传诵的名篇，作者以饱含深情和诗意的笔触，报道了抗美援朝战场上的英雄事迹，歌颂了中朝两国人民情谊，赋予"爱国主义"具体、可行、人性的内涵。作品一经发表，立刻激起强烈反响，激励了朝鲜前线广大指战员的斗志，也鼓舞了祖国人民努力生产、支援前方的干劲。此外，《人民日报》通过刊登读者来信，刊印众人联名，报道各地各界人士拥护抗美援朝的盛况，树立了正确的舆论导向，促进支持抗美援朝的意见占据主导地位。国内各阶层为积极支援抗美援朝战争，在经济建设上全力发挥自身最大优势为国家积累和节省财政资金。

为构建群众支持新政权的主导意见和争取和平的信念，这一时期修正了对外宣传和战争宣传中频繁出现富有敌意的刺激性语言的报道风格。1952年，周恩来在致周克农、乔冠华的信中指出："我们的发言和新闻稿件中所用的刺激性的词语如'匪类'、'帝国主义'、'恶魔'、'法西斯'等甚多，以致国外报刊和广播方面不易采用。望指示记者和发言起草人注重简洁扼要地揭发事实，申述理由，暴露和攻击敌人的弱点，避免或少用不必要的刺激性语言。"[③] 此后，以事实为基准，以正面宣传为导向，简洁客观的新闻报道风格渐趋成熟，为战争的胜利、政权的巩固发展提供了精神动力。

主流媒体大规模的正面宣传助力了新中国成立初期的经济建设动员、战争动员，也科学诠释了马克思主义思想意识与民族精神，掀起了新中国成立后的经济建设高潮和爱国主义高潮。

（二）正面反映社会现实生活主流，建立民众对现有制度和生活的认同感与归属感

新中国成立初期，新闻宣传反映社会生活新面貌，展现了人民群众幸福乐观的精神面貌和人民当家作主的角色转换，构建了"新生活""新社会"话语

---

① 赵鹏：《抗美援朝运动初期〈人民日报〉宣传方式分析》，《中共党史研究》2010年第7期。
② 魏巍：《谁是最可爱的人》，《人民日报》1951年4月11日第1版。
③ 中共中央宣传部新闻局：《马克思主义新闻工作文献选读》，人民出版社1990年版，第253页。

体系。例如,《人民日报》先后刊登了《天津市资本家的新生活》①《大陈岛上的新生活》②《重建新生活》③《生动报道少数民族的新生活》④《广西移居山下的少数民族农民开始新生活》⑤ 等文章,报道了资本家、工商业者、农民、部队战士、少数民族人民重建新生活的生动局面。

倡导社会新风尚,逐步建立起一套完全异于旧中国和资本主义社会的道德体系。毛泽东为《新华月报》创刊号题词:"爱祖国,爱人民,爱劳动,爱护公共财产为全体国民的公德。"《人民日报》陆续刊登《论共产主义道德》⑥《加里宁论共产主义道德》⑦《介绍两本谈共产主义道德的书》⑧ 等影响广泛的理论文章,阐释新道德优越性,并用马列主义历史观说明道德的起源、本质等问题,揭露道德的阶级性,尽可能向人民展现共产主义道德的全貌。得益于新闻宣传的有力推动,保护婚姻、家庭、母亲和儿童的新道德观以及厉行节俭的传统优良作风得到宣传普及,成为整个国家、社会和全体公民普遍坚守的道德规范。

以更具说服力和感染力的方式宣传国家新政策。例如,以报纸评论促进政策宣传。全国报纸根据党的总路线和各项政策决议,对国内和国际发生的重大问题发表有高度思想政治水平的评论;各地方报纸除转载《人民日报》的重要评论外,也逐步对当地实际生活和地方工作中各种重要问题发表正确的评论⑨。报纸评论对党的政策进行科学阐释和论证,更加令人民信服。橱窗、黑板报、标语、宣传提纲等灵活多样的形式为党的政策宣传创造了良好氛围,形成强大的社会舆论。

通过正面反映社会现实生活主流,新中国成立初期国家统一、社会平等、经济恢复、政治清明、社会风尚和道德水平显著提高的社会发展图景深入人心。新闻宣传成功建立起人民群众对现有制度、现有生活的归属感,引导群众用抛弃旧有制度和生活方式的全新模式开启新生活,马克思主义所追求的"每

---

① 《天津市资本家的新生活》,《人民日报》1956 年 10 月 4 日第 2 版。
② 钟敬文:《大陈岛上的新生活》,《人民日报》1956 年 8 月 25 日第 4 版。
③ 白原:《重建新生活》,《人民日报》1954 年 12 月 10 日第 2 版。
④ 亦之:《生动报道少数民族的新生活》,《人民日报》1955 年 5 月 2 日第 3 版。
⑤ 《广西移居山下的少数民族农民开始新生活》,《人民日报》1955 年 3 月 22 日第 3 版。
⑥ 《人民日报》1950 年 6 月 28 日第 5 版。
⑦ 《人民日报》1952 年 6 月 3 日第 5 版。
⑧ 《人民日报》1955 年 3 月 22 日第 3 版。
⑨ 中共中央宣传部办公室印:《中共中央关于改进报纸工作的决议》(1954 年 7 月 17 日),四川省档案馆藏,建川 003-113。

个人自由而全面发展"的价值理想逐步转化为人民群众为新生活、新理想奋斗的动力和信心。

（三）正面宣传与思想批判结合，全面展现新中国前进发展的历史真实

强调正面宣传并不排斥舆论监督和思想批判。新中国成立初期，为做到"经常、尖锐、彻底"，"防止任何形式主义和简单草率的做法"，[①] 新闻宣传的思想批判积极研究群众思想情况，有计划地展开思想斗争，一定程度上克服了危害党与人民利益的错误思想。

报纸除经常登载正面典型人物的"特写""故事"和反映新气象新成就的"通讯"等，也适当刊登思想批判的"漫谈""杂谈"等文章和批判主题的"小品""漫画""相声"等。《解放日报》的"学习"专页在配合政治理论学习基础上，针对干部学习中的思想情况，及时予以批判和澄清。[②] 此类批判性报道改造了干部群众"从旧社会得来的坏习惯坏思想"，指出了人民生活发展的规律和前进的方向，引导新社会向着社会主义社会和共产主义社会发展。

值得注意的是，这一时期党报及其他新闻宣传媒介构织的宣传网络展开了大规模学术讨论与批判，既广泛涉及文化学术界最深层次的世界观和方法论问题，也对资产阶级唯心论和五四以来自由主义文化思潮等非马克思主义思想展开批判。但其中一部分批判混淆了文化、思想问题与政治问题的界限，对被批判者的思想、学术观点和研究方法也不够实事求是，思想批判的宣传报道中出现偏差，索引出深刻的教训。

由上所论，以和平发展的主题与先进人物、典型事迹、突出成绩等为主要内容引导群众，建立积极正面的主流思想舆论，成为新中国成立初期新闻工作者义不容辞的历史责任。新闻宣传尽可能全面展现新中国前进发展的历史真实，为建立社会主义意识形态，赢得人民群众对新生政权的广泛认同奠定了坚实的基础。

三、立场鲜明集中宣传

新中国成立后，新闻宣传的环境、任务与策略也较民主革命时期发生巨大

[①] 川南区首届报纸工作会议大会秘书处编印：《川南区首届报纸工作会议资料》，四川省档案馆藏，建国后资料目录（第二册）-8-9/8。

[②] 解放日报编辑委员会编印：《加强报纸思想性与群众性的工作计划》（1951年7月15日），上海市档案馆藏，A22-2-54。

新中国成立初期的新闻宣传实践与经验（1949—1956）

转变，战争年代形成的分散化、碎片化、简单化宣传风格成为新政权开展新闻宣传工作的掣肘。第一次全国宣传工作会议上，刘少奇提出"在全国范围内和全体规模上"宣传马列主义的方针，强调宣传工作的系统化和规模化，新闻宣传旋即形成立场鲜明、内容形式集中的宣传策略，助推新中国各项事业发展。

（一）构建话语体系，宣传内容系统化

民主革命时期，受连年战争和各种势力激烈对抗的影响，党的新闻宣传为革命事业服务，对马克思主义思想学说的推介多呈现出"片段代"或"碎片化"特点。毛泽东曾回忆，在读了《共产党宣言》（马克思、恩格斯著）、《社会主义史》（柯卡普著）、《阶级斗争》（考茨基著）三本书后转变为马克思主义者，但"我只取了它四个字：'阶级斗争'"。[1] 中共早期创办的政治机关报《向导》或《前锋》等刊物，也主要集中宣传党的革命纲领，对马克思主义的理论宣传多呈现出片段化或碎片化特点。[2] 新中国成立后，川南区首届报纸工作会议即指出，当前"报纸工作的重大弱点，乃是宣传马克思列宁主义和毛泽东思想的经常性、系统性和深刻性之不足"[3]，强调系统宣传马克思主义的重要性。由此，党在新闻宣传工作中将碎片化的理论或政策集中统一为系统的知识体系，效果卓著。

构建马克思主义话语体系，在全国范围推动马克思主义世界观和方法论的普及。新中国成立后，中国共产党大力宣传马克思主义基本理论，并用马克思主义的立场、观点、方法指导各项中心工作的宣传任务；新闻宣传的导向功能与意识形态领域的深刻变化结合，构建了覆盖全国的马克思主义话语体系。

一是马克思主义理论的文本建设进入有计划、有步骤的系统阶段。《马克思恩格斯全集》《斯大林全集》《列宁全集》等马列经典著作编译发行，《毛泽东选集》等党的领导人著作出版，国外学者马列著作编译出版，一批有影响力的理论刊物，如《学习》《哲学译丛》《经济译丛》《政法译丛》创办，精辟阐释了马克思、恩格斯、列宁的重要理论观点以及学习马克思主义的基本方法。马克思主义理论文本的大面积出版发行是新中国成立后全国政治生活中的一件大事，也成为推介、探研马克思主义的重要渠道。

---

[1] 《毛泽东农村调查文集》，人民出版社 1982 年版，第 21—22 页。

[2] 张品良：《传播学视域下的中央苏区马克思主义大众化》，中共党史出版社 2016 年版，第 137—138 页。

[3] 川南区首届报纸工作会议大会秘书处编印：《中共中央中南局关于加强报纸工作中马克思列宁主义和毛泽东思想的决定》，四川省档案馆藏，建国后资料目录（第二册）—8—9/8。

二是报刊、广播电台等宣传媒介增强思想性与群众性,全面、通俗、有针对性地宣传党的世界观,阐释辩证唯物论和历史唯物论。《新建设》团结学术界人士,学习马克思列宁主义,"共同探讨学术方面特别是社会科学方面的各种问题";《新华半月刊》针对机关干部和科学研究工作者,"编选宣传马克思列宁主义";《中国工人》向工人群众通俗浅显、图文并茂地"宣传共产主义与共产党"。① 广播电台举办知识讲座成为宣传马列主义基本理论和毛泽东思想的一大特色。中央人民广播电台自 1950 年 4 月起,增辟《社会科学讲座》节目,邀请艾思奇、于光远、王惠德等理论家系统讲授《社会发展史》《政治经济学》以及《共产党宣言》等经典著作,② 获得群众空前好评。全国人民在"政治经济学""社会发展史""帝国主义论"等系列知识讲座中受到深刻的马列主义和社会主义思想教育。

三是党的中心工作宣传与马列主义的立场、观点、方法结合,马克思主义在社会各阶层、各领域迅速普及。中共中央西南局宣传部在 1953 年的普选宣传工作,尤其是基层选举宣传工作中,要求《新华日报》等报刊根据中央宣传部的指示,于一般报道外,组织一系列的文章,"介绍马克思列宁主义对民主的观点",以及普选的意义和选举法的内容。③ 马克思主义最终作为一种系统的方法论,为党的各项中心工作提供指导思想和发展方向。

政策法规系统化宣传,推动新制度、新规范由单一条款内化为民众内心自觉遵守的价值理念。1954 年宪法草案颁布后,各地报纸迅速用"相当大的篇幅""不间断"地进行宣传,发表了系统解释宪法草案主要内容的通俗文章,报道各行业代表性人物及人民群众热烈拥护宪法草案的状况。《北京工人日报》《东北日报》《山西日报》《天津日报》《上海劳动报》等分别刊出一到三次专页,集中宣传"中华人民共和国是工人阶级领导的,以工农联盟为基础的人民民主国家"(宪法草案第一条),"中华人民共和国的一切权力属于人民"(宪法草案第二条),以及劳动权、劳动光荣、妇女问题、青年问题等重要内容。《天津大公报》刊出工商界、财经工作干部和妇女界座谈宪法草案的三次座谈会记录,发表了用具体事实阐释宪法草案主要问题的一批通讯。《浙江工人报》在"两种宪法,两种制度"的刊题下,把我国的人民民主同资本主义国家民主作

---

① 中国共产党北京市委员会宣传部编印:《北京志·报纸杂志篇》,北京市档案馆藏,1—12—864。
② 方汉奇、丁淦林、黄瑚等:《中国新闻传播史》,中国人民大学出版社 2002 年版,第 356 页。
③ 中共中央西南局宣传部印:《中共中央西南局宣传部关于普选宣传工作计划》(1953 年),四川省档案馆藏,建川 003—40。

了生动对比。① 全国掀起宣传讨论宪法草案的高潮。"看到宪法草案中每一句话每一条条文,再想想过去对比现在",工人阶级真正意识到自己成为国家的主人,纷纷表示要以实际行动维护宪法草案。② 广大人民群众的政治觉悟和生产积极性不断提高,建设社会主义的热情和信心不断增强。

集中化新闻宣传将新闻宣传的导向功能与意识形态领域的深刻变化结合,培育了民众对社会主义意识形态和新政权的认同感,鼓舞全社会参与社会主义建设的热情。

(二) 整合宣传渠道,报道规模集中化

我国地域辽阔,新中国成立初期交通极为不便,宣传机构不健全、工作人员少,而深刻的社会变革和阶级阶层变动构建了结构复杂、成分多样的新闻宣传对象群体。面对严峻形势和复杂多变的群众思想,新闻宣传工作的践履需要构建媒介系统,整合宣传渠道,使报道规模集中化。

一是构建新闻媒介系统,形成规模报道。新中国成立后,为推动马克思主义民族化发展与大众化传播,中央人民政府充实、调整党的新闻宣传事业,成功构建了公营新闻宣传事业体系。以《人民日报》为中心并以共产党机关报为主体的公营报刊体系,以中央人民广播电台为中心的国营广播网,以新华社为主体的国家通讯网等,成为公营新闻宣传事业发展的主渠道与主阵地。③ 读报组、黑板报、广播大会、群众宣传队、漫画组、墙报、新闻摄影、新闻纪录片、电影等独具中国特色的新闻宣传形式提供了有益补充,充分发挥了组织、鼓舞作用,成为国家政权建设和群众动员的重要力量。新闻宣传媒体从干部群众马克思主义水平较低且社会思想芜杂的实际出发,围绕新旧政权更迭及党的历史方位变化之大背景,将新社会的发展演进置于"如果没有毛主席、共产党,怎么会有这样的生活"的文本表达中,对新社会的信仰重塑与价值重构意蕴深远。

二是整合宣传渠道,使国家力量与国家意志进一步渗透并延伸至基层群体中。新中国成立初期,新闻宣传利用强有力的制度渠道和组织体系,重点依托强大的社会组织网络进行集中宣传。新中国成立后,城市居民与农民被聚合到某一基本组织形式中。城市中以社、区、街的三级政权体系和区政府、街道办

---

① 四川省委宣传部转发:《中央宣传部关于改进报纸上关于宪法草案和宪法草案的全民讨论的宣传和报道的通知》,四川省档案馆藏,建川 003-111。
② 《用进一步的行动来拥护宪法草案!》,《铸工》1954 年第 8 期。
③ 吴廷俊:《中国新闻史新修》,复旦大学出版社 2014 年版,第 397 页。

事处、居民委员会的三级管理体制为基础,① 各种人民群众团体组织、社会公益团体组织、文学艺术研究团体组织和其他行业协会发展组建起来;农村中以农民协会、青年团、妇女联合会、互助组、合作社为代表的一系列新乡村社会组织逐步建立。新闻宣传充分利用社会组织力量,深入成员群体之中,"向有组织的群众(工人、农业生产合作社社员、居民委员会委员等)着重宣传与本地区、本单位工作有关的问题"②。新闻宣传媒介与社会组织网络结合,深入田间地头、工厂矿区、胡同巷口进行有的放矢的宣传报道,克服了交通不便、群众文化水平低等客观条件限制,广泛动员群众支持参与新政权建设、土地改革、社会改造。

四、重点突出典型宣传

典型宣传是马克思主义宣传思想的精髓,也是中国共产党新闻宣传实践的重要经验。新中国成立初期典型宣传的数量、范围和影响,在党的宣传发展历程中具有突出的成就和地位。典型宣传通过剖析具有典型意义的人或事,总结出具有普遍意义的经验或教训,在舆论引导、社会教育、榜样示范、社会整合和政治动员方面发挥了重要作用,促进了新政权建设发展群众基础的奠定。

(一)报道典型人物,明确共同使命,构建社会主义主流价值观

中国共产党的典型宣传传统存续已久。土地革命战争时期,毛泽东即在《关心群众生活,注意工作方法》的报告中,通过先进典型与落后典型的对比阐释了典型宣传的重要性。抗日战争时期,朱德撰文论述宣传八路军和新四军中英雄模范在战争中的作用,"以群众所最熟悉的和最钦佩的群众英雄及其业绩来教育群众,以群众英雄的活榜样号召大家前进,这就打破了教条主义的空谈,使教育产生出力量"③。

新中国成立初期,大批英雄模范、先进人物和先进集体通过新闻宣传家喻户晓。正如列宁所言,"榜样的力量在资本主义社会里不能显示出来,而在废除了土地和工厂的私有制的社会里会起巨大的作用"④,新中国成立初期典型

---

① 高中伟:《新中国成立初期城市基层社会组织的重构研究——以成都为中心的考察(1949—1957)》,四川大学出版社 2011 年版,第 153 页。
② 中共北京市委宣传部编印:《中共北京市委宣传部关于执行〈中央关于宣传五年计划应注意事项的通知〉的计划》,北京市档案馆藏,1-12-230。
③ 《朱德选集》,人民出版社 1983 年版,第 121 页。
④ 《列宁全集》第三十四卷,人民出版社 1985 年版,第 172 页。

人物的宣传引发了民众的学习风潮，构建了社会的舆论导向。

正面典型人物蕴含高尚的道德情怀，满足了民众对榜样的心理投射需要，具有深刻的感染性和说服力。新中国成立初期，新闻宣传通过报刊、广播、报告会、演讲团等方式宣传英雄模范人物的典型事迹，用实际事例宣传人民生活的逐步改善，说明这是国家发展生产的根本目的，教育群众服从国家计划，艰苦奋斗，发展生产。这一时期新闻宣传树立了一大批英雄人物和典型形象，如抗美援朝英雄人物黄继光、邱少云、杨根思、罗盛教，劳动模范马恒昌、郝建秀，等等。各城市的交通要道和各厂矿都有张贴劳动模范大照片的光荣榜。[①] 典型人物蕴含的爱国主义、艰苦奋斗精神和勤俭节约、劳动光荣的价值观延伸并渗透至基层群众中，引起巨大轰动和学习热潮。

正面典型人物宣传以榜样的力量构建社会主流价值观，明确人民共同使命，而负面典型人物宣传则为民众提供警醒。例如，关于刘青山和张子善的报道，一方面让民众意识到党惩治腐败的决心，培育人民群众对党和政府的认同感，一定程度上巩固扩大了党执政的群众基础；另一方面使艰苦奋斗、勤俭节约的精神上升为全社会建设社会主义的价值追求，促进国家经济恢复发展和社会思想整合。

（二）宣传典型经验，发挥示范作用，引导动员群众

典型经验具有引导、激励、动员群众的功能。毛泽东在 1943 年《关于领导方法的若干问题》中明确了典型经验的社会动员功能，他指出，要从有代表性的单位和个人中取得经验，利用经验指导，号召动员广大群众。[②] 新中国成立后，典型经验宣传在极大程度上激发了全社会的生产热情，助推国民经济恢复发展与新政权建设。

典型经验蕴含社会主义价值诉求，典型经验的宣传引导动员群众为社会主义经济发展、政权建设贡献力量。1954 年中央政治局发布的《关于改进报纸工作的决议》提出："报纸应该积极支持工人阶级和农民群众（首先是参加了互助合作组织的农民）的一切创举，把先进生产单位、先进生产者的典型经验和重要成就推广到整个建设战线上去。对于有重大价值的先进经验和生产技

[①]《华北、华东、中南、西南、西北各地宣传干部在东北参观后向中央宣传部的报告》，四川省档案馆藏，建川 003—103。

[②]《毛泽东著作选读》下册，人民出版社 1986 年版，第 567 页。

术，应当从它们的政治意义和经济意义着眼来进行宣传。"[1] 例如，《河北日报》《唐山农民报》报道了河北省遵化县西铺村"穷棒子社"的办社成绩，总结推广了这个由 23 户贫雇农和"三条驴腿"[2]组成的穷棒子农业合作社在全国农业合作化运动中的典型经验，有力地助推了农业合作化进入高潮。这一时期，各大厂矿也增强典型经验宣传，鞍钢和哈尔滨机车车辆修理厂开展生产技术的先进经验展览会，号召工人群众积极参与创造性生产劳动。[3]

典型经验凝聚着深刻的民族和时代精神，具有巨大生命力。在新中国成立初期群众文化水平和政治觉悟普遍较低的情况下，典型经验的宣传推广对广大人民群众起到了示范、引导、动员的积极作用，推动了新中国生产资料所有制方面的社会主义改造和政治思想战线社会主义革命的伟大社会变革。

第二节　新闻宣传的基本特征

新中国成立初期新闻宣传承担着社会主义意识形态建构与思想整合的历史重任。中国共产党总结出一套行之有效的新闻宣传指导思想，建立了与经济政策相适应的新闻宣传体制和政策，初步构建了覆盖各阶层、各领域的新闻宣传事业体系，为意识形态建构与思想整合奠定了坚实基础。在此基础上，新闻宣传形成指导思想一元化、宣传对象全民化、运行机制垂直化、外部信息刻板化的基本特征。

一、指导思想一元化

任何一个成熟的社会都要选择与其经济基础相适应的思想理论作为指导，并处理好两对关系，即内生的理论基础与外向的指导作用的关系，以及意识形态多样化与指导思想一元化的关系。新中国成立后，马克思主义的基本原理、科学体系作为党的思想武器，引导新政权的巩固和发展，其精神实质与根本方法也最终作为一种思想理念和方法论，在思想文化领域得到普及，并为新闻宣传提供指导思想和发展方向。

---

[1] 中共中央宣传部办公室印：《中共中央关于改进报纸工作的决议》（1954 年 7 月 17 日），四川省档案馆藏，建川 003-113。
[2] 合作社成立时，所有成员凑的物资仅能购买四分之三头驴，故称"三条驴腿"。
[3] 《华北、华东、中南、西南、西北各地宣传干部在东北参观后向中央宣传部的报告》，四川省档案馆藏，建川 003-103。

新中国成立初期的新闻宣传实践与经验（1949—1956）

新闻宣传既属于意识形态范畴，即思想的上层建筑，又是确立意识形态领域指导思想的重要工具。新中国成立初期，在马克思主义指导下，新闻宣传的内容与方法都呈现出强烈的意识形态特征。同时，在确立马克思主义在意识形态领域的指导地位的过程中，新闻宣传被赋予重要使命，以富有时代特征的宣传方式整合社会意识形态，引导公民普遍观念。

（一）新闻宣传事业以马克思主义为指导思想，以确立马克思主义在意识形态领域的指导地位为重要使命

新中国成立初期，受社会遽变和文化发展自身传承性的影响，思想文化呈现多元并存的复杂格局。一方面是思想意识形态和政治意识形态多元发展，马克思主义意识形态与民族资产阶级思想、小资产阶级思想，甚至封建思想残余和帝国主义思想等非马克思主义同时存在；另一方面是文化价值观念多元并存，不同思想内容、不同艺术风格的文艺作品并存。既有"赞美新政权、歌颂共产党、热情地为人民服务的文艺作品"，也有"试图站在'超阶级'、'客观主义'的立场从事文艺创作"[1]的人；既有"劳动光荣"的新型价值观，也有一些剥削阶级和小资产阶级的价值观存在。鉴于此，新闻宣传事业以马克思主义为指导思想，完成了确立马克思主义在意识形态领域的指导地位和整合社会思想的重要使命。

马克思主义是关于全世界无产阶级和全人类彻底解放的学说，不仅具有对多元理论的包容性，更内含对新中国各种现实问题的解释力，对其他思想文化的整合力，对各种腐朽思想的批判力。民主革命时期，马克思主义的社会基础论、社会结构论、历史动力论和历史主体论等核心观点以及实践辩证法的根本方法，与中国具体实际相结合，成为党的内在观点和方法，指导新民主主义革命取得胜利。刘少奇在第一次全国宣传会议上指出，在党领导人民进行的几十年革命斗争中，"所举的旗帜就是马列主义的旗帜，共产主义的旗帜，大家团结在这个旗帜之下，运用马列主义的武器为马列主义的真理而斗争"，并在极深刻的意义上发展和丰富了马列主义理论，"在马列主义总武器库中间增加了不少新的武器"。[2]

新中国成立后，毛泽东旗帜鲜明地提出，"在我们无产阶级专政的国家里，

---

[1] 王先俊：《建国初期的社会变迁与党对思想文化的整合》，《当代中国史研究》2003 年第 3 期。
[2] 华北局宣传部整理：《刘少奇同志在第一次全国宣传会议上的结论》（1951 年 5 月 23 日），北京市档案馆藏，1-6-436。

当然不能让毒草到处泛滥。无论在党内，还是在思想界、文艺界，主要的和占统治地位的，必须力争是香花，是马克思主义"[1]。《中国共产党第一次全国宣传工作会议关于加强党的宣传教育工作的决议（草案）》提出，"各级党委必须把向党内外进行马克思列宁主义的宣传教育工作，当作头等重要的任务，并把这一任务和各个时期的中心任务结合起来"[2]。马克思主义成为思想文化领域占统治地位的指导思想，确立马克思主义在意识形态领域的指导地位成为新中国成立初期新闻宣传工作的重要使命。

（二）新闻宣传的内容与方法皆呈现出强烈的意识形态特征

中国共产党在实践马克思主义新闻宣传理论的基础上，认真总结新闻宣传推动中国革命、国家政权建设、社会主义经济恢复发展等方面的经验，初步构建了马克思主义中国化新闻宣传思想原则和理论体系。党的新闻宣传坚持为新政权建设服务，从新闻政策制定到一系列传媒方针确立，从新闻导向取舍到办报原则定夺，从报道战役指挥到重大新闻观念是非评判，[3] 新闻宣传的内容与方法都呈现出强烈的意识形态特征。

一是坚持党性原则，思想上体现无产阶级的政治立场和价值导向，组织上保障新闻宣传事业成为党领导政权的精神中枢。党性原则是党的新闻宣传思想的根本原则，是无产阶级新闻宣传事业的灵魂、生命线和传家宝，[4] 亦是中国共产党的新闻工作区别于资产阶级政党新闻工作的最根本标志。新中国成立前后，毛泽东作为执政党领袖和社会主义革命与建设的领导核心，作为意识形态领域工作的权威领导人和中国社会主义新闻宣传事业的指挥者，多次强调坚持新闻宣传党性原则的重要性，使其成为新政权建设过程中全党信守的生命线。在《延安〈解放日报〉发刊词》中，毛泽东指出，"中国共产党的使命就是本报的使命"[5]；在《增强报刊宣传的党性》中，毛泽东强调，务必"使我们的宣传完全符合党的政策"[6]。1954 年 7 月，中共中央发布《关于改进报纸工作

---

[1] 《毛泽东文集》第七卷，人民出版社 1999 年版，第 197 页。转引自欧阳雪梅：《毛泽东与马克思主义在我国思想文化领域指导地位的确立》，《毛泽东研究》2016 年第 3 期。

[2] 中央宣传部办公厅：《党的宣传工作会议概况和文献（1951—1992）》，中共中央党校出版社 1994 年版，第 33 页。

[3] 童兵、林涵：《20 世纪中国新闻学与传播学（理论新闻学卷）》，复旦大学出版社 2001 年版，第 330 页。

[4] 王国庆：《毛泽东新闻宣传思想初探》，《延边大学学报（社会科学版）》1994 年第 2 期。

[5] 《毛泽东选集》第二卷，人民出版社 1991 年版，第 353 页。

[6] 《毛泽东新闻工作文选》，新华出版社 1983 年版，第 98 页。

的决议》，提出："各级党委要经常注意，把报纸是否充分的开展了批评、批评是否正确和干部是否热烈欢迎并坚决保护劳动人民自下而上的批评，作为衡量报纸党性、衡量党内民主生活和党委领导强弱的尺度。"[1] 这一决议内含党性原则在建立巩固新政权背景下的新要求，即保持党内外意见沟通尤其是批评建议沟通的畅通，增强新闻宣传的民主活力。

二是倡导"全党办报，群众办报"，为强固人民群众主体力量和工农联盟阶级基础提供充分条件。群众路线是党新闻宣传思想的根本内容，是根本政治和工作路线。新中国成立后，工人阶级一跃成为领导阶级，人民群众成为新中国建设与发展的主体力量。强固这一主体力量，亟待把人民群众利益需求与新闻宣传主体内容密切联系。毛泽东提出，通讯社、报纸和广播电台属于意识形态范畴，即属于思想的上层建筑，是由它们的经济基础决定的，因此毫无疑问地具有阶级性，为一定阶级的利益服务。[2] 随着"全党办报，群众办报"的深入，党报以理论与路线宣传回应人民的期待与诉求，建立了与广大人民利益相一致的联系。人民逐步认识到新中国的真实情况与动向，"对于自己的力量具备信心"[3]。同时，党报以意识形态主阵地的理论自觉推进马克思列宁主义、毛泽东思想的宣传普及，为巩固阶级基础、重塑新政权的信仰体系提供了基础。

二、宣传对象全民化

新中国成立伊始，在全国范围内、全体规模上开展新闻宣传工作，赢得广大人民群众对新生政权的广泛认同，具有极端紧迫性。中国共产党由革命党转变为执政党，党的政治任务从革命战争转移到和平建设，但新政权仍面临错综复杂的国内外形势和新旧意识形态交锋的严峻挑战。基于此，新政权建立了覆盖各阶层人民的新闻宣传网络，创办了对象性的报刊栏目和广播节目，既面向全体人民又有的放矢地开展宣传。

---

[1] 中共中央宣传部办公室印：《中共中央关于改进报纸工作的决议》，四川省档案馆藏，建川003-113。

[2] 童兵：《报纸：经济基础通过新闻手段的反映——毛泽东新闻思想要点之一》，《新闻与写作》1993年第6期。

[3] 《毛泽东选集》第四卷，人民出版社1991年版，第1131页。

（一）建立全面覆盖的新闻宣传网络，为统一民众思想、凝聚人民共识、重塑社会信仰构建重要渠道

新中国成立初期，国内物资匮乏，交通落后，民众文化水平低，建立满足各阶层人民需求且便于其接受的新闻媒介系统，有的放矢地进行宣传，成为这一时期的重要任务。在此背景下，新中国建立起广播收音网、报刊宣传网、国家通讯网等全面覆盖的新闻宣传网络，成为新政权统一民众思想、凝聚人民共识、重塑社会信仰的重要渠道。

一是广播宣传网臻于完善，广播的规模不断扩大，人口覆盖率不断提高，技术设施趋于现代化。在城市，通过对私营广播电台的社会主义改造，中国共产党初步建成了以中央人民广播电台为中心，包括中央、大行政区、省、市四级广播电台的广播宣传网。在农村，有线广播网进一步普及并形成规模。广播真正走进农村千家万户，为拉近中国共产党与群众间的距离，建构群众对新政权的认同提供了重要技术保障。

二是报刊宣传网迅速建成，面向党员干部及具有一定文化水平的群众，卓有成效地传播马克思主义和马克思主义中国化理论成果。新中国成立初期，以《人民日报》《解放军报》《光明日报》《工人日报》《政治学习》为核心的党报、军报、民主党派报纸、行业内报刊、理论刊物等全面覆盖的报刊宣传网络构建起来，为人民新闻事业发展创造了有利条件，也深刻影响了群众的理论选择和价值取向。

三是国家通讯事业初具规模，面向全国人民提供消息总汇和信息服务。一方面，新华社迅速从战争年代的党中央通讯社转变为集中统一的国家通讯社，面向全国，在国内和国际的新闻传播中担负起重大责任；另一方面，中国新闻社成立，以对外宣传为主要任务，广泛报道祖国的政治、经济、文化等方面建设成就和侨乡情况，促成爱国华侨大团结。国家通讯网成为党中央与人民群众息息相通的精神导线，也成为我国人民与世界各国人民联系的最重要渠道之一。

四是新闻摄影、新闻漫画以民众喜闻乐见的形式宣传新中国的新政策新风尚，突破了部分民众无法阅读报刊书籍等纸质材料的局限。初步成型的新闻摄影与新闻漫画宣传依托报纸媒介，将深邃的理论通俗化，拥有广泛的群众基础和快捷的新闻时效性，成为新中国成立初期党的重要舆论宣传武器。

此外，口头宣传、文艺宣传、鼓动性口号与标语宣传等生动活泼的群众宣传也形成对主流新闻宣传方式的有益补充，使新闻宣传进一步渗透并延伸至基

层群众中。马克思主义理论与社会主义价值观通过群众宣传,从深邃理论转变为形象化、通俗化的宣传作品,深入人心。

由上所论,规模宏大的广播收音网、全面覆盖的报刊宣传网络、加速布局的国家通讯网络、初步成型的新闻摄影与新闻漫画宣传、生动活泼的群众宣传形成合力,以不同的宣传特点和角度,满足了不同阶层人民的需求,凸显了新中国成立初期宣传对象全民化特征。

(二)创办对象性节目,促进马克思主义意识形态和社会主义价值观在社会各阶层、各领域迅速普及

新中国成立后,新闻宣传对象群体结构复杂、成分多样,而报刊栏目或广播节目都缺乏坚实的群众基础,节目内容单一。鉴于此,报刊、广播电台创办对象性节目,面向党员干部、工人、农民、妇女、青年学生、街道居民,有针对性地宣传党的各项方针政策,报道恢复发展生产、社会主义改造、"三反""五反"运动和抗美援朝等新中国成立初期重大事件,为提高群众思想觉悟,丰富群众文娱生活发挥了积极作用。

以广播为例。广播电台设置多样化新闻节目,满足各阶层、各领域、各年龄层民众需求。中央人民广播电台陆续开办《首都报纸摘要》(后改称《新闻和报纸摘要》)、《全国各地人民广播电台联播》(后改称《全国新闻联播》)、《自然科学讲座》《社会科学讲座》《对少年儿童广播》等节目;北京人民广播电台开办了《本市新闻》《工人节目》和《学生节目》,编辑播报国内外时事。[1] 各地广播电台围绕生产建设的中心,积极配合抗美援朝、"三反""五反"运动,开办了《工人节目》《对职工广播》等新闻节目。在理论宣传方面,中央人民广播电台先后创办了《评论》《讲解》《职工、妇女》《青年节目》《社会科学讲座》《自然科学讲座》《经济生活》《文化生活》《工业节目》《青年生活》《广播政治》等内容多元的广播节目。[2] 上述节目针对不同宣传对象的特点和思想变化进行了针对性宣传,满足不同阶层人民的需求,取得了一定成效。

对象性节目重视分析和研究宣传对象特征,"了解群众的生活和心理",为新闻宣传奠定了坚实的群众基础,深刻凸显了人民的主体地位。这种针对性宣

---

[1] 北京市地方志编纂委员会:《北京志·新闻出版广播电视卷·广播电视志》,北京出版社2006年版,第6页。

[2] 解放日报编辑委员会印:《解放日报一九五一年(四、五、六月)报导提要》,上海市档案馆藏,A22-2-54。

传也有助于实现新闻宣传的使命与功能,促进马克思主义意识形态和社会主义价值观在社会各阶层、各领域迅速普及。

三、运行机制垂直化

新中国成立初期,从中央到地方各级党委宣传职能部门,再到基层报告员、宣传员所构成的自上而下的垂直领导管理体制和运行机制建立,极大地增强了党对意识形态领域的思想和组织领导。新政权在党管宣传制度和垂直化运行机制引导下,形成了党对新闻宣传工作的坚强领导,一方面,党组织领导宣传机构,各级党委对宣传工作承担政治责任;另一方面,宣传机构无条件宣传党的纲领、路线、方针、政策和策略,严格遵守党的宣传纪律。

新中国成立前,我国新闻宣传自上而下的垂直化运行机制已基本成型。一是建立了中共中央宣传部、中央教育宣传委员会、中央机关报编辑委员会、中央报纸编辑委员会等新闻宣传管理机构,并建立健全各级宣传部门;二是在党委领导下,发展与新闻宣传工作相关的业务机构,创办各类新闻媒体。① 新中国成立后,中央及地方新闻宣传机构建设与新闻宣传运行机制日趋完善。

首先,从中央宣传部、省委宣传部、地委宣传部、县委宣传部、乡镇宣传部,直到乡村的基层总支和支部,都设有宣传委员。在中央宣传部的计划指挥下,省、市委宣传部直接领导,新闻宣传工作在全国及全党范围内自上而下展开,对"提高全国人民的阶级觉悟和思想水平"作出有益贡献。

其次,在各级党委的重视下,党的宣传机构向各地区、各部门、各行业渗透,形成一个严密的新闻宣传机构系统。在城市,从区委宣传部到街道党委宣传部的宣传机构网络体系开始形成;在企业,无论工业企业、商业企业还是服务业企业,各级党委都设有宣传部;② 在地区,设立区宣传机构,在区内宣传工作中发挥调剂作用,不代替各系统的垂直领导。一支由各级党委主管、领导,宣传部门负责实施,以党的各级组织为依托,覆盖机关、厂矿、街道、学校、农村等一切社会组织细胞的层级分明的庞大新闻宣传机构队伍形成,为社会主义意识形态宣传提供系统高效的体制机制支撑。

由上所论,新中国成立初期,纵横交错的严密的新闻宣传机构系统形成,构建了自上而下的新闻宣传垂直领导管理体制和运行机制,同时也保障了党对新闻宣传工作的坚强领导。但这一时期新闻宣传机制在实践过程中出现一定程

---

① 刘江船:《建国前中国共产党新闻管理思想研究》,吉林人民出版社 2007 年版,第 67—107 页。
② 张蔚萍:《毛泽东思想政治工作学说》,陕西人民出版社 1993 年版,第 262 页。

度的偏差，出现了一些不实的报道。

四、外部信息刻板化

新中国成立前后，国际社会被冷战"铁幕"一分为二，形成美、苏两种力量泾渭分明的抗争格局。幅员辽阔、人口众多的新中国在对外关系上"联合苏联，联合各人民民主国家，联合其他国家的无产阶级和广大人民，结成国家的统一战线"[①]，与美国意识形态与政治价值观截然对立，遂成为西方国家重点封锁与进攻的对象。新中国逐渐陷于与西方资本主义国家相对隔绝的封闭状态，新闻宣传事业发展由此受到影响，具体表现为存在不少对西方资本主义国家的封闭式、误读式报道和对苏联与人民民主国家的僵化式宣传。

（一）囿于信息渠道的封闭性局限性，新闻宣传形成对西方资本主义国家的偏差和误读式报道

作为从属于上层建筑的工具，新闻宣传不可能超然独立，需在维护国家利益前提下，与内政外交高度契合。新中国成立后，一方面中国与外界隔离，西方国家刻意妖魔化中国，对新中国的未来充满各种妄断；另一方面，"一边倒""另起炉灶""打扫干净屋子再请客"[②] 等外交原则与和平统一战线、和平共处五项原则等外交政策确立，深刻影响着新闻宣传策略与方针制定。新中国成立初期新闻宣传也遵循"一边倒""向苏联学习"原则，在与西方社会"隔绝"的大环境下，形成不少关于西方资本主义国家的常识性偏差和误读式报道，构建起中国人民对西方世界的刻板印象。[③]

新中国成立初期，信息渠道封闭局限，有关美国等西方资本主义国家的信息极度稀缺，新闻宣传成为民众了解资本主义世界的唯一渠道。但囿于这一时期美苏的政治对抗和意识形态冲突，新闻宣传将马克思主义的阶级斗争理论、社会冲突理论以及五种社会形态理论作为"透镜"审视西方社会，[④] 将资本主义设定为通向共产主义这一人类社会发展演进"最高级阶段"的最大障碍，继而塑造了一个颓废的、堕落的、衰败的、反动的、腐朽的，充满罪恶的，需要

[①] 《毛泽东选集》第四卷，人民出版社1991年版，第1466页。
[②] 章百家：《解放战争时期毛泽东的国际战略思想》，参见国际战略研究基金会编《环球同此凉热——一代领袖们的国际战略思想》，中央文献出版社1993年版，第60页。
[③] 崔萌：《建构与误读：1950至1970年代〈人民日报〉话语中的美国形象》，首都师范大学2013年博士学位论文，第16页。
[④] 崔萌：《建构与误读：1950至1970年代〈人民日报〉话语中的美国形象》，首都师范大学2013年博士学位论文，第167页。

彻底与之决裂的西方世界。

新闻宣传大量运用渲染式的文学语言，而非准确的新闻语言，片面夸张地解读西方资本主义国家的民众生活状况，对战后西方社会福利的发展、中产阶级的崛起及其生活水平不断提高的事实的报道存在"失语"问题。在新闻报道中，西方资本主义国家"工人阶级的绝对贫困化加深"，"广大劳动人民日益贫困化"，"国内贫富悬殊的现象越来越尖锐，阶级矛盾不断激化"的整体图景被勾勒塑造出来。例如忽视了20世纪50年代美国黑人的法院斗争及其所取得的积极成果，以及战后美国社会福利的发展及经济水平的提高。美国的内政外交、社会经济、文化教育，由于其所反映的统治阶级意识形态，也都在宣传过程中被彻底否定。

缺乏事实依据的空泛性的批评报道，建构起一种关于美国等西方资本主义国家的"刻板印象"（stereotype），折射出中国共产党对美国等西方资本主义国家的态度，也潜移默化为国内公众观察审视中国与世界的一套政治价值观，深刻影响着国内民众政治实践和政治行为。国内形成对西方世界文化艺术和社会发展潮流的隔膜，在社会科学与文化交流方面也陷入封闭状态。

值得注意的是，此期大量对西方资本主义国家的常识性偏差和误读式报道是在特殊历史时期的特殊宣传环境下形成的，需回溯到具体时空条件下进行审视。

（二）僵化地报道苏联与人民民主国家建设成就，新闻宣传在一定程度上陷入封闭

新中国成立初期，新闻宣传对国际形势和国际问题的阐释集中于对帝国主义内部矛盾和侵略战争阴谋的阐释以及对苏联和人民民主国家建设成就的报道。对苏联的宣传中，包括报道"苏联援助中国的性质和中苏关系的本质，苏联技术的优越性，苏联专家的国际主义精神和优良的工作作风，中苏友协的工作"，等等[1]。苏联人民的幸福生活成为国内人民向往追随的目标，川西人民出版社仅一年就发行《苏联农民的幸福生活》19.5万册。[2] 但在一定程度的封闭状态下，新闻宣传僵化地报道苏联与人民民主国家建设成就，呈现出教条主义倾向。

---

[1]《华北、华东、中南、西南、西北各地宣传干部在东北参观后向中央宣传部的报告》，四川省档案馆藏，建川003-103。

[2] 四川省人民政府新闻出版处整理：《四川省报纸、出版资料》（1952年），四川省档案馆藏，建国后资料目录（第二册）-8-7/8。

在全面详细报道苏联社会主义经验的同时，新闻宣传工作也遵循"以苏联为师"的原则。一是系统地学习列宁、斯大林的办报实践、办报思想和苏联新闻工作传统，以此为样板，建构中国新闻宣传事业的基本体制。二是注重新闻学著作的译介出版，介绍苏联新闻界的采、写、编、评、摄、播、印刷以及经营管理和发行等新闻宣传工作的业务经验，以此为样板，改进新闻宣传业务。三是效仿苏联新闻宣传体制，在一元化宣传体制下巩固社会主义思想阵地。但由于机械搬用苏联经验，一定程度上出现了僵化、封闭的弊端。例如，片面认为苏联《真理报》是一张没有错误的报纸，译介《真理报》版样，甚至把整版《真理报》全部译成中文版，以供学习模仿，给新中国成立初期的新闻宣传工作带来一定局限。

第三节　新闻宣传的效果评析

新中国成立初期的新闻宣传，宣传党的主张，构筑国家民族观念与阶级意识，构建层次分明的新闻宣传体系，使中国共产党所追求的美好社会图景、所肯定的社会利益关系、所倡导的社会价值理念得到广泛传播，基本完成了社会主义意识形态建构与思想整合的历史重任。

一、宣传党的主张：奠定党的执政合法性基础

新中国成立初期，中国共产党由革命党转变为执政党，但少数人民群众对政权巩固和党的执政能力心存疑虑。中国共产党通过新闻宣传、舆论引导等方式，逐步构建起人民群众对马克思主义指导思想的理论认同和对新生人民民主政权的政治认同，奠定了党的执政合法性基础。

报纸、广播等新闻宣传媒介在各种斗争和建设事业中逐渐成为党宣传和贯彻路线、方针、政策，指导实际工作，联系、教育广大人民群众的有力武器。为进一步巩固党的执政合法性基础，赢得人民群众对新政权的支持，新闻宣传媒介不断增强自身党性和思想性，增加马克思列宁主义的理论宣传、党的生活宣传以及经济宣传，积极开展批评与自我批评。以报纸工作为例，一是加强理论宣传。新中国成立后，各级党委机关报，尤其是省、市以上党委机关报不断提高理论水平，进一步"成为宣传马克思列宁主义，宣传党的总路线，宣传社会主义思想，宣传党的政策决议的重要基地，成为反对一切脱离马克思列宁主

义、脱离党的总路线的倾向和与资产阶级思想作斗争的重要武器"[1]。二是加强党的生活宣传。主要表现在"加强宣传党对广大人民群众的政治工作和组织工作；加强宣传党在各项建设中的政治领导的正确实施；加强宣传党在整个国家建设事业中的领导作用，党的组织的堡垒作用和干部、党员的模范作用"[2]等方面。三是加强经济宣传。各级党委通过报纸动员群众开展劳动竞赛、提高劳动生产率，"积极支持工人阶级和农民群众（首先是参加了互助合作组织的农民）的一切创举，把先进生产单位、先进生产者的典型经验和重要成就推广到整个建设战线"[3]。经济宣传为工农业全面完成和超额完成国家建设的第一个五年计划并逐步完成社会主义改造服务。

马克思主义中国化为中国共产党执政合法性提供理论基础、认同基础和价值基础。新中国成立初期党的理论宣传、路线宣传与巩固人民民主专政、巩固工农联盟、巩固国防、保卫祖国的安全与独立、提高革命警惕性、加强民族团结和加强文化教育建设的宣传密切结合，取得了卓越的宣传成效。民众对马克思主义信仰、对新中国政治秩序以及对中国共产党执政地位的认同加深，马克思主义中国化历史进程加快。

二、发挥喉舌功能：形成马克思主义意识形态与舆论导向

中国共产党把握马克思主义科学理论的新闻宣传阵地，在各种纷繁思潮中不断扬弃，使马克思主义理论与社会主义价值观以具体化、通俗化、生活化、实践化的形式在全国范围内宣传普及。马克思主义主流意识形态从抽象、深奥、仅为少数人所理解认同，逐步转变为具体、通俗、为人民群众所普遍接受并付诸实践。

（一）马克思主义意识形态被广泛接受

马克思曾指出："批判的武器当然不能代替武器的批判，物质力量只能用物质力量来摧毁；但是理论一经掌握群众，也会变成物质力量。"[4] 新政权建立后，马列主义和毛泽东思想的相关新闻宣传存在"经常性、系统性和深刻性

---

[1] 中共中央宣传部办公室印：《中共中央关于改进报纸工作的决议》（1954年7月17日），四川省档案馆藏，建川003-113。
[2] 中共中央宣传部办公室印：《中共中央关于改进报纸工作的决议》（1954年7月17日），四川省档案馆藏，建川003-113。
[3] 中共中央宣传部办公室印：《中共中央关于改进报纸工作的决议》（1954年7月17日），四川省档案馆藏，建川003-113。
[4] 《马克思恩格斯全集》第三卷，人民出版社2002年版，第207页。

不足"①的弱点。中国共产党把握马克思主义科学理论的新闻宣传阵地,在各种纷繁思潮中不断扬弃,并在全国范围内和全体规模上循序渐进地介绍、宣传、发展马列主义。②为实现"理论为群众所掌握"的目标,新闻宣传发挥喉舌功能,加大对各阶层、各群体民众的马克思主义思想教育宣传力度,提高全民马克思主义理论水平,推动马克思主义大众化的整合力、认同力、吸引力和感染力。

一是在宣传部门的人员安排方面,充实马克思主义大众化力量。从1949年至1956年,中共中央曾先后任命陆定一、习仲勋为中宣部部长,胡乔木、徐特立、陈伯达、张际春、周扬、李卓然、何凯丰、张子意、张磐石等九位马克思主义理论权威为中宣部副部长。③地方基层也新增许多马克思主义理论水平较高的人员,极大地充实了马克思主义大众化力量。

二是在文化出版方面,扩大马克思主义、毛泽东思想宣传覆盖面。1949年11月成立中央人民政府出版总署,指导全国出版事业。"1949年,全国书刊印刷厂不足百家,职工人数不足4000人",大多分布在以上海为中心的大城市;新中国成立后,全国推行"邮发合一",形成以北京为全国中心,以上海、重庆、西安、武汉、沈阳为各区域中心的遍布城乡的宣传网,扩大了马克思主义、毛泽东思想宣传的宣传范围。④

三是在宣传形式方面,丰富新闻宣传载体和形式,发挥舆论导向作用。报纸、报刊、广播电台等作为宣传思想的重要载体和理想阵地,在新中国成立初期确立、巩固马克思主义指导地位的过程中发挥了重要的舆论导向作用。例如,《人民日报》从社会实际出发,运用新闻、评论、讲话等形式大力宣传党的路线、方针和政策;通过具有一定代表性和权威性的言论,积极宣传马克思主义、毛泽东思想;刊载大量文章,批判资产阶级唯心论等,肃清非马克思主义思想。

(二) 社会主义价值观深入人心

一个新社会从旧社会的胎胞里产生,在意识形态与价值观——尤其在伦理

---

① 川南区首届报纸工作会议大会秘书处编印:《中共中央中南局关于加强报纸工作中马克思列宁主义和毛泽东思想的决定》,四川省档案馆藏,建国后资料目录(第二册)-8-9/8。
② 《刘少奇选集》下卷,人民出版社1985年版,第91页。
③ 王留玉:《建国初期马克思主义大众化研究(1949—1956年)》,三峡大学2011年硕士学位论文,第32页。
④ 蒋建华、冯婉蓁、李弘:《中华人民共和国资料手册(1949—1999)》,社会科学文献出版社1999年版,第531页。

道德范畴，仍受到旧社会和长久的反动宣传的束缚。为引领社会变革，凝聚社会共识，新政权构建了相对稳定的，既反映人民思想变动又同党的主流意识形态之间保持相对平衡的价值观。新闻宣传在对国民进行以马克思主义为指导的思想启蒙的同时，树立社会主义共同理想与奋斗目标，倡导平等、互惠的劳动理念，培育以爱国主义为核心的民族精神与以集体主义为核心的时代精神，宣传以艰苦、勤俭、保护婚姻家庭、爱护母亲儿童等为主旨的道德观。

建立宣传网制度，促进社会主义价值观构建。新中国成立后，各级党组织加强人民群众的宣传思想工作，系统化建立党的宣传阵地。这是新中国伊始马克思主义大众化的一个极其重要的路径。1951年1月1日，党中央颁发《关于在全党建立对人民群众的宣传网的决定》，规定每个党支部都必须设立宣传员，同时在党的各级报刊设立报告员。[1] 截至1951年4月，仅东北、华东、华北、中南四个大区就已遴选出宣传员30多万人。[2] 宣传网制度在1956年党的宣传机构及宣传力量不断充实以后逐渐淡出，但其存续时期在全面动员群众参与国家建设、抵制错误思潮等方面承担了重要的历史使命。

注重报刊宣传，树立新时代的新思想、新观念、新风尚。正如刘少奇指出，报纸是党的重要宣传教育工具，是"党联系群众的桥梁"[3]。以《人民日报》为例。新中国成立初期，一方面，中国共产党利用报刊进行知识分子思想改造。知识分子在《人民日报》上发表文章，谈心得体会，进行自我教育和自我批评等。另一方面，利用报刊进行集体主义、爱国主义教育。《人民日报》以其代表性和权威性，成为民众了解国家大事和培育爱国情感的主要途径。例如，在抗美援朝战争中，报社记者以笔为武器，控诉美国侵略，唤起了广大人民的爱国主义和国际主义精神。此外，中国共产党通过报刊倡导艰苦奋斗、勤俭节约的社会主义道德观，报道"增产节约运动"及"三反""五反"运动，改良社会风气，重塑新的道德风尚。

倡导报道语言的朴实通俗，极大地消除了马克思主义理论的神秘感，对社会主义价值观深入人心大有助益。朴实的文风符合新中国成立后的社会氛围，同时也利于各层次的读者阅读。[4] 新中国成立初期，民众中文盲、半文盲比例偏高，绝大多数甚至无法阅读文字出版物。新闻宣传以平实语言和平白叙事为

---

[1] 《中共中央关于在全党建立对人民群众的宣传网的决定》，《人民日报》1951年1月1日第1版。
[2] 人民出版社编辑部：《怎样建立宣传网》，人民出版社1951年版，前言。
[3] 《刘少奇选集》上卷，人民出版社1996年版，第398页。
[4] 范敬宜、王君超：《党报宣传艺术新论》下册，人民日报出版社2009年版，第108页。

主，促进马克思主义基本理论和社会主义价值观以具体化、通俗化、生活化和实践化的形式在全国范围内宣传普及。

正如毛泽东所言，"中国人被人认为不文明的时代已经过去了，我们将以一个具有高度文化的民族出现于世界"①，新生的社会主义政权在思想道德领域革旧鼎新，逐步建立起一套完全异于旧中国和资本主义社会的道德体系。马克思主义所追求的"每个人自由而全面发展"的价值理想逐步转化为人民群众为新生活、新理想奋斗的动力。

三、凝聚人民共识：培育国家民族意识与阶级意识

中华人民共和国成立，"新中国"由观念变为现实，中华民族实现了梦寐以求的民族独立。②然而，对于年轻的共和国政权，国家形象与民族意识尚未形成，国民对国家概念和国家前途命运的认知模糊不清。强化国民对"新中国"的普遍认同，必须根据意识形态领域的深刻变化除旧布新，确立马克思主义在意识形态领域的指导地位。新闻宣传在这一过程中被赋予重要使命，它与文艺宣传、政治宣传、国家仪式等形成合力，在理论与实践层面培育阶级意识，塑造国家形象，构筑国家观念，增强民族情感，构建了马克思主义话语体系，确立了马克思主义在意识形态领域的指导地位。

（一）确立马克思主义国家意识形态与民族主体价值，实践层面推动马克思主义中国化进程

中国共产党凭借在革命年代树立起来的威信，使新闻宣传媒介迅速获取人民信任。新闻宣传媒介通过对马克思主义基本理论、爱国主义生产竞赛运动、抗美援朝等的深入宣传，使人民群众逐步形成国家、民族观念，思想意识觉醒。在抗美援朝期间，全国广泛组织广播大会，群情至为激昂。据统计，北京举行的一次工商联广播大会中，参加收听的单位，包括全市所有136个行业和郊区8个工商联分会，听众达23.8万人以上；3小时内，所捐款项即超过23.6亿元，会后不到10天，全市工商界即捐款215.5亿元，超额50%完成捐献计划。③通过实况转播和录音广播等方式，广大民众保家卫国的政治情绪动

---

① 《毛泽东文集》第五卷，人民出版社1996年版，第345页。
② 周良书：《"新中国"观念的生成和国家形象的初步建构》，《北京师范大学学报（社会科学版）》2016年第4期。
③ 中国共产党北京市委员会宣传部编印：《解放后十年来北京人民广播事业（1949—1958）》，北京市档案馆藏，1-12-863。

员起来，爱国主义与国际主义觉悟提高。同时，报纸、广播等新闻宣传媒介在各种运动和建设事业中逐渐成为党宣传和贯彻路线、方针、政策，指导实际工作的工具，"成为反对一切脱离马克思列宁主义、脱离党的总路线的倾向和与资产阶级思想作斗争的重要武器"①。

马克思主义国家意识形态与民族主体价值是相辅相成的。② 新中国成立后，确立马克思主义在国家意识形态领域的指导地位成为新闻宣传的历史使命。完成这一历史使命，需并行不悖地提高马克思主义信仰与对国家利益的坚持。新中国成立初期的新闻宣传工作将马克思主义基本理论与爱国思想、家国理念渗透到民众的生产生活中，与文艺宣传、政治宣传、国家仪式等多种宣传形式相融，在塑造国家形象、构建民族共同体的过程中，夯实了马克思主义的指导地位。马克思主义国家意识形态与民族主体价值的构建，在实践层面推动了马克思主义中国化的发展进程，巩固了新生政权。

（二）培育阶级意识，理论层面推动马克思主义中国化的逻辑进程

阶级意识是"关乎阶级总体的（非个体简单相加的整体）对自己的阶级利益和社会地位的体系化、理论化的自觉意识"，是马克思意识形态概念的精神实质。③《中国人民政治协商会议共同纲领》规定：中华人民共和国为新民主主义即人民民主国家，实行工人阶级领导的人民民主专政。④ 新中国这一政治安排和阶层调整使工人一跃成为领导阶级，但社会其他阶层，包括部份干部、单位职工、青年学生、农民等，最初曾对人民民主专政缺乏正确认识，且对工人领导权认同度不高，《人民日报》在新中国成立前夕曾有报道：

> 他们认为："没有教育好的工人，只有自私自利……"
>
> 他们认为："工人能提出多少完整的意见？顶多提一些零零星星的东西……"
>
> 有一个干部动员工人学习时讲："要好好学习，否则，当一辈子工人，

---

① 中共中央宣传部办公室印发：《中共中央关于改进报纸工作的决议》（1954年7月17日），四川省档案馆藏，建川003-113。

② 郭沂：《国家意识形态与民族主体价值相辅相成——全球化时代马克思主义与儒学关系的再思考》，《哲学动态》2007年第3期。

③ 张志丹：《阶级意识：马克思意识形态概念的精神实质》，《社会科学》2015年第11期。

④ 中共中央文献研究室：《建国以来重要文献选编》第一册，中央文献出版社1992年版，第2页。

有什么用啊！"①

一些农民对接受工人领导存在不满情绪，认为"要不是农民种地，谁也吃不上饭，天下又是农民打下的，所以农民应该占领导地位"②。

鉴于此，新闻宣传采取一系列措施来加强工人阶级领导权宣传。作为宣传阵地的党报党刊，明确刊物编辑的根本问题是"必须用工人阶级的思想、观点来教育农民"③，对错误表述工人阶级领导权的革命书籍进行批评④。各地广播电台围绕人民民主专政和工人阶级领导权相关问题展开讨论，向民众传输"工人阶级最有远见"⑤"最富于革命的彻底性"⑥，"共产党是工人阶级的先锋队"等重要观点。通过宣传，社会各阶层构建起"工人是光荣的，工人阶级是一个伟大的阶级"这一普遍共识，"工人老大哥"形象具体化、生动化。伴随工人阶级政治地位日益提高，民众的阶级意识觉醒。阶级意识的培育在理论层面推动了马克思主义中国化的逻辑进程，确立了社会主义制度。

（三）构建马克思主义话语体系，全国范围推动马克思主义世界观和方法论的普及

福柯以为，"话语即权力"，具有物质性的话语实践决定其他社会力量，又是由其他社会力量形成的。⑦ 话语不仅是施展权力的工具，也是掌握权力的关键。罗兰·巴特也提出，权力与话语是一种互生关系。意识形态话语由于和社会政治、经济等要素密切相关，因而成为政治权力的力量表征。新中国成立后，为巩固政权与建构共识，中国共产党大力宣传马克思主义基本理论，并用马克思主义的立场、观点、方法指导各项中心工作的宣传任务。新闻宣传的导向功能与意识形态领域的深刻变化结合，构建了覆盖全国的马克思主义话语体系，影响其他社会力量的发展，也奠定了党的执政合法性基础。

马克思主义理论的文本建设进入有计划、有步骤的系统阶段。《马克思恩格斯全集》《斯大林全集》《列宁全集》等马列经典著作编译发行，《毛泽东选集》等党的领导人著作出版，国外学者马列著作编译出版，一批有影响力的理

---

① 华明：《工作干部应好好学习历史唯物主义》，《人民日报》1949年9月7日第5版。
② 《华北区城乡物资交流展览会工作总结》，《人民日报》1951年11月27日第2版。
③ 彭展：《"中南农民"一年来的编辑工作》，《人民日报》1952年5月16日第3版。
④ 谌颖：《建国初民众对工人领导权态度的转变——基于〈人民日报〉的历史考察》，《传承》2015年第10期。
⑤ 于今：《记华中团校的思想教育》，《中国青年》1949年第21期。
⑥ 于今：《记华中团校的思想教育》，《中国青年》1949年第21期。
⑦ 陈学明等：《二十世纪西方马克思主义哲学》，人民出版社2012年版，第669页。

论刊物如《学习》《哲学译丛》《经济译丛》《政法译丛》创办,精辟阐释了马克思、恩格斯、列宁的重要理论观点以及学习马克思主义的基本方法。马克思主义理论文本的大面积出版发行是新中国成立后全国政治生活中的一件大事,也成为推介、探研马克思主义的重要渠道。

报刊、广播电台等宣传媒介增强思想性与群众性,全面、通俗、有针对性地宣传马克思主义世界观,阐释辩证唯物论和历史唯物论。《新建设》团结学术界人士,学习马克思列宁主义,"共同探讨学术方面、特别是社会科学方面的各种问题";《新华半月刊》针对机关干部和科学研究工作者,"编选宣传马克思列宁主义";《中国工人》向工人群众通俗浅显、图文并茂地"宣传共产主义与共产党"[①]。广播电台举办知识讲座成为宣传马列主义基本理论和毛泽东思想的一大特色。中央人民广播电台曾在黄金时段邀请艾思奇、于光远、王惠德等理论家举办社会科学讲座,获得群众空前好评。全国人民在"政治经济学""社会发展史""帝国主义论"等系列知识讲座中受到深刻的马列主义和社会主义思想教育。

党的中心工作宣传与马列主义的立场、观点、方法结合,马克思主义在社会各阶层、各领域迅速普及。中共中央西南局宣传部在1953年的普选宣传工作,尤其是基层选举宣传工作中,要求《新华日报》等报刊根据中央宣传部的指示,于一般报道外,组织一系列文章,"介绍马克思列宁主义对民主的观点",以及普选的意义和选举法的内容。[②] 马克思主义最终作为一种方法论,为党的各项中心工作提供思想指导。

四、完善机构设置:构建层次分明的新闻宣传体系

党的新闻宣传机构是各级党组织开展新闻宣传工作的组织实体。新中国成立初期,各级新闻宣传管理机构和执行机构组成了上下贯通的层级系统。从中央到地方各级党委宣传职能部门,再到报告员、宣传员所构成的自上而下的垂直领导管理体制和运行机制相继建立;大批新闻人才和干部通过高等院校的培育、基层群众的选拔以及对旧中国新闻工作者的改造陆续涌现。覆盖机关、厂矿、街道、学校、农村等一切社会组织细胞的层级分明的庞大新闻宣传机构队伍形成。

---

① 中国共产党北京市委员会宣传部编印:《北京志·报纸杂志篇》,北京市档案馆藏,1-12-864。

② 中共中央西南局宣传部印:《中共中央西南局宣传部关于普选宣传工作计划》(1953年),四川省档案馆藏,建川003-40。

新中国成立初期的新闻宣传实践与经验（1949—1956）

（一）中央高层机构

新中国成立前，我国新闻宣传组织机构设置已基本成型。一是建立了中共中央宣传部、中央教育宣传委员会、中央机关报编辑委员会、中央报纸编辑委员会等新闻宣传管理机构，并建立健全各级宣传部门；二是创办各类新闻媒体，发展与新闻宣传工作相关的业务机构，如报社、杂志社、通讯社、出版社等。[①] 新中国成立后，中国共产党调整转变中央宣传部任务，提出"宣传部应当作为一个计划机关、指挥机关、领导机关来推动全党做宣传工作"[②]，确立党委宣传部"应该帮助党委来管整个思想战线"[③] 的战略方向。由此，新的历史条件下党对中央及各级宣传部工作任务逐步形成科学、清晰且富有辩证思想的认识与规定。各级宣传部摆脱了大量行政事务性工作，集中管理整个思想战线。党的新闻宣传机构不断调整，趋向完善和系统化，对巩固新政权和推进社会主义意识形态大众化意义重大。

中央人民政府成立后，于1949年11月1日成立新闻总署，负责领导全国新闻事业和管理国家新闻机构，保证了新中国成立初期宣传任务顺利完成。值得一提的是，新闻总署具有开创性地颁布了一系列新闻法规，使管理趋于规范化、法制化。其中，《全国报纸杂志登记暂行办法（草案）》《关于建立广播收音网的决定》《关于改进报纸工作的决定》等政策规定，逐步实现了党和政府对报纸、电台等新闻宣传业务机构的统一领导与管理。1952年8月新闻总署撤销，党中央及各级党委的宣传部门逐步代替政府部门主管新闻事业与新闻宣传工作。

（二）地方中层机构

新中国成立初期各级党委宣传部机构残缺不全，人力资源尤缺。为改变这种状态，中国共产党进一步健全地方宣传机构，并将"用马列主义的思想原则在全国范围内和全体规模上教育人民"作为宣传工作最基本的政治任务，要求中央及各级党委必须定出计划，在一两年内逐步完善宣传部的机构设置和人力资源配置，以增强马列主义的宣传教育。各市委宣传部内部机构趋于系统化完

[①] 刘江船：《建国前中国共产党新闻管理思想研究》，吉林人民出版社2007年版，第67—107页。

[②] 中共中央文献研究室：《建国以来重要文献选编》第二册，中央文献出版社1992年版，第296页。

[③] 中共中央宣传部办公厅、中央档案馆编研部：《中国共产党宣传工作文献选编（1949—1956）》，学习出版社1996年版，第1097页。

善化,宣传、出版、教育等各系统的工作在党委宣传部内都设有相应的业务管理归口部门。宣传部工作范围拓展,既管理新闻宣传工作,也监督、管理、协调文化教育工作。党委宣传部成为"党委的一个工作机关",为党对宣传工作的系统化领导与管理提供坚强的组织支撑。

通过各地机构调整及制度设立,新闻宣传机构设置和建设基本符合中央要求,同时也适应新中国成立初期新闻宣传的需求。地方新闻宣传机构得到调整和充实,全国新闻宣传组织机构也日趋完善,一张巨大的新闻宣传网络覆盖各地民众,引导着社会舆论导向。

(三)基层宣传机构

党的宣传机构向各地区、各部门、各行业渗透,形成一个严密的新闻宣传机构系统,覆盖各基层。城市从区委宣传部到街道党委宣传部的宣传机构网络体系开始形成;工业企业、商业企业、服务业企业各级党委都设有宣传部;[①]地区设立区宣传机构,在区内宣传工作中发挥协调作用,不代替各系统的垂直领导。一个纵横交错的严密的新闻宣传机构系统逐步形成,保障了党的新闻宣传工作有力开展,同时也保证了党对新闻宣传工作的坚强领导。

群众团体作为类似党政机构的组织,通过形式多样的宣传方法向人民群众展开宣传,积极地引导舆论。工会、青年团、妇联或特定背景下成立的群众性团体,如中苏友好协会、反侵略委员会等,在党的支持下成立并接受党的领导,阵容庞大,且在群众中影响广泛。宣传部门与各群众团体构建了领导与被领导的关系。

庞大的宣传网发挥宣传机构的组织动员功能,深入田间地头、工厂矿区、胡同巷口,迅速传播党的各项方针政策,建立了坚实的群众基础,更加有效地进行社会动员。中国共产党将构建宣传员与报告员体系作为建立经常性、系统性宣传工作的重要手段。

由上所论,新中国成立初期,在各级党委领导下,全国建立起从中央到地方再到基层的自上而下的垂直领导管理体制和运行机制,形成了以党的各级组织为依托,以报告员和宣传员为核心骨干,包括党的宣传职能部门以及非党群众宣传组织在内的,覆盖机关、厂矿、农村、街道、学校等一切社会组织细胞的庞大群众宣传网络体系。

---

① 张蔚萍:《毛泽东思想政治工作学说》,陕西人民出版社 1993 年版,第 262 页。

本章小结

新中国成立初期，面临国际上美、苏两种力量泾渭分明的抗争格局与国内新生政权亟待巩固的严峻挑战，中国共产党把各项宣传任务，尤其是以马克思主义为主导的社会主义意识形态宣传，与党的各项中心工作和人民利益需求联系起来，确立了立足群众主动宣传、立足实际正面宣传、立场鲜明集中宣传、重点突出典型宣传的新闻宣传策略，有力推动了马克思主义意识形态和社会主义价值观的广泛传播，为新生政权巩固和新的国家形象塑造发挥了重要作用。新闻宣传策略影响着新闻宣传机制的变迁，是建构政党领导合法性的逻辑起点，也为这一时期新闻宣传取得卓著成效奠定了坚实的基础。

任何一个成熟的社会都要选择与其经济基础相适应的思想理论作为指导。新中国成立初期，马克思主义的基本原理、科学体系作为党的思想武器，引导新政权的巩固和发展，其精神实质与根本方法也最终作为一种思想理念和方法论，在思想文化领域得到普及，并为新闻宣传提供思想指导。在马克思主义指导下，中国共产党总结出一套行之有效的新闻宣传思想，建立了与经济政策相适应的新闻宣传体制和政策，初步构建了覆盖各阶层、各领域的新闻宣传事业体系。新闻宣传呈现指导思想一元化、宣传对象全民化、运行机制垂直化的基本特征。但是，在美苏激烈对抗的国际格局下，新中国遭受西方资本主义国家的重点封锁与进攻，逐渐陷入与西方资本主义国家相对隔绝的封闭状态，影响了新闻宣传事业发展，新闻宣传呈现出外部信息的刻板性特征。

新中国成立初期，党的新闻宣传虽处于起步阶段，尚存在许多弊端，但其取得的卓越成效不容忽视。新闻宣传宣传党的主张，奠定党的执政合法性基础；发挥喉舌功能，形成马克思主义意识形态与良好舆论导向；凝聚人民共识，培育国家民族观念与阶级意识；完善机构设置，构建层次分明的新闻宣传体系。新闻宣传使中国共产党所追求的美好社会图景、所肯定的社会利益关系、所倡导的社会价值理念得到广泛传播，为建立社会主义意识形态，赢得人民群众对新生政权的广泛认同作出了突出贡献。

第七章 新中国成立初期党的新闻宣传的经验与启示

以上从价值重塑、体制重构、渠道与力量整合等方面对新中国成立初期新闻宣传作详尽考察，从中勾勒出这一时期新闻宣传的完整图景与发展轨迹。诚然，当前新闻宣传条件、环境与六十多年前不可同日而语，但国内国际形势仍然复杂严峻，意识形态领域的多元化程度也甚于新中国成立初期。新中国成立初期新闻宣传的目标设计、理念设计、制度设计和动力设计，为当今新媒体环境下新闻宣传工作提供了丰富实践经验。深入探研其外部环境与内在体系、运行模式之间的逻辑关系，总结基本经验，形成对这一时期新闻宣传运动规律的深入认识，有利于为新时期我国新闻宣传改革发展明确方向，也有利于从战略高度思考当前新闻宣传的责任定位，推动马克思主义新闻理论在新闻宣传工作中的继承创新。

第一节 新闻宣传的主要经验

中国共产党在新中国成立初期的新闻宣传实践中形成了众多优良传统和行之有效的经验，包括坚持马克思主义的指导地位、坚持党性与人民性统一、宣传内容全面化、宣传渠道立体化、宣传队伍专业化等方面。这些富有生命力的新闻宣传经验是新中国革命与建设事业取得辉煌成就的精神导线。

一、坚持马克思主义的指导地位

坚持马克思主义指导地位是无产阶级党报和社会主义新闻宣传事业的基本指针。马克思认为，"统治阶级的思想在每一个时代都是占统治地位的思想"[1]。新闻宣传事业是党的事业的重要组成部分，新闻宣传指导思想与党的

---

[1] 《马克思恩格斯选集》第一卷，人民出版社1995年版，第98页。

新中国成立初期的新闻宣传实践与经验（1949—1956）

指导思想应保持高度一致。列宁曾指出，"只有马克思主义的世界观才正确地反映了革命无产阶级的利益、观点和文化"①，无产阶级党报党刊必须"严格按照一定的方针办报"，一言以蔽之，"这个方针就是马克思主义"②。新中国成立初期，马克思主义成为无产阶级新闻宣传事业的根本原则，其对新闻宣传工作的重大指导作用影响至今。

新中国成立前，中国共产党即确立了以马克思主义为指导的新闻宣传方针。早期马克思主义者实现了报刊传播马克思主义的初步尝试。无产阶级报刊深入学生群体和工农兵群众，用通俗语言宣传马克思主义；一大批无产阶级报纸和刊物陆续问世；改组后的《新青年》和《共产党》月刊等刊物更是以鲜明的文字宣传党的方针和宗旨，为无产阶级发出强音。两次国内革命战争时期，党提出了无产阶级报刊是无产阶级革命的"罗针"；无产阶级的首要任务是"宣传"和"组织"；新闻宣传工作要了解群众普遍需求、重视事实、坚持朴实的文风；党报工作者要忠诚于党和人民，要不断加强马克思主义理论修养等一系列重要的马克思主义新闻宣传思想。③ 这一时期涌现了李大钊、蔡和森、瞿秋白、恽代英等一大批中国早期党报工作者的杰出代表，马克思主义新闻学派在中国出现。④ 抗日战争时期，党制定出全党办报、群众办报方针，以大众化、通俗化的内容形式，对党员、民众、日伪、国民党、华人华侨和国际友人进行宣传，取得了显著成效。全国解放战争时期，党高度重视新闻宣传战略与策略的发展，强化宣传的党性原则，新闻宣传逐步走向制度化和规范化。

新中国成立初期，面临错综复杂的国内外形势和新旧意识形态交锋的严峻挑战，坚持马克思主义的指导地位成为新闻宣传的根本原则。中华人民共和国成立后，毛泽东旗帜鲜明地提出："在我们无产阶级专政的国家里，当然不能让毒草到处泛滥。无论在党内，还是在思想界、文艺界，主要的和占统治地位的，必须力争是香花，是马克思主义。"⑤ 1951年的《中国共产党第一次全国宣传工作会议关于加强党的宣传教育工作的决议（草案）》也明确指出，"今后

---

① 《列宁选集》第四卷，人民出版社2012年版，第299页。
② 列宁：《〈火星报〉编辑部的声明——编辑部的话》，《列宁全集》第四卷，人民出版社1984年版，第316页。
③ 童兵、林涵：《20世纪中国新闻学与传播学（理论新闻学卷）》，复旦大学出版社2001年版，第210—212页。
④ 童兵、林涵：《20世纪中国新闻学与传播学（理论新闻学卷）》，复旦大学出版社2001年版，第212页。
⑤ 《毛泽东文集》第七卷，人民出版社1999年版，第197页。转引自欧阳雪梅：《毛泽东与马克思主义在我国思想文化领域指导地位的确立》，《毛泽东研究》2016年第3期。

党的宣传工作基本任务,就是要在新的条件下努力扩大已经得到的成绩,继续在全体党员中、全国工人阶级中和全国人民中扩大马克思列宁主义的宣传,以便巩固和扩大人民革命的胜利,以便不断提高每个党员、每个工人、每个人民的觉悟性和积极性,来迎接人民民主主义的伟大建设时期,并争取光明灿烂的社会主义前途。"① 中国共产党在马克思主义指导下宣传党的路线、方针、政策,并以马克思主义新闻宣传原则和新中国成立初期新闻宣传实践为基础,创造性地继承和发展了马克思主义新闻观。

党报的无产阶级性质和为工农劳动群众发声的阶级基础进一步确立,新闻宣传的马克思主义一翼得以形成。在新闻宣传指导思想方面,中国共产党运用马克思主义观点指导办报工作和新闻宣传事业发展,形成行之有效的新闻宣传原则纪律,建立马克思主义中国化新闻宣传思想体系,坚持党性原则、全党办报、群众路线。在机构与队伍建设方面,党积极培育新闻工作者成为坚定的马克思主义者,把维护马克思主义理论的科学性、保证党报理论的正确性作为新闻宣传工作首要职责,要求编辑部必须遵循党的纲领和策略。在内容建设方面,从单纯译介出版马克思主义著作,到用马克思主义原理分析中国社会现实,再到构建马克思主义话语体系,在全国范围推动马克思主义世界观和方法论的普及,凸显了"**坚持唯物论,尊重事实,反映生活实际**"这一新闻宣传核心。在对象与特点方面,新闻宣传对象从青年学生扩大到以工农兵群众为主体的全国范围和全体规模,从零散化、碎片化到系统化、全面化。马克思主义最终作为一种工具理性和方法论,在新中国成立初期的政治、经济、思想、文化领域得到普及,并为新闻宣传提供指导思想和发展方向。

在马克思主义视域里,马克思主义的理论过程主要存在于两方面:一是生成纯粹的理论形态、文本或体系,二是将理论转化为改造现实世界的实质力量。② 新中国成立初期,新闻宣传坚持马克思主义指导地位,从静态和动态角度完成了马克思主义科学理论的内在逻辑生成和外化实践指向。一方面,马克思主义理论文本大面积译介出版,一批有影响力的理论刊物创办,马克思主义话语体系初步构建。另一方面,中国共产党用马克思主义的立场、观点、方法指导各项中心工作的宣传任务,新闻宣传的导向功能与意识形态领域的深刻变化结合,马克思主义主流意识形态从抽象、深奥、仅有少数人理解认同,逐步

---

① 中央宣传部办公厅编:《党的宣传工作会议概况和文献(1951—1992)》,中共中央党校出版社1994年版,第33页。

② 姚朝华:《新中国主流意识形态话语体系变迁及发展研究——基于〈人民日报〉核心话语嬗变的分析》,复旦大学2014博士学位论文,第105页。

演变为具体、通俗，得到人民群众普遍接受并转化为改造现实世界的实质力量。

二、坚持党性与人民性统一

"党性"与"人民性"是无产阶级新闻宣传事业的命脉与灵魂，"做党和人民的耳目喉舌"构成无产阶级新闻工作者的专业使命与价值皈依。恩格斯1845年批判德国思想家用"抽象的人性"和"普遍的爱"来宣扬"绝对的社会主义"时提出，这一社会主义理论"由于自己在理论领域中没有党性，由于自己的'思想绝对平静'而丧失了最后一滴血、最后一点精神和力量"。[①] 列宁在《党的组织和党的出版物》中批评超阶级、超党派的"无党性"论点，毫不隐讳地提出，"出版物应当成为党的出版物"，成为党的"齿轮和螺丝钉"。[②]《〈莱比锡总汇报〉的查封》一文中，马克思也指出，报刊应该是有声的，是"人民日常思想和感情的表达者"，"它生活在人民当中，它真诚地和人民共患难、同甘苦、齐爱憎"。[③] 从上述马克思主义经典论述中不难发现，党性与人民性是高度统一的，党性是"阶级性最高而集中的表现"，无产阶级的党性"是无产者本质的最高表现"，也是"无产阶级利益最高而集中的表现"。[④]

中华人民共和国成立后，中国共产党和人民群众分别作为推动历史发展的领导核心和主体力量，开展追求生产力解放和人的自由全面发展的伟大实践。新中国是人民的共和国，其最鲜明的社会属性与政治本色在于人民，其核心政治价值内含一切为了人民、一切服务人民、一切依靠人民的马克思主义群众观。[⑤] 由此，中国共产党以"人民群众创造历史的历史唯物主义"为哲学基础，以"人民主权"为政治哲学基础，[⑥] 将党性根植于人民性，作为人民性的集中体现，将人民性作为党性的根基与来源。坚持党性与人民性统一成为党在历史唯物主义指导下生成的重要政治论断，也成为党的新闻宣传工作的灵魂与生命线。

新中国成立初期，党的新闻宣传工作在思想上体现无产阶级的政治立场和价值导向，在组织上保障新闻宣传事业作为党领导新政权的精神中枢引导舆

[①]《马克思恩格斯全集》第四十二卷，人民出版社1979年版，第357页。
[②]《列宁选集》第一卷，人民出版社2012年版，第663页。
[③]《马克思恩格斯全集》第一卷，人民出版社1956年版，第187页。
[④]《刘少奇论党的建设》，中央文献出版社1991年版，第224—225页。
[⑤] 李彬：《专业性还是人民性：新中国新闻业的一点断想》，《经济导刊》2014年第6期。
[⑥] 北京大学强世功教授观点，参见潘维、玛雅：《人民共和国六十年与中国模式》，生活·读书·新知三联书店2010年版，第131页。

论、统一思想。① 一方面，新闻宣传工作尊重人民首创精神，发挥人民主体地位，维护人民根本利益，以正确的政治导向报道人民群众真正关切的重大问题，取得了引人瞩目的成效；另一方面，新闻宣传同党中央保持一致，坚持用马克思主义的立场、观点和方法教育人民，无条件宣传党的纲领、路线、方针、政策，把对党的忠诚和对人民负责统一起来，使"我们的宣传完全符合党的政策"②。

新闻宣传组织，包括新闻宣传机构与新闻媒介，遵循党性原则和马克思主义群众观，在结构复杂、成分多样的对象群体中开展了卓有成效的工作。抗美援朝、镇反肃反运动中，以爱国主义、国际主义和革命英雄主义思想教育群众，动员人民同美帝国主义和反革命分子坚决斗争；"三反""五反"和知识分子思想改造运动中，引导群众逐步划清同资产阶级思想的界限；第一个五年计划期间，报道工人、突击队、节约队的活动，支持工人群众的创造发明和合理化建议，组织群众为提前完成和超额完成国家计划贡献力量。上述所论，新闻宣传组织在坚持党性与人民性统一的基础上，推动了新中国成立初期生产资料所有制方面的社会主义改造和政治思想战线社会主义革命的伟大社会变革。

但遗憾的是，囿于社会实践的复杂性、偶然性和多变性，新闻宣传工作中也局部地、偶然地出现了一些党性与人民性不统一的现象。例如，新闻报道缺乏生气，"对于中共的政策宣传不及时、不系统、没有力量"，不能反映国内和国际生活的客观实际；文章长篇大论多，"标题呆板、写法笨拙、更没有不同意见的讨论"；"无论学术问题和政治问题，都是一家独唱，未见'百家争鸣'的气象"。③ 1956年7月1日《人民日报》在改版社论《致读者》中一针见血地指出，"我们的报纸名字叫作'人民日报'，意思就是说它是人民的公共的武器，公共的财产"，"人民群众是它的主人"。④《人民日报》的新闻改革是从在革命中诞生的、与战争年代相适应的"以宣传为本位"的党报模式向"以新闻为本位"回归的伟大实践，亦是在坚持党性与人民性的新闻宣传改革实践中的积极探索。新华社、中央广播事业局也相继进行改革，为全国性新闻改革作出垂范。

---

① 吴风：《政党政治与新闻党性原则》，《山西大学学报（哲学社会科学版）》2013年第3期。
② 《毛泽东新闻工作文选》，新华出版社1983年版，第98页。
③ 北京市地方志编纂委员会：《北京志·新闻出版广播电视卷·报业·通讯社志》，北京出版社2006年版，第81页。
④ 《致读者》，《人民日报》1956年7月1日第1版。

三、宣传内容全面化

新中国成立初期，国家政治、经济、社会生活、思想文化进入全面转型期，中国共产党为建构马克思主义意识形态话语体系开展了内容全面且成效卓著的新闻宣传。具体而言，新闻宣传工作围绕过渡时期国家的经济、社会、执政党、思想文化建设等内容展开，逐步确立了以马克思主义为指导的社会主义意识形态的主导地位。

经济建设宣传方面，新中国成立初期七年，相较于新中国成立伊始生产萎缩、市场混乱、交通梗阻、民生困苦、失业众多、投机猖獗、物价飞涨的严峻经济形势，国家财政经济状况好转，经济结构发生根本变化。在经济建设"凯歌行进"的七年，正确的舆论导向发挥了巨大推动作用。新闻宣传工作以土地改革的宣传动员激活生产力中最活跃因素，以三大改造的深入宣传推动生产关系快速变革，以经济恢复振兴的宣传报道建立农民、工人、工商业者对中国共产党和新政权的认同，重建基层社会秩序。

社会建设宣传方面，与经济恢复相映照，新中国成立初期政治清明、社会平等，社会风尚和道德水平显著提高。新闻宣传倡导并展现了社会的新风尚和人民的新生活，呈现出欣欣向荣的新景象。具体体现在：对马列主义与毛泽东思想的介绍，对平等、互惠的劳动理念的倡导，对以艰苦奋斗、勤俭节约、保护婚姻家庭、爱护母亲儿童等为主旨的道德观的宣传，对人民群众幸福乐观的精神面貌和人民当家作主的角色转换的展现。

执政党建设宣传方面，由于从局部执政向全国范围执政转变，中国共产党为巩固执政地位、完善执政方略、实践政策主张、完成执政使命，通过路线宣传、政策宣传、外交宣传、爱国主义宣传等方式，把马克思主义执政理论与党执政新实践结合，塑造了中国共产党全面执政新形象。

思想文化宣传方面，新中国面临思想文化的全面转型与重建。新闻宣传媒体成为破除旧文化、建设新文化最重要的阵地，承担着构建新中国文化发展方向、宣传文化建设指导思想、普及文化理念的历史使命。新闻宣传从开展学术讨论与批判、提高新闻报道思想性等方面推动思想文化转型，使知识分子及广大人民群众基本建立起新思想和新理念，民族的、科学的、大众的文化观得到普及，旧文化总体上被新文化否定和取代。

内容全面的新闻宣传使中国共产党所追求的美好社会图景、所肯定的社会利益关系、所倡导的社会价值理念广泛传播，在培育社会主义共同理想、构筑国家观念、凝聚民族与时代精神等方面成效卓著。

四、宣传渠道立体化

新中国成立初期形成了满足各阶层人民需求的立体化新闻宣传网络。从覆盖全国的广播收音网、报刊宣传网、国家通讯网，到深入基层、生动活泼的群众宣传体系，都为新生共和国政权凝聚共识、重塑社会信仰建构了重要渠道。新闻宣传媒介从属于上层建筑范畴，是一定社会经济基础通过新闻宣传手段的反映；新中国的无产阶级新闻宣传事业中，广播电台、报刊社、通讯社等新闻宣传媒介是党进行思想引导和理论创造所依托的重要物质手段和强大思想武器。群众大会、图画、歌曲、电影、戏剧、口号、标语等通俗化群众宣传虽不具有主流新闻宣传媒介的权威，但简易灵活、反馈及时且深入群众，取得了显著成效。

新中国成立初期，广播收音网迅速建成，为拉近中国共产党与群众间的距离，建构群众对新政权的认同提供了重要技术保障。在城市，通过对私营广播电台的社会主义改造，初步建成了以中央人民广播电台为中心，包括中央、大行政区、省、市四级广播电台的广播宣传网。广播的规模不断增加，人口覆盖率不断提高，技术设施趋于现代化。在农村，有线广播进一步普及并形成规模，广播成为广大家庭最常见的一种新闻宣传媒介。基于坚实的群众基础发展起来的人民广播事业，凸显了人民的主体地位和广播事业巨大的公共话语力量，对新中国新闻宣传事业的发展意义深远。

报刊宣传网基本成型，成为党的强有力的新闻宣传工具。中国共产党重视人民报刊的创建并充分运用报刊推动实际工作，构建了以《人民日报》《解放军报》《光明日报》《工人日报》《政治学习》为核心的党报、军报、民主党派报纸、行业内报刊、理论刊物等全面覆盖的报刊宣传网络。人民报刊在社会主义革命和建设事业中宣传动员群众，卓有成效地传播马克思主义和马克思主义中国化理论成果，深刻影响了群众的理论选择和价值取向。

国家通讯网初具规模，成为党中央与人民群众息息相通的精神导线，也成为我国人民与世界各国人民联系的最重要渠道之一。一方面新华社迅速从战争年代的党中央通讯社转变为集中统一的国家通讯社，在国内和国际的新闻传播中担负起重大责任，成为强有力的中央新闻宣传机构；另一方面中国新闻社成立，以对外宣传为主要任务，广泛报道祖国的政治、经济、文化等方面建设成就和侨乡情况，促成爱国华侨大团结。

新闻摄影与新闻漫画宣传依托报纸媒介，拥有广泛的群众基础和快捷的新闻时效性，也成为中国共产党重要的舆论宣传武器。新中国成立初期，民众文化程度普遍较低，文盲、半文盲人数多，新闻摄影、新闻漫画以民众喜闻乐见的形式宣传新中国的新政策与新风尚，突破了部分民众无法阅读报刊书籍等纸质材料的局限，在马克思主义大众化的实践路径中发挥了显著优势。

此外，生动活泼的群众宣传是新中国成立初期新闻宣传工作的一大特色，是对主流新闻宣传方式的有益补充。群众宣传广泛动员各地文化馆、放映队、幻灯队、文艺团体、民间艺人、群众宣传队、读报组等宣传力量，充分运用群众大会、学习会、图画、歌曲、电影、戏剧、金钱板、花灯、花鼓、口号、标语等简单通俗的形式，向群众发布国内外时事，解释党和人民政府的政策方针，宣传人民群众在生产劳动和其他工作中的模范经验，批驳各种谣言及在人民群众中散布的错误思想。马克思主义理论与社会主义价值观通过群众宣传，从深邃理论转变为形象化、通俗化的宣传作品，深入人心。

立体化新闻宣传渠道形成，宣传网络覆盖社会各阶层、各领域，有效把握舆论导向和引导舆论动态。

五、宣传队伍专业化

新中国成立初期，宣传机构的系统化建设以及新闻工作者的科学选拔与培育，构建了日趋专业化的宣传队伍，为展开卓有成效的新闻宣传战，保证新中国从新民主主义国家向社会主义国家顺利过渡作出了卓越贡献。

新闻宣传机构是各级党组织开展新闻宣传工作的组织实体。新中国成立初期，各级新闻宣传管理机构和执行机构构建了从中央到地方再到基层的上下贯通的层级系统，主管意识形态工作，宣传贯彻党的路线、方针、政策，增强了对意识形态领域的思想领导，也为构建专业化的宣传队伍奠定了组织基础。

新闻工作者的选拔培育是人民新闻事业培养新闻人才和干部的重要渠道，也是形成新闻教育工作优良传统的重要路径。此期新闻工作队伍的补充和成长主要得益于三方面渠道：一是大专院校新闻专业的培训、输送；二是从工作生产一线和基层选拔优秀人才，丰富、充实新闻工作者队伍;[①] 三是改造旧中国新闻工作者。

中国共产党在整顿和纯化党组织的基础上增强新闻宣传队伍建设，对新闻工作者开展深入细致的思想政治和新闻业务教育。思想教育成为这一时期培训新闻工作者的首要职责，加深了新闻工作者的政治敏锐性和责任感。通过开设

---

① 北京市地方志编纂委员会：《北京志·新闻出版广播电视卷·报业·通讯社志》，北京出版社2006年版，第275—276页。

新闻培训班、短期训练班、党训班和开展纯洁祖国语言文字活动、练笔运动等,新闻学知识和实用性知识得到普及,新闻工作者的文化水平及业务能力得到提高。一批党性坚强、有新闻工作能力的党员和政治上可靠的非党员干部构建起新中国的新闻宣传队伍。新中国新闻宣传事业的先驱筚路蓝缕,在新闻宣传理论与实践中积累了丰厚的历史经验。

新中国成立初期的新闻宣传机构设置与教育模式存在诸多不足,培养的人才学术底蕴不足,大多数只是一些工匠式的编辑、记者。但不可否认的是,中国共产党在对宣传机构建设与新闻工作者的教育实践过程中,成功构建了以人民日报社、中央人民广播电台、新华通讯社为中心的新闻宣传主渠道与主阵地,有效地建立并强固了党对意识形态领域的思想及组织领导,为新中国培养了大批专业人才和领导干部队伍。马克思主义新闻观和中国无产阶级新闻学的理论体系基本形成,中国共产党新闻宣传思想的发展基石初步奠定。

第二节 新闻宣传的规律探索

规律是事物的固有属性,规定着事物的功能发挥并决定其发展方向。新闻宣传规律是规定新闻媒介功能和运行模式的一个基本因素。[①] 马克思曾指出:"要使报刊完成自己的使命,首先不应该从外部施加任何压力,必须承认它具有植物也具有的那种为我们所承认的东西,即承认它具有自己的内在规律。"[②] 新中国成立初期,党的新闻宣传在理论与实践作用下,形成了一套契合时代主题的运行规律。按照列宁的观点:"规律就是关系","本质的关系或本质之间的关系"。[③] 探研新中国成立初期新闻宣传规律,必须把握三对关系:新闻宣传与社会政治、宣传内容、宣传对象的关系,以及基于这三对关系形成的新闻宣传的政治性、客观性、群众性规律。

一、政治性:新闻宣传的意识形态

新闻宣传与社会政治水乳交融,新闻宣传事业的发展源于一种鲜明的政治制度、阶级意识及其价值谱系。[④] 新中国成立初期的新闻宣传事业在世界新闻

[①] 李良荣、李琳:《浅谈新闻规律》,《新闻大学》1997年第4期。
[②] 《马克思恩格斯全集》第一卷,人民出版社1995年版,第397页。
[③] 谢龙:《马克思主义哲学原理》,人民出版社1995年版,第117页。
[④] 李彬:《专业性还是人民性:新中国新闻业的一点断想》,《经济导刊》2014年第6期。

新中国成立初期的新闻宣传实践与经验（1949—1956）

史上开辟了一套全新的理论与实践，并取得卓越的宣传成效，这与新中国社会政治的影响以及统治阶级的政治价值密切相关。

（一）新中国的社会政治发展影响并制约新闻宣传事业

社会政治影响并制约新闻宣传事业发展。毛泽东提出，通讯社、报社和广播电台属于意识形态范畴，即属于思想的上层建筑，是由它们的经济基础决定的，因此都毫无疑问地具有阶级性，为一定阶级的利益服务。[①]

一方面，新闻宣传事业发展受社会政治制约。新中国成立初期，一系列新闻宣传实践都同社会政治发展密不可分。这一时期新闻宣传在"全党办报，群众办报"的实践中蕴含着鲜明的时代命题，体现着"建构马克思主义国家意识形态""社会思想整合"的政治诉求。从旧有新闻宣传体制的废除改造，到公营新闻宣传事业体系的初步构建；从国际美、苏两种力量泾渭分明的抗争格局到新中国实行"一边倒"外交策略，新闻宣传学习借鉴苏联塔斯社、《真理报》；从20世纪50年代中期摆脱苏联模式、寻求中国道路，到新闻界的改革探索，无不交融社会政治发展轨迹。社会政治构建了新闻宣传相对封闭且不可抗拒的外部现实，对新中国成立初期新闻宣传体制机制的建构和战略策略的布局发挥着重要作用。

另一方面，政治力量赋予新闻宣传强大的资源和精神动力。在政治力量影响下，新中国完成了几件大事：实现民族独立与国家统一，重建强大的中央政权；快速实现国家社会主义工业化和生产资料私有制的社会主义改造，保障新民主主义向社会主义平稳过渡；从抗美援朝到学习苏联，打破了以美国为首的西方阵营对中国的战略包围。在此背景下，中国共产党以一个用马克思主义理论武装起来的无产阶级政党所具有的理论素质和政治素质，引导新闻工作指导思想、新闻体制、新闻观念、新闻价值取向以及新闻职业道德规范的形成。凭借执政党的地位，中国共产党很快在全国建立起完整的新闻体系；凭借在革命年代树立起来的威信，党的新闻媒介很快获得了人民信任；凭借共产主义信念和责任感，提出了"联系实际、联系群众、批评与自我批评"等好的新闻工作方针[②]。

[①] 童兵：《报纸：经济基础通过新闻手段的反映——毛泽东新闻思想要点之一》，《新闻与写作》1993年第6期。

[②] 吴廷俊：《中国新闻史新修》，复旦大学出版社2014年版，第422页。

（二）新闻宣传蕴含统治阶级的政治诉求与政治价值，保障新中国国家意志的完整表达

新闻宣传具有政治教育、政治整合、政治批判、政治激励等多重功能，蕴含着统治阶级的政治诉求与政治价值。新中国成立初期，通过理论创新和实践探索，新闻宣传对无产阶级政党制定的路线、方针、政策发挥阐释与推动作用，对社会主义政治体系发挥论证与维系作用，对纷繁复杂的社会思潮发挥引领与整合作用，对无产阶级政党及广大人民群众发挥激励与鼓舞作用。

新闻宣传保障国家意志的完整表达。新中国成立后，中国共产党成为执政党，全面领导、组织新闻宣传工作，提供社会主义意识形态和政治认同感，创造了民众对新政权认同与支持的巨大源泉。新闻宣传作为党和人民的"喉舌"与"阵地"，在建立巩固新生政权的过程中发挥着重要作用。国家意志从根本上决定了新闻宣传的主要任务和内容，也形成了新中国成立初期一元化的"党媒格局"。

总的来说，新闻宣传推动并保障社会政治健康发展。新闻宣传媒介为社会政治发展提供阵地，新闻宣传思想为社会政治发展提供导向，新闻宣传队伍建设为社会政治发展提供人才保障。

二、客观性：宣传内容的决定因素

客观性是新闻宣传工作不能违背的一条规律。中国共产党在民主革命时期积累了丰富的新闻宣传经验，其中之一就是不搞形式主义，尊重事实。陆定一在1943年《我们对于新闻学的基本观点》中提出的定义"新闻就是新近发生的事实的报道"，为大多数学者和新闻工作者所认同。这一定义初步揭示了新闻的客观性规律，强调新闻报道需实事求是、客观公正。

新中国成立后，无产阶级党报逐步形成"尊重客观事实"与"真实地反映社会"的本质属性和根本规律，对中国共产党的成长和新闻宣传事业发展发挥了巨大作用。新中国成立之初，党内对客观报道的原则尚未形成普遍正确的认识，甚至部分人将其作为资产阶级的东西，采取批判和否定态度。同时，受"学习苏联"和"一边倒"外交策略影响，新闻宣传工作暴露出偏离客观性的倾向，例如，忽视读者利益、以"办一张没有错误的报纸"为准则的新闻报道，以及三次大规模思想文化批判中偏离客观性的报道等。

鉴于此，刘少奇在1956年同新华社负责人的谈话中，明确要求新华社要学习西方通讯社，做到新闻的客观、真实、公正和全面。他指出："我们如果

不敢强调客观的、真实的报道，只强调立场，那么，我们的报道就有主观主义，有片面性"，"新华社的报道，如果有了片面性，就会丧失一切，对自己不利，对人民不利，就不能成为世界性通讯社"。[1] 在强调客观、真实，不能犯主观主义错误的同时，刘少奇也强调新闻报道在追求客观公正的基础上要有坚定的人民立场和阶级立场，要有马克思列宁主义观点和方法，不能超越阶级，不能又走向另一端，犯了客观主义的错误。

新闻宣传的客观性要求决定了新闻宣传工作的方向，塑造了新闻媒介以及新闻工作者的品格，决定了媒介的形式和技术的采用。[2] 但强调新闻宣传的客观性规律，有两组关系需要厘清。

一是无产阶级新闻工作者的立场与新闻报道的客观性之间的关系。新闻报道的客观性究其根本就是尊重客观事实，维护历史真实。无产阶级发展的历史进程符合历史发展规律。因此，无产阶级的阶级立场与新闻报道客观性规律是统一的。

二是客观性原则与事实的关系。新闻宣传是认识事实和披露事实的一种意识化的活动，而新闻宣传内容是意识化的活动所形成的物质化成果。[3] 胡乔木在《人人要学会写新闻》中提出，"每个叙述中总是根据着一定的观点，接受事实的读者也就会接受叙述中的观点"[4]。也就是说，报道应当用事实说话，但纯客观的报道并不存在，一切报道都蕴含着报道者的价值判断。这就要求新闻工作者要坚持客观、真实、公正、全面的原则，尽可能展现事实全貌，实现事实与客观性的统一。

总的来说，新闻宣传虽不可避免地受到主观因素影响，但客观性仍是新闻宣传内容的决定因素。新闻宣传首先属于新闻的范畴，然后才是宣传的分支。[5] 因此，从总体上说，要以公平的态度报道事实的各个方面，即做到马克

---

[1] 中国社会科学院新闻研究所：《中国共产党新闻工作文件汇编》下卷，新华出版社1980年版，第359页。

[2] 李良荣、李琳：《浅谈新闻规律》，《新闻大学》1997年第4期。

[3] 丁柏铨：《论新闻活动的内在规律》，《南京大学学报（哲学·人文科学·社会科学）》1998年第1期。

[4] 胡乔木：《人人要学会写新闻》，载中共中央宣传部办公厅、中央档案馆编研部编，《中国共产党宣传工作文献选编（1937—1949）》，学习出版社1996年版，第635页。

[5] 邵培仁、何扬鸣、张健康：《20世纪中国新闻学与传播学（宣传学和舆论学卷）》，复旦大学出版社2002年版，第139页。

思所说的"一般的公正"①；从具体报道来说，要尊重事实原貌，以客观陈述事实而非直接表达倾向的方式进行报道。

三、群众性：宣传方式的重要构成

新中国成立初期，马克思、恩格斯"为人民利益而战""为真理而战"的新闻宣传思想在实践中不断承继与发展，引导中国共产党建立起报刊与人民的密切联系，形成"群众性"这一条新闻宣传规律。贴近群众情感、思维与生活的宣传方式取得了显著效果，改造了一些群众"从旧社会得来的坏习惯坏思想"②，指出了人民生活发展的规律和前进方向，并引导新社会向着社会主义社会和共产主义社会发展。

马克思、恩格斯自投身新闻宣传事业到与世长辞，始终坚持为人民利益和真理而战。马克思曾指出，报刊要自觉充当人民喉舌，体现人民精神，维护人民利益，表达人民情感，并且永远与人民同在，"它生活在人民当中，它真诚地和人民共患难、同甘苦、齐爱憎"③；"报刊的义务正是在于为它周围左近的被压迫者辩护"，"只是一般地同现存关系、同最高权力机关作斗争是不够的。报刊必须反对某一具体的宪兵、某一具体的检察官、某一具体的行政长官"④。

新中国成立后，新闻报道的思想性与通俗化程度较低，部分报道"以眼前的经济利益教育群众"，"用知识分子的腔调和情感报道劳动群众"，"咬文嚼字、长篇大论"，读者看后很少得到启发教育。⑤ 鉴于此，中国共产党要求新闻宣传要服务群众，贴近生活。一方面在报道内容上追求具体化与实践化，追求"生活本质的真实"，报道新中国的新政策、新生活与新风尚；开展"经常、尖锐、彻底"的思想批判，⑥ 展现问题的本质和人民的思想活动。另一方面在报道形式上追求大众化，从推行书报横排到使用简体字，从调整叙述结构到通俗化语言表达，努力做到让工农兵喜闻乐见。新闻宣传工作逐步表现出力戒空

---

① 1859年7月马克思就揭露卡·福格特的匿名传单是否为卡尔·布林德所写，与布林德于奥格斯堡《总汇报》展开辩论。由于《总汇报》所刊登双方言论有严重偏颇，马克思撰文批评《总汇报》，在1860年2月21日写给《总汇报》编辑部的信中首次提及"一般的公正"："我所期待的是，在这种特殊事件中至少有一般的公正，即任何一家英国报纸（无论它的色彩如何）都不敢违背的公正。"
② 《毛泽东选集》第四卷，人民出版社1991年版，第1476页。
③ 《马克思恩格斯全集》第一卷，人民出版社1956年版，第187页。
④ 《马克思恩格斯全集》第六卷，人民出版社1961年版，第277页。
⑤ 川南区首届报纸工作会议大会秘书处编印：《川南区首届报纸工作会议资料》，四川省档案馆藏，建国后资料目录（第二册）-8-9/8。
⑥ 川南区首届报纸工作会议大会秘书处编印：《川南区首届报纸工作会议资料》，四川省档案馆藏，建国后资料目录（第二册）-8-9/8。

谈、观点鲜明、文风有力的特点，新闻工作者成为坚持实事求是、善于调查研究的无产阶级战士。

概而论之，新闻宣传的群众性规律是马克思主义唯物史观的实践转换。广大工人和农民是社会主义社会的阶级基础和群众基础，也是马克思主义大众传播的主要对象；广大劳动群众能够自觉掌握理论，甚至创造并推动理论发展，而非被强制参加理论学习的灌输对象。[①] 由此，新闻媒介必须"坚持与群众打成一片，虚心向群众学习，关心群众疾苦并为群众说话"[②]，把人民群众的利益需求与宣传内容密切联系，只有这样，才能推动理论的发展与历史的进步。一方面要"为真理而战"，凸显传播内容的真理内涵，增强理论对群众的吸引力和指导力；另一方面要"为人民利益而战"，树立劳动群众主体地位，激发传播主体的能动性和创造性，实现人民群众的根本利益。

第三节 新闻宣传的现实路径

新中国成立初期中国共产党新闻宣传的价值重塑、体制重构、渠道与力量整合，为当前新闻宣传工作提供了历史镜鉴。进入 21 世纪以来，新闻宣传的理念、内容、体裁、形式、方法、手段、业态、体制、机制都发生了改变，但导向、原则、本质没有变。探寻新闻宣传的当代路径，需要在坚持马克思主义指导地位和党性与人民性统一的基础上，构建中国特色话语体系，增强宣传内容的阐释力；完善新闻宣传体制机制，把握战略策略的转换力；创新新闻宣传方法业态，提升表达方式的亲和力；拓展新闻宣传辐射范围，保持与国际环境的协调力。

一、构建中国特色话语体系，增强宣传内容的阐释力

新闻宣传能否预见并推动新常态下国家改革建设的进程，取决于宣传内容是否内含对社会存在与发展状态的阐释力。构建具有道德感召力与思想穿透力的话语体系，沟通学术、民间官方话语，探索传统话语与革命、建设、改革话语融合的交汇点，才能增强宣传内容的阐释力。具体包括三方面内容：一是回

[①] 张莉、孙熙国：《劳动群众本位：建国以来马克思主义传播的根本向度》，《中国特色社会主义研究》2012 年第 2 期。

[②] 林之达：《中国共产党宣传史》，四川人民出版社 1990 年版，第 2 页。

溯历史,"为人们确立特定的价值目标、社会理想和行动指南";二是立足实践,"对于人们关心关注的现实问题做出合理解释,并且提供可行的解决方案";三是"通过对社会发展规律的深刻揭示,明确人类社会的发展方向和主要任务"。

当前,我国进入全面建成小康社会的决定性阶段,但社会阶层分化下的利益矛盾与利益协调问题突显,多元、多样、多变的社会思潮给人们的认知方式、接受方式、实践方式带来巨大变化。构建中国特色话语体系,增强宣传内容的阐释力,成为新时期新闻宣传的重要主题。具体析之,新闻宣传应传承优秀传统文化,扎根中国具体实践,构建信仰共同体,增强宣传内容体系的说服力、阐释力、影响力,培育公民对社会的认同感、归属感、融入感与信任感。

(一)传承优秀传统文化,含蕴宣传内容的说服力

中国优秀传统文化是中华民族生生不息、发展壮大的丰厚滋养,是中国"最深厚的文化软实力",也是中国新闻宣传工作植根的文化沃土。习近平总书记在中共中央政治局第十三次集体学习时指出,"抛弃传统、丢掉根本,就等于割断了自己的精神命脉。博大精深的中华优秀传统文化是我们在世界文化激荡中站稳脚跟的根基"[1]。当前,我国新闻宣传工作以构建马克思主义意识形态与舆论为导向、培育国家民族意识与阶级意识为使命,应在遵循马克思主义原则方向的基础上抓住"根基"与"命脉",充分发挥中华优秀传统文化"怡情养志、涵育文明"的重要作用。[2]

含蕴宣传内容的阐释力与说服力,离不开对优秀传统文化的传承。正如黑格尔所言,"一个民族除非用自己的语言来习知那最优秀的东西,否则这东西就不会真正成为它的财富,它还将是野蛮的"[3]。所谓自己的语言,是有深厚民族文化积淀,体现本民族风格与特色的语言。新闻宣传唯有以民族自己的语言,与传统文化相承接,吸取中国优秀传统文化精华,才能将单一的理论表达熔铸在民族的生命力、创造力、凝聚力中,将党的理论、路线、政策内化为群众熟悉的民族语言而获得认知、理解、认同、追寻,最终成为普通群众的思想理论共识。

新闻宣传植根于中国传统文化的土壤中,与优秀传统文化结合并通过一定

---

[1] 《习近平在中共中央政治局第十三次集体学习时强调 把培育和弘扬社会主义核心价值观 作为凝魂聚气强基固本的基础工程》,《人民日报》2014年2月26日第1版。
[2] 郭建宁:《社会主义核心价值观基本内容释义》,人民出版社2014年版,第176页。
[3] 黑格尔:《黑格尔通信百封》,苗力田译,上海人民出版社1981年版,第202页。

的民族形式来表现，最终实现新闻宣传语言的民族化。当然，这种结合并非浑然天成，必须是选择性的，是继承优秀的、先进的部分，放弃落后的、糟粕的部分，最终形成以马克思主义为指导的，具有世界意义和民族特性的宣传风格。新闻宣传的语言民族化包含表达方式和话语系统两方面。具体而言，要将中国传统文化蕴含的人生智慧、人生追求、人生哲学、价值观念、道德理想、情操境界与新闻宣传现代语境结合，将现代性、学术性的话语转化为具有民族风格和历史意蕴的话语，通过理论风格的民族化、大众化，增强人民群众的情感认同与价值认同。

通过传承优秀传统文化，涵养宣传内容的说服力，不仅要使"格致诚正、修齐治平""仁、义、礼、智、信""民本""和合"等中国传统道德所倡导的做人之本、兴业之道、治世之道深入人心，更要使传统文化所积淀的中华民族最深沉的精神追求和最根本的精神基因成为人们的精神导线，指导社会实践。

（二）扎根中国具体实践，提升宣传内容的阐释力

新中国成立以来成功走出了一条中国特色社会主义道路，这条道路既不能为西方话语所阐释，也不能用历史标签解读，需构建扎根中国当代实践的全新话语体系。新闻宣传在这一过程中被赋予重要使命。构建具有丰富阐释力的立足中国道路实践的宣传内容体系，形成与党中央治国理政相适应的新闻品格与新闻力量，成为新时期新闻宣传工作的重心。

各个国家和民族的基本国情不同，其发展道路必然有自己的特色。我国的新闻宣传事业是党和人民的喉舌，为满足党和人民需求，需扎根中国具体实践，不断提升宣传内容的阐释力。宣传内容与实现中华民族伟大复兴的中国梦的时代命题相联系，与全面深化改革的政治语境相融合，对国际关系、国内关系深切关注，对当前中国的民主与法治、公平与效率、活力与秩序、科学与人文、人与自然等关系高度整合，最终构建一种全面、动态的认知和价值体系而为人们所接受。

具体而言，新时期我国的新闻宣传工作既要适应中国与时代发展进步的要求，也要关注社会变迁带来的个人心理嬗变。一是正确解答并深刻反映当今中国社会面临的重大现实问题，重点关注群众最关心、最直接、最现实的教育、就业、养老、医疗、住房等问题，以凝聚共识，形成国家发展建设的内生动力。党和政府要善于运用媒体"宣讲政策主张、了解社情民意、发现矛盾问

题、引导社会情绪、动员人民群众、推动实际工作"①。二是将舆论的抑扬、道德的引导与教育的培育、法治的强制结合起来，使新闻宣传手段与其他社会调控方式结合，凸显社会革故鼎新精神与个体创造力，将社会价值传递与主体价值塑造相统一。三是根据深刻变化的具体实践，创新新闻宣传理论。习近平同志在长期的实践中，结合中国实际国情，运用辩证唯物主义和历史唯物主义原理的基本结论，创造性地提出了"极端重要论""两性统一论""宣传方法论""媒体融合论""大宣传论"等思想，成为中国特色社会主义意识形态的理论基石。结合以上三方面，扎根中国具体实践，"察实情、说实话、动真情"，"努力推出有思想、有温度、有品质"②的新闻作品，才能增强宣传内容的阐释力，构建中国特色话语体系。

（三）构建信仰共同体，增强宣传内容的影响力

构建信仰共同体，增强宣传内容的影响力，是新闻宣传培育中国特色话语体系重要路径。在价值论的视域中，信仰的作用主要表现为导向和凝聚，这是由人类的超越性和社会性决定的。③ 就前者而言，信仰引导社会主体完成各种超越，包括精神对物质的超越、理想对现实的超越，而这些超越都统一于对人类的终极关怀中。就后者而言，信仰所含有的崇高意味使得人们不平庸、不沉沦、不逃避，在追求高尚情操的方向上凝聚起来，勇于承担社会责任；信仰所含有的幸福意味又使得人们不麻木、不自私、不冷酷，并在激发道德情感的方向上凝聚起来，乐于营建社会和谐。④ 信仰的导向和凝聚作用决定其以一种超越现实的精神力量影响社会主客体，但同时又能够转化为巨大的物质力量。这在某种程度上与新闻宣传的社会功能一致，因此，构建信仰共同体既是新闻宣传的重要责任与使命，也是新闻宣传功能的具体体现。

在当前思想多样、价值多元的社会背景下，中国公民的信仰共同体是以社会主义共同理想为核心的一个张力结构。新时期的新闻宣传工作应培育我国公民对社会政治体系及相关理论学说的认同，构建公民政治生活的精神支柱。现阶段我国各族人民的共同理想是"在中国共产党的领导下，走中国特色社会主

---

① 《习近平总书记党的新闻舆论工作座谈会重要讲话精神学习辅助材料》，学习出版社 2016 年版，第 8 页。
② 《习近平总书记党的新闻舆论工作座谈会重要讲话精神学习辅助材料》，学习出版社 2016 年版，第 5 页。
③ 陈新汉：《社会主义核心价值体系论研究》，北京师范大学出版社 2012 年版，第 496 页。
④ 陈新汉：《社会主义核心价值体系论研究》，北京师范大学出版社 2012 年版，第 496 页。

义道路，实现中华民族的伟大复兴"，这是全国各族人民的共同目标，是党和人民不懈追求的社会理想，也是新闻宣传的核心。新闻宣传内容应该以是否有益于社会和谐与人民团结，是否着眼于社会主义事业新局面新任务，是否体现广大人民群众的根本利益为标准，构建信仰共同体，实现人们对多样性的认同和包容，推动国家的发展与民族的复兴。

二、完善新闻宣传体制机制，把握战略策略的转换力

新闻宣传的当代路径转化，取决于新闻宣传体制机制的现代性转向与战略策略转换。国际学界认为，我国的"指令型"（commandism）新闻体制规定了新闻实践的基本范式（paradigm）。[1] 具体而言，我国新闻宣传的体制机制，包括媒体所有制性质、组织体系、干部制度、工作方针、管理及运行方式等，[2] 决定了新闻宣传的原则与规范，是"党管媒体"的重要手段。

新中国成立初期，受国际共产主义党报体制影响，中国共产党确立了公营新闻宣传事业体系，构建了以党报为主体的社会主义新闻宣传一元化格局，即"党报体制"。党报体制形成，确保了新中国成立初期中国共产党从中央到地方大规模新闻宣传工作顺利开展，对党管宣传基本制度的巩固与全国性新闻宣传指导思想的形成大有助益。但随着社会转型与新闻改革的深入，我国单一主体、封闭管理的宏观新闻体制已成为新闻宣传事业发展的瓶颈。如何保持非营利性公益性事业与营利性企业的平衡，如何实现公民为本与经济为用、社会责任与市场效益之间的统一，如何化解媒体"行政性委托代理人"与"市场化企业主体"之间的深刻矛盾，成为新传媒环境下新闻宣传体制机制现代性转向的重要内核。

党报体制及其基本范式的形成主要基于以下原则：新闻宣传事业是党的事业的一部分，是党和人民的喉舌；新闻媒介归国家所有，纳入行政级别体系，属于社会主义事业的一部分；媒体接受党的领导，干部由党和政府任命，工作方针由党和政府决定。20世纪90年代以来，新闻媒体在遵循党报体制及其基本范式的前提下，按照"事业单位，企业化管理"的二元体制结构运行；媒体基本保持了原有的所有制、政治立场、编辑方针，并以市场经营的方式取得经

---

[1] Lee, Chin-Chuan, "Mass Media: of China, about China", in *Voices of China: The Interplay of Politics and Journalism*. New York: The Guilford Press, 1990, pp. 3—29.

[2] 甘惜分：《新闻学大辞典》，河南人民出版社1993年版，第5页；李良荣：《新闻学导论》，高等教育出版社1999年版，第73页。

济自立。① 但不容忽视的是,"企业化管理"在推动媒体走向市场、参与竞争、减轻国家财政负担的同时,却带来了危及新闻媒体公共性、权威性和公信力的消极因素,不利于新闻机构转向、媒体公共服务体系建设和传媒产业发展。

近年来,媒介融合发展进一步打破了信息生产与传播的权力格局。我国在创新新闻体制与转换新闻机制过程中取得了局部性、阶段性成效,但体制弊端与机制障碍仍然存在。从管理体制上看,多头管理、职能交叉、权责不一、效率不高的问题亟待解决。2013年11月16日,《人民日报》发表的习近平总书记《关于〈中共中央关于全面深化改革若干重大问题的决定〉的说明》指出:"从实践看,面对互联网技术和应用飞速发展,现行管理体制存在明显弊端,主要是多头管理、职能交叉、权责不一、效率不高。同时,随着互联网媒体属性越来越强,网上媒体管理和产业管理远远跟不上形势发展变化。"② 从运行机制看,由政府主导的公益性新闻宣传事业投入不足,由市场主导的新闻产业发育滞后。从组织结构看,既缺乏若干较有竞争力和影响力的大型传媒集团,也缺少一大批市场定位准确、运行机制灵活、"专、精、特、新"的中小传媒企业。③

上所论及,新闻宣传的体制机制内含其基本功能向现实转化过程中所必需的基本要素及其相互关系的总和。在"传播快、影响大、覆盖广、社会动员能力强"④ 的社交网络和即时通信工具用户快速增长所构建的新媒体环境下,"事业单位,企业化管理"的二元体制结构已成为新闻宣传事业发展的桎梏,新闻宣传亟须创新体制机制,增强对社会现实的前瞻性、适应性和媒体自身的开放性、互动性。

一是管理体制创新,破除发展壁垒。首先,坚持党性原则与党管宣传制度是建立科学的媒体管理体制的基本底线。党性原则是新闻舆论工作的根本原则,也是社会主义建设中全党信守的生命线,而党管宣传制度是新闻宣传工作的基本制度和重要原则。无论时代如何发展、媒体格局如何变化,党性原则与党管宣传制度不能发生转变。其次,破除制约媒体发展的体制机制壁垒,对不

---

① 陈昌凤:《中国新闻传播史:传媒社会学的视角(第二版)》,清华大学出版社2009年版,第398页。
② 《关于〈中共中央关于全面深化改革若干重大问题的决定〉的说明》,《人民日报》2013年11月16日第1版。
③ 陈昌凤:《中国新闻传播史:传媒社会学的视角(第二版)》,清华大学出版社2009年版,第366页。
④ 《关于〈中共中央关于全面深化改革若干重大问题的决定〉的说明》,《人民日报》2013年11月16日第1版。

同业态、不同领域的媒体进行有效管理。中央《关于推动传统媒体和新兴媒体融合发展的指导意见》明确指出，要"理顺管理体制，破除制约媒体融合发展的机制体制壁垒，提高管理科学化水平"，"完善媒体管理制度，对网上网下、不同业态进行科学管理、有效管理，确保面向大众传播的新闻信息遵循统一的导向要求和内容标准"。①再次，优化资源配置，推动媒体资源整合，解决功能重复、内容同质、力量分散的问题，进一步解放新闻生产力，使媒介发展格局更加科学合理。

二是产业体制改革，塑造市场主体。习近平总书记在2013年8月19日全国宣传思想工作会议上指出，"在继续大胆推进改革、推动文化事业全面繁荣和文化产业快速发展、建设社会主义文化强国的同时，把握好意识形态属性和产业属性、社会效益和经济效益的关系，始终坚持社会主义先进文化前进方向，始终把社会效益放在首位。无论改什么、怎么改，导向不能改，阵地不能丢"②。新闻宣传的产业体制改革，首先，要在坚守阵地与导向的基础上，把握好意识形态属性和产业属性、社会效益和经济效益两组关系。其次，推进可经营性事业部分转制和企业的改制重组，培育塑造一批真正进入市场规范运作的自主经营、自负盈亏、自我发展、自我约束的传媒企业。再次，推动资本结构的重组和优化，推动投融资体制的改革创新，放宽市场准入，激发经营活力。

三是内部机制调整，增强内部活力。首先，重组媒体内部组织结构，根据新时期媒介融合发展的需要，改变传统媒体和新兴媒体的分立状况。目前，从欧美报业发展趋势来看，新闻编辑部已发展为类似集线器式中枢（hub）状，并以"持续报道中心""任务控制中心"等别名称之。③我国媒体内部组织调整完善，要顺应全球化趋势，"一手抓融合，一手抓管理，确保融合发展沿着正确方向推进"④。其次，进一步推进内部劳动人事、收入分配和社会保障三项制度改革，建立起竞争、激励和约束机制。

新闻宣传体制机制的现代性转向，需积极探索管理体制、产业体制、内部机制创新，推动形成一体化的管理体制、组织结构和宣传体系，为新时代新闻宣传发展提供有力的支撑。

---

① 刘奇葆：《加快推动传统媒体和新兴媒体融合发展》，《党建》2014年第5期。
② 中共中央文献研究室编：《习近平关于全面深化改革论述摘编》，中央文献出版社2014年版，第85页。
③ 林如鹏、汤景泰：《政治逻辑、技术逻辑与市场逻辑：论习近平的媒体融合发展思想》，《新闻与传播研究》2016年第11期。
④ 《习近平主持召开中央全面深化改革领导小组第四次会议强调　共同为改革想招一起为改革发力　群策群力把各项改革工作抓到位》，《人民日报》2014年8月19日第1版。

三、创新新闻宣传方法业态，提升表达方式的亲和力

进入 21 世纪以来，随着人类社会全面进入信息化、数字化进程，网络已日渐成为人们生产与生活中不可或缺的一部分。哈贝马斯认为，网络人际互动产生了一种"更为复杂的空间结构"，即"新型的虚拟的公共领域"。① 这一技术革新彻底改变了传统的信息与情感交流模式，同时也为新闻宣传引领思潮、凝聚共识带来严峻挑战。习近平总书记在 2013 年 8 月 19 日的全国宣传思想工作会议上强调，"要把网上舆论工作作为宣传思想工作的重中之重，依法加强网络社会管理和网络新技术新应用的管理"。因此，在新形势、新常态下构建健康的社会舆论环境和社会凝聚氛围，必须紧跟时代潮流，从媒介层面和信息层面创新新闻宣传的方法业态，用正面声音和先进文化占领网络阵地。

（一）媒介层面，推动传统媒体与新兴媒体融合发展

新媒体技术的裂变式发展，不断催生出新的传播形态，造成了媒体格局的深刻调整。传统媒体与新兴媒体的融合成为新闻宣传发展的大方向与大趋势。从政治逻辑来看，推动传统媒体和新兴媒体融合发展，既是做好意识形态工作的战略要求，也是壮大主流舆论的紧迫任务；从新媒体发展的技术逻辑来看，新闻产品需要从相加走向相融，最终创造真正体现互联网特质的融合型产品。② 因此，"研究把握现代新闻传播规律和新兴媒体发展规律，强化互联网思维和一体化发展理念，推动各种媒介资源、生产要素有效整合，推动信息内容、技术应用、平台终端、人才队伍共享融通"③，成为新的历史时期新闻宣传工作的迫切任务。

面对社会信息化持续推进的新情况，党中央及时作出了一系列深刻判断和重要部署。2014 年 2 月 27 日，习近平总书记在中央网络安全和信息化领导小组第一次会议上的讲话中强调，"做好网上舆论工作是一项长期任务，要创新改进网上宣传，运用网络传播规律，弘扬主旋律，激发正能量"④。在 2013 年

---

① 王贵贤：《公共领域、网络和社会主义核心价值体系》，参见艾四林、王明初主编《社会主义主流意识形态与当今中国社会思潮》，人民出版社 2014 年版，第 129 页。
② 林如鹏、汤景泰：《政治逻辑、技术逻辑与市场逻辑：论习近平的媒体融合发展思想》，《新闻与传播研究》2016 年第 11 期。
③ 《习近平在视察解放军报社时强调 坚持军报姓党坚持强军为本坚持创新为要 为实现中国梦强军梦提供思想舆论支持》，《人民日报》2015 年 12 月 27 日第 1 版。
④ 习近平：《努力把我国建设成为网络强国》（2014 年 2 月 27 日），载《习近平谈治国理政》（第一卷），外文出版社 2014 年版，第 197 页。

党的十八届三中全会上,"推动传统媒体与新兴媒体融合发展"写入了《中共中央关于全面深化改革若干重大问题的决定》。2014年8月18日习近平总书记主持召开了中央全面深化改革领导小组第四次会议,会议通过了《关于推动传统媒体和新兴媒体融合发展的指导意见》,提出:"要遵循新闻传播规律和新兴媒体发展规律,强化互联网思维,坚持传统媒体和新兴媒体优势互补、一体发展,坚持先进技术为支撑、内容建设为根本,推动传统媒体和新兴媒体在内容、渠道、平台、经营、管理等方面的深度融合,着力打造一批形态多样、手段先进、具有竞争力的新型主流媒体,建成几家拥有强大实力和传播力、公信力、影响力的新型媒体集团,形成立体多样、融合发展的现代传播体系。"[①]

探寻传统媒体与新兴媒体的融合发展路径,应充分运用新技术、新应用,创新媒体传播方式,注重各种报道形式与各种媒体终端相互融合,提高媒体的传播力、影响力、公信力和舆论引导能力,拓展主流声音传播途径与主流媒体的覆盖范围。具体而言,一方面要创新传播载体,充分运用新技术、新应用,丰富网络传播方式。近年来媒介格局发生了深刻变化,"互联网用户有近六亿人,手机网民有四亿六千多万人,其中微博用户达到三亿多人"[②]。因此,新闻宣传要加强网络载体建设,通过以微博、微信、微视频、移动客户端为代表的"三微一端"新媒体平台,形成良好网络环境和浓厚舆论氛围。在遵循新兴媒体传播规律的同时,积极推动互联网媒体与传统媒体的双向融合,着力建立立体多样、融合发展的现代传播体系。另一方面,要强化传播媒介管理,治理网络传播乱象。政府要注重网上舆论力量的引导与凝聚,把握好时、度、效,通过快速反映、准确判断、及时回应网民关切的重大新闻事件,尤其是做好突发事件的网上信息发布和舆情应对,形成主流舆论。同时,政府要加强网络法制建设和网络社会管理,依法规范网上信息传播秩序,使网络空间清朗起来。

(二)信息层面,构建个性化的信息聚合与信息传播模式

新媒体环境下,新闻生产的内容和结构、接收终端的形态和功能、受众的心理和习惯,都发生了革命性变化。基于此,构建个性化的信息聚合与信息传播模式,满足用户个性化的动态需求,是新闻宣传的趋势。

一是构建基于个性化信息聚合的信息传播模式。这种模式是对新闻生产机

---

① 《习近平主持召开中央全面深化改革领导小组第四次会议强调 共同为改革想招一起为改革发力 群策群力把各项改革工作抓到位》,《人民日报》2014年8月19日第1版。
② 中共中央文献研究室编:《习近平关于社会主义文化建设论述摘编》,中共文献出版社2017年版,第29页。

制的颠覆性转变,使新闻信息真正实现与人民意志统一,与大众喜好契合。"个性化信息推荐"首先是基于互联网生产逻辑的信息聚合的过程,即通过人工智能分析和过滤机制,根据个性化需求聚合相关的信息和应用,并以此对信息进行深度智能分析,以实现用户个性化的、动态的需求。[①] 基于个人兴趣的个性化信息合成和传播模式提升了新闻宣传表达方式的亲和力,更高效引导人们的态度和行为改变。

二是建立基于用户兴趣图谱的个性化信息推荐模式。根据用户在自媒体上发布的内容及其所属类别、用户自标签、社交关系、社交行为、参与的群组、所用机型、使用时间等数据源来推断出用户的兴趣点,建立"兴趣图谱",即兴趣模型。[②] 社交网络和移动互联网的发展为个性化信息推荐提供了更广泛和更便捷的平台,使深入分析用户标签之间的联系、跟踪用户标签的使用习惯和频率成为可能,并能够以此为用户推荐个性化内容。个性化信息推荐与社会实践保持适当的契合性,促进了新闻宣传基本内容革新及内在品质提升。

四、拓展新闻宣传辐射范围,保持与国际环境的协调力

当代社会传播工具的革新、传媒环境的嬗变,使新闻宣传与国际环境的协调力以及宣传辐射范围成为国家国际影响力与话语权的重要影响因素。进入21世纪以来,世界信息化、全球化进程加速,中国面临日益开放的国际环境。西方文化与社会思潮在我国影响愈发深入,国家主导的意识形态话语体系被削弱,中国立场与中国声音亟须完成世界范围的表达与传播。因此,"讲述好中国故事,传播好中国声音"[③],因应全面对外开放的新形势,成为新闻宣传的重要任务;扩大开放性与包容性,创新对外宣传方式,兼收并蓄地做好对外宣传工作,成为新闻工作者的重要使命。

一是构建对外话语体系,提升国际话语权。2013年12月30日,习近平总书记在主持十八届中央政治局第十二次集体学习时提出,"提高国家文化软实力,要努力提高国际话语权"[④]。所谓国际话语权,是我国在国际舞台和国际场合发出中国声音的权利,其主要载体是国家的核心价值观。提升国际话语

[①] 喻国明:《大数据对于新闻业态重构的革命性改变》,《新闻与写作》2014年第4期。
[②] 喻国明:《大数据对于新闻业态重构的革命性改变》,《新闻与写作》2014年第4期。
[③] 《习近平就人民日报海外版创刊30周年作出重要批示 用海外乐于接受方式易于理解语言 努力做增信释疑凝心聚力桥梁纽带》,《人民日报》2015年5月22日第1版。
[④] 习近平:《提高国家文化软实力》(2013年12月30日),载《习近平谈治国理政》(第一卷),外文出版社2014年版,第162页。

权，首先要构建符合中国国情的话语体系，将博大精深的中华优秀传统文化与中国特色社会主义发展现实结合，完整地阐释中国共产党治国理政的新理念与新经验，让中国特色的社会发展方式得到世界各国理解，以减少误解、消除分歧。其次要增强国际传播能力，建立与国际环境相对接的话语体系。具体而言，要在尊重和承认各国文化差异的基础上，从观念、内容、方法、手段各个方面全方位创新，增强对外话语的创造力、感染力、公信力，讲好中国故事，传播好中国声音，阐释好中国特色。

二是运用新兴传播业态架设国际交流桥梁，打造融通中外的国际化传播平台。在全球传播的媒介环境下，互联网成为推动各国优秀文化与情感交流的重要载体。中国新闻宣传的当代路径选择，应发挥互联网传播平台优势，架设国际交流桥梁，推动世界优秀文化交流互鉴，促进人类文明进步。值得注意的是，全球化社交传播改变了以国家政府及其媒体机构为主导的传统的国际传播格局，形成公民主体参与的"后国际传播"。对当今国民来说，上层精英、专业人士书写的话语与社交媒体的碎片化交流叠合，构建了每个人自己的"世界意象"。新闻宣传应包容国民参与国际传播，打造融通中外的国际化传播平台，努力使公民的关注点与国家发展和世界发展的关注点聚合到一个方向，共同讲述中国发展的现状、问题与战略。[①]

概言之，新媒介环境下，新闻宣传既要客观、真实、生动地报道中国经济社会发展情况，讲好中国故事，促进外国民众更多更好地了解中国；又要加强对各国出现的新事物、新思想、新观点新知识的宣传报道，引导国内人民更加全面客观地认识当代中国、看待外部世界。在这个过程中，需拓展新闻宣传辐射范围，运用新媒体、新阐释，构建对外话语体系，架设国际交流桥梁，"澄清谬误、明辨是非，连接中外、沟通世界"[②]，统筹国际国内两个舆论环境。

本章小结

新中国成立初期新闻宣传的目标设计、理念设计、制度设计和动力设计，为当今新媒体环境下新闻宣传工作提供了丰富实践经验。深入探研其外部环境

---

① 金文恺：《全球化与国际传播：媒体与公民的世界性互动》，《新闻爱好者》2016 年第 10 期。
② 《习近平在党的新闻舆论工作座谈会上强调　坚持正确方向创新方法手段提高新闻舆论传播力引导力》，《人民日报》2016 年 2 月 20 日第 1 版。

与内在体系、运行模式之间的逻辑关系，总结基本经验与历史教训，形成对这一时期新闻宣传运动规律的深入认识，有利于为我国新时期新闻宣传改革发展指明方向，也有利于从战略高度思考当前新闻宣传的责任定位，推动马克思主义新闻理论在新闻宣传工作中的继承创新。

新中国成立初期，新闻宣传在七年时间内即取得了价值重塑与体制重构的巨大成功，完成了确立社会主义意识形态、赢得国内民众和国际社会对新生政权认同的历史使命。实践中，中国共产党形成了众多优良传统和行之有效的新闻宣传经验，包括坚持马克思主义的指导地位、坚持党性与人民性统一、宣传内容全面化、宣传渠道立体化、宣传队伍专业化等。这些富有生命力的经验是新中国革命与建设事业取得辉煌成就的精神导线。总结新闻宣传的经验，形成深切洞明的体悟，可为当前新闻宣传工作提供历史镜鉴。

新闻宣传规律是规定新闻媒介功能和运行模式的一个基本因素。马克思曾指出，必须承认新闻宣传也有它自己的内在规律。新中国成立初期，党的新闻宣传在理论与实践作用下，形成了一套契合时代主题的运行规律，即体现新闻宣传意识形态的政治性规律、体现宣传内容决定因素的客观性规律、体现宣传方式重要构成的群众性规律。

当前新闻宣传条件、环境与六十多年前不可同日而语，但国内国际形势仍然复杂严峻，意识形态领域的多元化程度也甚于新中国成立初期。新闻宣传的理念、内容、体裁、形式、方法、手段、业态、体制、机制都发生了改变，但导向、原则、本质没有变。探寻新闻宣传的当代路径，需要在坚持马克思主义指导地位和党性与人民性统一的基础上，构建中国特色话语体系，增强宣传内容的阐释力；完善新闻宣传宣传体制机制，把握战略策略的转换力；创新新闻宣传方法业态，提升表达方式的亲和力；拓展新闻宣传辐射范围，保持与国际环境的协调力。

余论　新中国成立初期党的新闻宣传的理论总结

新中国成立初期，新闻宣传作为党和人民的"喉舌"与"阵地"，在推动新旧社会转型和新生政权巩固中发挥了至关重要的作用。中国共产党总结出一套行之有效的新闻宣传指导思想，建立了与经济政策相适应的新闻宣传体制和政策，形成了一支立场、作风和业务素质都符合要求的新闻工作队伍，初步构建了新闻宣传事业体系。在此基础上，新闻宣传广泛传播中国共产党所肯定的社会利益关系、所倡导的社会价值理念和所追求的美好社会图景，培育社会主义理想，构筑国家民族观念，基本完成了社会主义意识形态建构与思想整合的历史重任，为我们带来富于启示意义的理论思考。

一、新中国成立初期马克思主义话语体系构建：基于红色文化符号表征的分析

马克思主义成为中国国家意识形态，进而成为中华民族争取在世界上身份标识的重要内容，这伴随着红色文化的政治符号化进程。新中国成立初期，携带政治信息、具有政治意义的红色文化符号的大量建构与传播是马克思主义话语体系形成的重要渠道。从符号学角度认识红色文化，将"马克思主义"的能指与所指剥离分析这一时期马克思主义的话语结构和概念体系发现，马克思主义的"意群链"在深入表达马克思主义的整体性内涵的同时，形成了认识马克思主义的基本知识形式和知识结构，初步构建了马克思主义话语体系，为巩固和扩大中国共产党执政合法性基础、形成马克思主义意识形态与舆论导向、构筑国家民族意识与阶级意识，奠定了坚实基础。

（一）红色文化的政治符号化与马克思主义话语体系构建

红色文化作为无产阶级政党和人民群众共同创造的一种文化，就其性质、

内容和功能来看,是对无产阶级政党政治文化的形象表述。① 在领导中国人民实现民族自由解放以及建设社会主义现代中国的历史实践中,中国共产党构建了契合主流价值、时代主题、文化惯习和人民期待的观念意识形式,并凝结成深植于民族文化传统的红色文化。新中国成立后,马克思主义成为中国国家意识形态,进而成为中华民族争取在世界上身份标识的重要内容,② 这伴随着红色文化的政治符号化进程。

政治符号基于社会流行的信念,熔铸为群众向往的标志,借以刺激群众情绪,使之诞生输诚效忠之反应。③ 国家、民族、阶级、种族、意识形态、国旗、国歌、英雄偶像以至国家庆典等携带政治信息、具有政治意义的物质载体都属于政治符号。爱德曼认为,"政治只是一连串抽象的符号"④;卢埃林提出,"人类的政治活动一刻也离不开符号的运用,符号与政治的连接是人类符号世界的一部分"⑤;美国著名政治学者拉斯韦尔将政治符号(political symbols)定义为"在某种程度上运作于权利实践之中的符号"⑥,其出现"总是与社会价值重新分配有关"⑦。从某种意义上来讲,政治符号化是权力实践的产物,也是权力行使的手段。⑧ 新中国成立初期的红色文化正是基于政权鼎革、百业待兴的社会环境和巩固新生政权的社会理想,熔铸为人民向往的标志,形成人民易理解接受的政治符号,使其逐步产生输诚效忠之反应。

新中国成立后,红色文化符号的大量传播初步构建起马克思主义的话语体系。"马克思主义是社会主义的主导意识形态""马克思主义是科学""马克思主义是信仰"等"马克思主义"符号意群链深入表达了其整体性内涵,形成认识马克思主义的基本知识形式和知识结构。马克思主义逐步成为被社会尊崇的理论,成为巩固国家政治制度、维护社会意识形态和强化主权合法性的标识,

---

① 梁化奎:《政治社会化与列宁时期的红色文化符号》,《马克思主义与现实》2007年第1期。

② 邱爽、蔡丽丽:《使命更新与话语转换——新中国成立初期中国共产党新闻宣传工作的实践基点》,《东北师大学报(哲学社会科学版)》2020年第3期。

③ 张之桀、黄台香:《百科大辞典》第二至五册,名扬出版社1986年版,第2237页。

④ Murray Edelman, *The Symbolic Use of Politics*. Urbana: University of Illinois Press, 1964, p. 5.

⑤ 特德·C. 卢埃林:《政治人类学导论》,朱伦译,中央民族大学出版社2009年版,第126页。

⑥ 哈罗德·D. 拉斯韦尔、亚伯拉罕·卡普兰:《权利与社会——一项政治研究的框架》,王菲易译,上海人民出版社2012年版,第106页。

⑦ Harold D. Lasswell, *Word Politics and Personal Insecurity*. New York: The Free Press, 1965, Ch. 10.

⑧ 胡国胜:《革命与象征——中国共产党政治符号研究(1921—1949)》,中国社会科学出版社2014年版,第7页。

也成为中华民族确立和展现自身的重要基础。中华民族的自我意识也在这一过程中形成了以马克思主义为基点的思考路向和思维方式。

（二）新中国成立初期中国共产党建构的红色文化符号

新中国成立初期，两类符号的融合是红色文化传播的重要表征，这两类符号包括：语言、声音、文字、图像、色彩等媒介符号，马克思主义及相关思想学说的概念符号。作为一个概念符号，"马克思主义"不仅存在于马克思、恩格斯等经典作家的文本中，也存在于各种传播和表达它的文本中。[1] 由此，新中国成立初期的红色文化符号实现了媒介符号与马克思主义概念符号的融合，以下仅撷取一二，以察这一时期马克思主义的话语结构和概念体系。

1. "马列主义"与"毛泽东思想"

新中国成立初期，马克思主义成为国家的主导意识形态，这一意识形态虽尚未被人民彻底接受，且在初期的传播过程中"经常性、系统性和深刻性不足"[2]，但为"马列主义""毛泽东思想"政治符号的建构与传播提供了广阔的场域。新中国成立后，刘少奇提出，"中国革命胜利了，我们有了更好的宣传马列主义的条件"[3]，马克思主义理论被迅速确立为"一切宣传的基础"，在"全国范围内"和"全体规模上"传播。这种"更好的宣传马列主义的条件"依托于：一支覆盖田间地头、工厂矿区、胡同巷口等一切社会组织细胞的庞大群众宣传网络体系初步形成。[4] 在田间地头，中国共产党在各生产组织布置检查生产的会议、读报组，在赶场、物资交流会和其他群众习惯的集会场所展开理论宣传；在工厂矿区，宣传员走进车间或家庭，运用广播、黑板报、大字报、工人政治夜校、文化班、俱乐部等形式深入宣传；在胡同巷口，机关干部和居民中的宣传员在戏院、茶馆、渡口等各种群众自然聚集场所分期包干宣传。

马克思主义基本原理的文本建设与话语构建也推动着"马列主义""毛泽东思想"符号的传播。《共产党宣言》《哥达纲领批判》《哲学的贫困》等马克思主义经典著作和国外学者的马列著作编译出版；《毛泽东选集》等党的

---

[1] 易如：《"马克思主义"：从符号到大众化——传播的视角》，复旦大学 2009 年博士学位论文，第 6 页。
[2] 川南区首届报纸工作会议大会秘书处编印：《中共中央中南局关于加强报纸工作中马克思列宁主义和毛泽东思想的决定》，四川省档案馆藏，建国后资料目录（第二册）-8-9/8。
[3] 《刘少奇选集》下卷，人民出版社 1985 年版，第 80 页。
[4] 参见陈丽凤：《中国共产党领导体制的历史考察》，上海人民出版社 2007 年版，第 202 页。

领导人著作出版；大量通俗的马克思主义教科书出版发行，艾思奇的《历史唯物论、社会发展史》一书截至 1958 年共发行上百万册，成为新中国成立初期出版发行量最大的教材之一；一批阐释、探研马克思主义的理论刊物也相继出版。这些马克思主义理论文本把新中国成立前与成立后中国共产党对中华民族复兴发展的探寻在一系列符号中统摄起来。报刊和广播等媒介增强思想性与群众性，全面且有针对性地阐释马克思主义的世界观和方法论内涵。《新建设》团结学术界人士，"共同探讨学术方面特别是社会科学方面的各种问题"；《新华半月刊》针对机关干部和科研工作者，"编选宣传马克思列宁主义"[①]；广播电台面向大众，举办"政治经济学""社会发展史"等系列知识讲座，阐释辩证唯物论与历史唯物论，宣传马克思主义基本理论。这初步实现了马克思主义原理的话语引入，并为马克思主义话语体系构建奠定基础。最终，"马克思主义"成为中华民族争取在世界上身份标识的重要符号，在符号化过程中被赋予"普遍性的形式"和"唯一合理的，有普遍意义"[②]的价值，逐步成为被社会尊崇的理论。

2. "爱国主义"与"集体主义"

"爱国主义"与"集体主义"是新中国成立初期极具标志性的政治符号。《人民日报》1951 年发表元旦社论，明确爱国主义的基本内涵包括"反对帝国主义侵略和封建主义压迫""保卫中国人民民主革命的果实"和"争取社会主义的前途"等内容。[③] 此期声势浩大的抗美援朝宣传推动"爱国主义"成为国家主导的价值观念和道德原则。在这场旷日持久的符号传播中，中国共产党建立了覆盖党内外、城市乡村的传播网，报道各界人民签订、修正爱国公约，以人力、物力支援前线的行动，展现工人、学生、妇女、农民的思想进步，赋予"爱国主义"具体、可行、人性的内涵。战地记者魏巍采写的《谁是最可爱的人》[④] 成为这一时期广为传诵的名篇，周恩来赞扬这篇作品"感动了千百万读者，鼓舞了前方的战士"[⑤]。

恩格斯认为，无产阶级道德是作为资产阶级对立面产生和发展起来的，

---

① 中国共产党北京市委员会宣传部编：《北京志·报纸杂志篇》，北京市档案馆藏，1-12-864。
② 马克思和恩格斯指出，每一种意识形态"都赋予自己的思想以普遍性的形式，把它们描绘成唯一合理的有普遍意义的思想"。可参马克思、恩格斯：《德意志意识形态》，《马克思恩格斯选集》第一卷，人民出版社 1995 年版，第 236 页。
③ 《在伟大爱国主义旗帜下巩固我们的伟大祖国》，《人民日报》1951 年 1 月 1 日第 1 版。
④ 《人民日报》1951 年 4 月 11 日第 1 版。
⑤ 冉淮舟、刘绳：《魏巍创作记》，陕西人民出版社 1995 年版，第 12 页。

"工人比起资产阶级来，说的是另一种习惯语，有另一套思想和观念，另一套习俗和道德原则"[1]，而无产阶级道德以集体主义为核心原则，"拥有最多的能够长久保持的因素"[2]，代表着人类道德发展的方向。新中国成立后，中国共产党重点阐释了"无产阶级道德以集体主义为核心""为社会谋福利是最高的行为准则"的集体主义原则。毛泽东、周恩来等中央领导人，楚图南、马寅初等民主人士和知识分子，艾思奇、杨献珍等理论家也从不同角度具体阐释集体主义。《南征北战》《上甘岭》《渡江侦察记》等影片取材革命战争，注重社会主义价值观传播，引导人民将爱国主义和集体主义情怀转化成为新生活、新理想奋斗的动力。随着人民的爱国主义、集体主义情感融入国家的建设事业和人民生产生活，自远古以来支配中国的地方主义和传统的、建立在血缘基础上的小共同体意识被打破，无产阶级的思想观念和道德原则逐步形成和完善，并与其他概念符号共同构建出用以表述和定义"马克思主义"的话语结构和概念体系。

3. "土地改革"与"三大改造"

"土地改革""三大改造"作为展现现代国家观念与形象的红色文化符号，在新中国成立初期广为传播。新中国成立伊始，经济形势异常严峻，中国共产党以"土地改革"的符号传播激活生产力中最活跃因素，在摧毁封建地主的政治统治权威、树立农会权威的同时，"从根本上改变了我国乡村原有的社会结构和政治秩序"[3]，缓解和平衡了土地政策开始实施时农民的心理差异和各种矛盾冲突；以"三大改造"的符号传播推动生产关系快速变革，以国家的社会主义工业化为主体的整体观念确立，社会主义公有制价值观也在新的价值观中渐趋主流。[4]

话语的特点包括纯符号性、意识形态的普遍适应性、生活交际的参与性、成为内部话语的功能性，以及最终作为任何一种意识形态行为的伴随现象的必然存在性。[5] 上所论及，"马列主义""毛泽东思想""爱国主义""集体主义""土地改革""三大改造"等概念符号共同构建了新中国成立初期的马克思主义

---

[1] 《马克思恩格斯全集》第二卷，人民出版社 1957 年版，第 410 页。

[2] 恩格斯：《反杜林论》，人民出版社 2015 年版，第 98 页。

[3] 彭正德：《土改中的诉苦：农民政治认同形成的一种心理机制——以湖南省醴陵县为个案》，《中共党史研究》2009 年第 6 期，第 112 页。

[4] 邱爽：《新中国成立初期中国共产党新闻宣传工作的历史实践》，《四川师范大学学报（社会科学版）》2019 年第 5 期，第 18 页。

[5] 马赫金：《巴赫金全集》第二卷，李辉凡、张捷、张杰、华昶等译，河北教育出版社 1998 年版，第 357 页。

话语体系。在此过程中，红色文化符号被引向意义解释过程，在完成自身表意使命的同时，形成了人民群众思维的符号式想象，不断被感知和接收，并引导人民群众预先进行"马克思主义"意义实现方式的筹划。

（三）新中国成立初期的红色文化符号传播

皮尔斯将符号过程划分为符号的再现体（representatum）、对象（object）、解释项（interpretant）三部分。红色文化符号是红色文化的信息表征，符号传播过程中，"积极回应理解的解释项"也依靠接收者的解释努力作出积极反应。故此，以下从传播主体及对象、传播形式及内容解析红色文化符号的传播过程。

1. 红色文化符号的传播主体及对象

马克思在《〈黑格尔法哲学批判〉导言》中指出："理论只要说服人［ad hominem］，就能掌握群众；而理论只要彻底，就能说服人［ad hominem］。所谓彻底，就是抓住事物的根本。而人的根本就是人本身。"[①] 新中国成立初期，人民是马克思主义话语体系构建的价值主体及实践主体，也是红色文化符号的传播主体及传播对象。

《在延安文艺座谈会上的讲话》中，毛泽东提道："人民生活中本来存在着文学艺术原料的矿藏，这是……最生动、最丰富、最基本的东西。"[②] 红色文化符号传播也蕴藏着人民群众主体力量的巨大动力。除农民与城市工人两大群体外，人民群众还包括知识分子、工商业者和文艺工作者等一切推动新政权建设和社会主义事业进步的阶级、阶层及社会集团。在人民群众宣传网的建设过程中，中国共产党在没有党、团组织或宣传员发展不充分的街道、里弄、工厂，建立了群众性宣传队伍，包括群众宣传队、读报组、黑板报、广播台、漫画组等。人民群众成为推动传播活动的根本力量。[③] 1956年初，北京市根据第三次全国广播工作会议精神制订了建立郊区农村有线广播网的规划，提出"依靠群众，利用现有设备，分期发展，逐步正轨，先到村社，后到院户"的方针和"民办公助"原则。[④] 在新闻工作人员少、机构不健全的客观条件下，人

---

① 《马克思恩格斯文集》第一卷，人民出版社2009年版，第11页。
② 《毛泽东选集》第三卷，人民出版社1991年版，第860页。
③ 段春义：《新中国成立初期的人民群众宣传网建设——以上海为例》，《党的文献》2016年第5期，第96页。
④ 中国共产党北京市委员会宣传部编：《北京志·广播通讯社出版篇》，北京市档案馆藏，1-12-863。

民群众承担了重大的历史责任,成为这一时期红色文化符号传播的主要力量。

由于传播的对象群体结构复杂,中国共产党开展了富有针对性的传播实践。报刊、广播电台创办对象性节目,面向党员干部、工人、农民、妇女、青年学生、街道居民,把红色文化符号传播与以马克思主义为主导的社会主义意识形态宣传结合,有针对性地传播党的方针政策,报道恢复发展生产、社会主义改造和抗美援朝等新中国成立初期的重大事件。同时,中国共产党利用城市居民委员会等基层自治组织和工、青、妇等群众性团体组织的力量,进一步深入人民群众,动员群众支持和参与政权建设、土地改革、社会改造,促进马克思主义意识形态和社会主义价值观在社会各阶层各领域迅速普及。

2. 红色文化符号的传播形式及内容

索绪尔从语言学角度把符号分为能指和所指,罗兰·巴特进一步将符号限定为一种表示成分(能指)和一种被表示成分(所指)的混合物,能指组成了语言符号的表达方面(音与形),所指组成了语言符号的内容方面(语义与观念)。从符号学角度认识红色文化,将"马克思主义"的能指与所指剥离,更能够明晰"马克思主义"在中国的存在方式。新中国成立初期中国共产党建构了大量红色文化符号。从符号的生成看,有从新民主主义革命时期承继的,也有新中国成立后创建的;从形态看,包括语言文字类、电影舞蹈类、声音图像类、庆祝纪念类、建筑雕塑类符号。这一时期红色文化传播主要有规模宏大的广播传播、全面覆盖的报刊传播、初步成型的图像传播、简易便捷的口头传播、内容丰富的文艺传播、感染力强的口号与标语传播、通俗化黑板报与小报传播等几种形式。

广播成为新中国成立初期最常见的一种传播媒介。在城市,中国共产党通过对私营广播电台的社会主义改造,初步建成了中央、大行政区、省、市四级广播电台的广播宣传网。在农村,有线广播进一步普及并形成规模,到1954年底,全国共有县广播站547个,中小城镇广播站705个,有线广播喇叭49854只。[①] 在抗美援朝的红色文化符号传播过程中,仅北京举行的一次工商联广播大会中,听众就包括全市所有136个行业和郊区8个工商联分会只23.8万人以上,会后不到10天即捐款超过215.5亿元,超额完成捐献计

---

① 赵玉明:《中国广播电视通史》,北京广播学院出版社2004年版,第225页。

划。① 基于坚实的群众基础发展起来的人民广播，具有巨大的公共话语力量，对红色文化传播意义深远。

中国共产党重视人民报刊的创建并充分运用报刊推动实际工作，构建了分别以《人民日报》《解放军报》《光明日报》《工人日报》《政治学习》为核心的党报、军报、民主党派报纸、行业内报刊、理论刊物等全面覆盖的报刊传播网。报刊网络在社会主义革命和建设事业中动员群众，卓有成效地传播马克思主义理论。以《人民日报》为核心的党报系统成为这一时期新闻宣传的重要阵地。作为新中国成立初期发行量最大、具有高度权威和影响力的中国共产党机关报，《人民日报》从新旧社会大变革大转型的背景出发，推进马克思主义、毛泽东思想的宣传普及。例如，《社会发展史读物中的若干问题》等文章，以理论争鸣推进社会发展史宣传；《两本马列主义论宗教的书》推介宣传《社会主义与宗教》《宗教问题选辑》两本经典著作，帮助读者认识"马列主义对宗教问题的基本看法"及"社会主义国家和人民民主国家对宗教问题的合理态度"②；冯昌达撰写《马列主义与自然科学》③，掀起社会学习自然辩证法的热潮。这类文章增进了民众对马克思主义基本观点的理解，也推动了理论界对马克思主义的深入探研。报刊传播一定程度上影响着群众的理论选择和价值取向，在构建马克思主义话语体系、凝聚社会共识、重塑社会信仰等方面取得了巨大成功。

摄影和漫画等图像传播突破了书籍报刊的局限（新中国成立初期文盲、半文盲比例高，无法阅读），映射或印证国家发展的基本图景，成为政治生活和政治沟通的重要媒介，在马克思主义话语体系构建中有显著的优势。《人民日报》开辟"伟大祖国"专栏，每天刊登一张新闻照片，每年出 24 期摄影专版。《北京日报》1956 年作出规定，每日报上的图片不少于 10 幅，每周出"图片窗"一次。④ 各报逢节假日也都出有图片专版。而漫画以超文本的形象化语言，及"村夫稚子"皆宜的特点发挥了特殊的作用，也成为中国共产党红色文化符号的重要组成。华君武、米谷、方成、英韬、王宇等新闻漫画家发表了一大批国际题材漫画，内含政治人物和事件的视觉操纵，政治机构和概念的拟人

---

① 中国共产党北京市委员会宣传部编印：《解放后十年来北京人民广播事业（1949—1958）》，北京市档案馆藏，1-12-863。

② 陈驰：《两本马列主义论宗教的书》，《人民日报》1950 年 10 月 18 日第 1 版。

③ 冯昌达：《马列主义与自然科学》，《人民日报》1950 年 4 月 22 日第 5 版。

④ 北京市地方志编纂委员会：《北京志·新闻出版广播电视卷·报业·通讯社志》，北京出版社 2006 年版，第 239 页。

化，象征物及其他图像元素中复杂的政治意义内容。摄影与漫画演绎为一种具有更加成熟政治语义的图像媒介。

口头传播包括座谈会、报告会、演讲会、群众大会、谈心会、胡同会等形式，内容包括时事宣传会与理论学习会。以1952年禁毒宣传为例，国家要求"大力向人民进行宣传，务使人民全部了解禁毒运动的意义和目的"，"为防止美帝国主义的造谣，禁毒宣传只限于在人民群众中进行内部的口头的宣传，不在报纸、刊物、新华社、广播电台、黑板报、墙报进行公开的、文字性的宣传（包括绘画等）"。[1] 成都市采用了以真人真事为内容的金钱板、花鼓词、坦白检举会、流动卡车宣传等生动的通俗传播形式，但其中以控诉和坦白检举结合进行的群众大会和组织罪犯现身说法的卡车宣传收效甚大。[2] 口头传播以政治语言传播政治理念，成为党和国家方针、政策、路线及各种政治价值观的有力宣传形式。

文艺传播包括电影、幻灯片、歌曲、文艺演出、文艺作品展览等形式，这类传播形式贴近民众，受民众欢迎。以电影为例，1950年，华北区美英片的发行量由1—8月的63部减至9—12月的12部，进步电影受到观众欢迎。[3] 电影放映队不断扩大，深入部队、工厂、农村，从已有的100队增加到700队，每省平均有20支巡回电影放映队。文艺传播丰富了群众的文娱生活，也使人民群众在接受具有美感的文化符号时，进行与符号相关的艺术创造，激发出个体深层次的爱国情感。

新中国成立初期国家物资与技术匮乏，"交通不便""报纸不足"[4]。口号与标语传播以意义鲜明、时代性强，且具有概括性、思想性和通俗性的特点，成为一种特殊且重要的传播方式。以1955年国庆游行为例，"马克思列宁主义万岁！""中华人民共和国万岁！""努力增强国防，拥护兵役法的实行！"等口号由中央宣传部派专门小组制定[5]，通过对生动、准确、鲜明的语言词汇的甄选，以一种简洁有力的表达出现在民众日常活动范围内。纸质标语、墙壁标语、门板标语、岩刻标语等，也以简洁醒目的形式向民众广泛传播新的意识形

---

[1] 中共成都市委：《禁烟运动宣传工作计划》，成都市档案馆藏，54-1-90。
[2] 中共成都市委：《关于禁毒宣传工作情况报告》，成都市档案馆藏，54-1-103。
[3] 中央人民政府出版总署整理：《中央人民政府政务院文化教育委员会郭沫若主任在人民政协全国委员会第二次会议上关于文化教育工作的报告》，四川省档案馆藏，建国后资料目录（第二册）-8-3-2/9。
[4] 《各级领导机关应当有效地利用无线电广播》，《人民日报》1950年6月6日第3版。
[5] 四川省成都市庆祝第六届国庆节筹备处：《一九五五年国庆节游行呼喊口号》，成都市档案馆藏，56-1-4。

态。"不要四面出击""抗美援朝,保家卫国"和"百花齐放,百家争鸣"等标语,深悉政治形势与政治任务,成为这一时期极具感染力的集体符号。

黑板报以"通俗化,大众化"的内容,以"大家办,大家看"的形式,"安放在群众集中的地方","报道有关治安,生产,建设,金融,贸易,民主设施,文化教育,卫生等各种工作情形与经验;宣传政府政策法令;摘录或记录重要新闻与大的胜利消息;办理人民问答,为各界人民解答各种问题"。① 黑板报与读报组工作结合,深入基层民众。而小报作为大众化、基础性传播媒介,也曾在新中国成立初期短暂存续,发挥了一定的积极作用,满足了部分市民的文化需要。以上海市为例,新中国成立后,上海从解放前各类别十余种小报中保留了《大报》与《亦报》两种,作为对"落后小市民的一种改换气质的辅助教育"②。至1952年底,随着公营新闻事业体系和中国共产党的思想文化领导权的确立,小报最终停办,这也反映出中国共产党对报业的整顿思路,折射出这一时期我国文化格局的嬗替。③

（四）新中国成立初期红色文化符号传播的历史评价

新中国成立初期的红色文化符号传播过程也是马克思主义话语体系的构建过程,这为夯实中国共产党的执政合法性基础、形成马克思主义意识形态与舆论导向、构筑国家民族意识与阶级意识奠定了坚实基础。

构建马克思主义话语体系,为夯实中国共产党的执政合法性奠定基础。新中国成立,中国共产党由革命党转变为执政党,陷于国际上美、苏两种力量泾渭分明的抗争格局与国内百废待兴、政权亟待巩固的困局。国内民众对中国共产党的执政能力存有疑虑,社会各阶层对人民民主专政也存有异议。为巩固政权、建构共识,中国共产党在宣传马克思主义基本理论的同时,用马克思主义的立场方法指导各项中心工作的宣传任务,在新中国成立初期建构起一套中国化的马克思主义话语体系。福柯认为,"话语即权力",具有物质性的话语实践决定其他社会力量,又是由其他社会力量形成的。④ 罗兰·巴特也提出,权力与话语是一种互生关系。意识形态话语由于与社会政治、经济等要素密切相

---

① 中共成都市委宣传部编印:《成都市黑板报工作暂行办法》（1950年）,成都市档案馆藏,56-1-4。
② 四川省成都市庆祝第六届国庆节筹备处:《一九五五年国庆节游行呼喊口号》,成都市档案馆藏,56-1-4。
③ 龙伟:《上海解放初期中共对小报的改造与整编》,《中共党史研究》2015年第3期,第94页。
④ 陈学明:《二十世纪西方马克思主义哲学》,人民出版社2012年版,第669页。

关，成为政治权力的力量表征。通过红色文化符号传播，中国共产党最终确立了马克思主义国家意识形态，建立了民众对马克思主义的理论认同和对新生人民民主政权的政治认同，进一步奠定了中国共产党的执政合法性基础。

传播马克思主义话语体系，形成马克思主义意识形态与舆论导向。新中国成立初期的红色文化符号表征裹挟着马克思主义意识形态内涵，中国共产党在全国范围、全体规模宣传马克思主义话语体系与马克思主义基本理论，并用马克思主义的观点和方法指导中心工作，使一切具体工作都具有思想政治性。马克思认为，"物质力量只能用物质力量来摧毁；但是理论一经掌握群众，也会变成物质力量"[1]。红色文化符号传播使马克思主义理论以具体化、通俗化、生活化、实践化的形式在全国范围内宣传普及。马克思主义意识形态逐步被人民接受并付诸实践，转化为一种可以摧毁物质力量的力量。

构筑国家民族意识与阶级意识，形成了以马克思主义为基点的思考路向和思维方式。新中国成立，中华民族实现了梦寐以求的民族独立，但国民对新生政权的国家概念和民族前途的体认趋于陌生；工人阶级一跃成为领导阶级，但社会各阶层，包括干部、单位职工、青年学生、农民等，对人民民主专政存有异议且长期以来对工人领导权认同度不高。红色文化的符号传播，一方面强化国民对"中华人民共和国"的认识与认同，培育国家民族情感；另一方面宣传马克思主义阶级观，培育阶级意识。作为马克思意识形态概念的精神实质，阶级意识是"关乎阶级总体的（非个体简单相加的整体）对自己的阶级利益和社会地位的体系化、理论化的自觉意识"[2]。红色文化符号的有效传播在社会各阶层构建起"中国人民站起来了"和"工人阶级最富于革命的彻底性"这一共识，民族团结、经济恢复发展的国家形象初建，"工人老大哥"形象具体化。在这一过程中，人民的国家民族意识与阶级意识觉醒，并进一步形成以马克思主义为基点的思考路向和思维方式。

新中国成立初期的红色文化符号传播围绕政权鼎革及党的历史方位变化之大背景，将新社会的发展演进置于"如果没有毛主席、共产党，怎么会有这样的生活"的文本表达中；一张由公营新闻媒介构织的巨大的传播网络覆盖全国，引导社会舆论动态，形成了一种"政治缩合语、口号式的套话和程式化、模板化、脸谱化的写作套路"[3]。中国共产党借鉴苏联《真理报》和塔斯社经

---

[1]《马克思恩格斯全集》第三卷，人民出版社 2002 年版，第 207 页。
[2] 张志丹：《阶级意识：马克思意识形态概念的精神实质》，《社会科学》2015 年第 11 期，第 53 页。
[3] 李希光：《解剖一篇宣传式新闻》，《新闻记者》2003 年第 7 期，第 14 页。

验，建立了一套符号传播范式。这套范式对提高符号传播的理论水平和管理水平大有助益，但也衍生出教条主义的弊病。工人、农民等其他社会主体的价值实现和目标追求在传播过程中渐被忽视。上情下达，下情上达，达外情于内，通内情于外的双向通达的信息传播模式一定程度上仅表现为信息的单向传递。1956年7月1日《人民日报》在改版社论《致读者》中一针见血地指出，我们的报纸"是人民的公共武器，公共的财产"，"人民是它的主人"。[①]《人民日报》的新闻改革是在革命中诞生的、与战争年代相适应的"以宣传为本位"的党报模式向"以新闻为本位"回归的伟大实践，新华社、中央广播事业局也相继进行改革，为全国性新闻改革作出垂范。但这场对中国新闻传播事业的发展意义深远的改革探索，因诸多原因被迫中断。

这一时期的红色文化符号传播延续战争时期的革命化视角，在封闭局限的信息渠道中形成了对西方资本主义国家的常识性偏差和误读式传播。1952年，周恩来在致周克农、乔冠华的信中指出，新闻稿件中使用的"刺激性的词语如'匪类'、'帝国主义'、'恶魔'、'法西斯'等甚多……望指示记者和发言起草人注重简洁扼要地揭发事实，申述理由，……避免或少用不必要的刺激性语言"[②]。1956年，刘少奇提出，应适当发表西方通讯社批评中国的报道，无论国际国内报道，"应该好的要讲，不好的也要讲"[③]。

上所论及，语言、声音、文字、图像、色彩等媒介符号和马克思主义及相关思想学说的概念符号两类符号的融合是新中国成立初期红色文化传播的重要表征。马克思主义不仅仅客观存在于马克思、恩格斯等经典作家的文本之中，还存在于各种传播和表达它的文本中。马克思主义的"意群链"在深入表达马克思主义的整体性内涵的同时，形成了认识马克思主义的基本知识形式和知识结构，初步构建了马克思主义话语体系，为新中国成立后巩固和扩大中国共产党的执政合法性基础、形成马克思主义意识形态与舆论导向、构筑国家民族意识与阶级意识奠定了坚实基础。但特殊历史背景下，传播过程中一定程度上对工人、农民等其他社会主体的价值实现和目标追求的弱化及对西方资本主义国家的部分误读，为新时代红色文化传播提供了历史镜鉴。

---

① 《致读者》，《人民日报》1956年7月1日第1版。
② 中共中央宣传部新闻局：《马克思主义新闻工作文献选读》，人民出版社1990年版，第253页。
③ 《刘少奇同志关于新闻工作的几次讲话》，北京新闻学会编印，1980年版，第26页。

二、民族主体意识与国家形象构建：新中国成立初期党的新闻宣传实践

新中国成立，中华民族实现了梦寐以求的民族独立，并以独立的主权国家形象展现在世界舞台上，但年轻共和国政权的中华民族主体意识尚未建构完成，国民对国家概念、国家形象与民族命运的体认尚很陌生。新中国成立初期，在马克思主义新闻理论指导下，中国共产党对符合新政权意识形态理念的各项工作展开了卓有成效的新闻宣传实践，并由此推动了构建中华民族主体意识的生长空间和构筑新中国国家形象的初步尝试。

（一）新中国成立初期的新闻宣传实践与国家形象构建

政党形象是国家形象的主要内容和集中体现[①]，而国家形象是由国内形象和国际形象共同型构的。新中国成立后，中国共产党通过对内与对外宣传，在民族的历史承当中形成了具有时代特征的崭新形象。

新中国成立初期中国共产党的对内宣传以路线宣传和政策宣传为主。党的路线是无产阶级政党在较长时期内遵循的指导思想和根本路径，包括思想、政治、组织、群众路线等。新中国成立后，中国共产党以路线建设作为执政党建设的重要内容，并不断加强党的指导思想和根本路线宣传，奠定了国家认同的基础，也不断建构国家形象的精神内涵——"对内表现为一种巩固国家政治制度、维护意识形态和强化主权合法性的标识"[②]。同时，中国共产党大力增强政策宣传力度，政策宣传逐渐成为宣传内容中所占比例最大的部分。各级党委宣传部"督促各部门制定宣传计划，建立宣传工作制度，协助他们审查和共同研究起草有关政策的宣传指示和宣传材料"[③]。新闻媒体运用人民喜闻乐见的话语和方式，结合群众实际情况开展时事政策宣传，而非自说自话，"言者谆谆，听者藐藐"。在路线与政策宣传过程中，中国共产党初步完成了其国内形象的定位和构建，塑造了捍卫国家独立、自由、主权和领土完整的全面执政形象，也为塑造独立自主的社会主义国家形象奠定基础。

国际形象主要指国际社会各种理性行为体对民族国家所形成的综合印象和

[①] 管文虎：《国家形象论》，电子科技大学出版社2000年版，第98页。
[②] 刘艳房：《全球化背景下的中国国家形象战略——基于国家利益的研究视角》，中央编译出版社2016年版，第89页。
[③] 中央宣传部印发：《中央宣传部转发西北局批转西北局宣传部关于切实贯彻中央和西北局加强群众切身经济问题宣传指示的报告》（1954年3月2日），四川省档案馆藏，建川003-106。

评价。新中国成立初期,党的新闻宣传工作对塑造新中国国际形象意义重大。从革命运动的对外关系,到向国家外交过渡,从"一边倒""另起炉灶""打扫干净屋子再请客"等外交原则确立,到和平统一战线、和平共处五项原则等外交政策形成,从成功报道开国盛典、日内瓦会议、万隆会议等重要政治外交活动,到顺利宣传第一届全国人民代表大会、《中华人民共和国宪法》,新闻宣传工作都被赋予了重要的责任与使命。

对外宣传配合我国国际关系新形势和外交政策,为国际社会提供了一个独立自主、自力更生、反对霸权主义、维护世界和平的"东方大国"形象的阐释、想象和赋意空间,报社、杂志社、通讯社和广播电台按照宣传任务和宣传内容制订对外宣传计划。和平共处五项原则的提出,是新中国外交发展的一个阶段性里程碑,对这一外交政策的强有力宣传为开创中国外交新局面奠定了基础。报纸运用主要版面、大量篇幅、醒目标题作重点报道,广播采用讲话录音、实况录音等形式大量采编新闻稿件。同时,全国性报纸经常发表对国际问题的各种评论和述评,以解释我国对外政策,介绍苏联和人民民主国家的建设成就,支持国际和平运动和被压迫民族的正义斗争。媒体通过新中国的话语体系和表意系统,为国际社会提供新中国国家形象的认知和解释符号及框架,初步完成了一个独立自主、和平发展、负责任的崭新的国家形象构建。

但遗憾的是,美苏对峙,西方资本主义国家对新中国大肆攻击,使中国逐渐走入与西方世界相对隔绝的半封闭状态,影响了新闻宣传事业的发展。

(二)新中国成立初期的新闻宣传实践与民族主体意识塑造

新中国成立初期,新政权通过宣传马克思主义基本理论,并以马克思主义的观点和方法宣传中心工作,逐步确立了以马克思主义为指导的社会主义意识形态的主导地位,马克思主义不仅成为被社会尊崇的理论,并不断与中华优秀传统文化及思想结合,形成一种新的民族自我阐释方式,为中华民族确立自身、展现自身,形成民族主体意识,提供了必备前提。[①]

中国共产党为宣传马克思主义的理论和方法,在农村,采用小型、分散、于群众方便的形式;在厂矿,运用广播、黑板报、大字报、工人政治夜校、文化班、俱乐部等形式;在城市街道,组织动员居民中的宣传员和机关干部利用

[①] "民族主体性的现代觉解改变了中国传统中重行动、轻思想的思维习性,把理论和思想作为民族主体确立自身、展现自身的一个必备前提。"参李光昌:《民族主体性的觉解:马克思主义哲学中国化的想象力》,中国社会科学出版社2010年版,第241页。

业余时间分期包干宣传，在电影院、戏院、茶馆、火车站、码头、渡口等各种群众自然聚集的场所，利用宣传站、宣传车、读报组收听广播；在少数民族聚居和民族杂居地区，将中心工作宣传与党的民族政策宣传结合，根据当地民族工作的不同情况确定不同的宣传内容和方式，并在宣传过程中尊重少数民族的权利和风俗。在党的宣传员和各种宣传力量深入田间，走进车间、家庭，深入少数民族地区的过程中，新闻宣传的导向功能与意识形态领域的深刻变化结合，形成了以马克思主义为基点的独特的民族自我意识思考路向和思维方式。

新政权通过宣传马克思主义基本理论，并以马克思主义的观点和方法宣传中心工作，逐步确立了以马克思主义为指导的社会主义意识形态的主导地位，马克思主义不仅成为被社会尊崇的理论，并不断与中华优秀传统文化及思想结合，形成一种新的民族自我阐释方式。

民族的文化心理是国家形象在国内民众的文化心态及观念形态上的对象化，它在一定的历史环境中凝结沉淀，塑造着人民的思维模式和价值观念。新中国成立初期，马克思主义在思想文化领域的指导地位基本确立，成为所有思想问题的权威界说，也成为民族崛起、中华民族争取在世界舞台上身份标识的重要内容。同时，新闻宣传倡导社会的新风尚，展现人民的新生活，实现了思想道德领域的革旧鼎新，也逐步建立起一套异于旧中国的民族自我意识和自我阐释方式。新中国成立初期，经济恢复，政治清明，社会风尚和道德水平显著提高。中国共产党倡导平等互惠的劳动理念，宣传以艰苦奋斗、勤俭节约、保护婚姻家庭、爱护母亲儿童为主旨的道德观，展现人民幸福乐观的精神面貌和当家作主的角色转换。

总的来说，新中国国家形象的定位、构建及认同，经历了一个渐进式发展演变的过程。中华民族主体意识作为国家形象的精神要素的集中体现，对人民的情感、思想、行为、生活产生着广泛的指导作用，也深刻影响着国家形象塑造。新中国成立初期的新闻宣传实践推动社会主义意识形态大众化，为中华民族确立和展现自身奠定重要基础，也为民族主体意识形成提供必备前提；展现国民经济恢复发展的成就和人民当家作主的角色转换，建立人民对国家民族发展的信心，推动思想文化领域革新，初步建构起一套异于旧中国的民族自我意识和自我阐释方式。伴随中华民族主体意识形成，马克思主义逐步成为中华民族崛起，进而争取在世界舞台上身份标识的重要内容。同时，新中国独立自主、自力更生、不畏霸权、爱好和平、政治清明、人民团结、经济恢复发展的社会主义国家形象也逐渐获得国内公众和部分国外公众的认同，中国共产党也在民族的历史承当中形成了具有时代特征的崭新形象。

三、马克思主义民族化与大众化进路：新中国成立初期新闻宣传的历史总结

新中国成立初的七年是新中国新闻宣传事业的开端和马克思主义宣传理论中国化的关键阶段。中国共产党对新闻宣传开展了全面的价值重塑、体制重构与力量整合，有力推动了马克思主义意识形态和社会主义价值观的广泛传播。将新中国成立初期党的新闻宣传置于马克思主义中国化视域下进行审视，不难发现，一方面，倚靠丰富的民族土壤与特殊的时空条件，中国马克思主义新闻宣传理论迅速发展，并指导新闻宣传战略策略、理念定位、体制机制、方式方法的确立；另一方面，随着新闻宣传媒介延伸并渗透至社会各阶层各领域，中国共产党在全国范围、全体规模循序渐进地介绍、宣传、发展马克思列宁主义，中国马克思主义逐步迈向民族化与大众化。

新中国诞生之初，中国共产党即在实践马克思主义新闻宣传理论的基础上，构建了马克思主义中国化新闻宣传思想原则和理论体系。正是在这一理论体系指导下，党创造性地变革了新闻宣传内部运作机制，不断提高新闻宣传的思想性、群众性和吸引力以适应党的地位和任务转变，为发展党和人民的新闻宣传事业奠定了坚实基础。其中，两次全国新闻工作大会确立的"联系实际，联系群众，开展批评与自我批评"的新闻宣传基本方针，毛泽东等党的领导人提出的党性原则、"全党办报，群众办报"原则，以及在1956年新闻改革中明确的"社会主义新闻事业既是党领导的事业，又是人民自己的事业"等新闻宣传思想，既是无产阶级新闻宣传事业客观规律的科学总结，也是马克思主义世界观与方法论在新闻宣传领域的具体体现，其理论与思想精髓影响至今。

在马克思主义新闻宣传思想指导下，新中国成立初期中国共产党在全国范围、全体规模循序渐进地宣传马列主义基本理论，并用马列主义的立场、观点、方法宣传中心工作，提高了人民群众的阶级觉悟和思想认识，也使一切具体工作具有必要的思想政治性。中国马克思主义逐步实现了国家层面的民族化发展与个人层面的大众化传播。

民族化是马克思主义最基本的发展形式和实践样态。作为马克思主义中国化的基本特征之一，民族化为中国马克思主义发展提供了丰富的民族土壤。新中国成立初期是新旧意识形态交锋时期，新闻宣传将马克思主义的民族性与中国社会新旧转换期的发展实际融合，确立了马克思主义在意识形态领域的指导地位，一定程度上打破了西方资本主义对新政权的孤立、威胁、封锁、遏制，并在巩固新生政权的实践探索中充分发挥马克思主义指导思想治国理政、安邦

定国的深刻意义。

具体而言,中华人民共和国成立,"新中国"由观念变为现实,中华民族实现梦寐以求的民族独立,这既是一个社会主义国家的发端,也是一个被压迫民族的新生。然而,对于年轻的共和国政权,国家形象与民族意识尚未形成,国民对国家概念和国家前途命运的认知模糊不清。强化国民对"新中国"的普遍认同,必须根据意识形态领域的深刻变化除旧布新,确立马克思主义在意识形态领域的指导地位。新闻宣传在这一过程中被赋予重要使命,它一方面将马克思主义与特殊时代背景结合,确立马克思主义国家意识形态与民族主体价值,从实践层面推动马克思主义中国化进程;另一方面将马克思主义与中国具体实际结合,培育阶级意识,从理论层面推动马克思主义中国化的逻辑进程。

大众化是马克思主义的本质要求,马克思主义大众化也是马克思主义中国化的目的和结果。[1] 马克思曾经指出,"批判的武器当然不能代替武器的批判,物质力量只能用物质力量来摧毁,但是理论一经人民群众所掌握,也会变成物质力量"[2]。马克思主义大众化的基本功能旨在实现党的理论自信与人民群众理论自觉的有机统一[3],使马克思主义真理被人民群众掌握,在社会主义实践中发挥作用。新中国成立初期,为寻求社会变革的物质力量和精神力量,中国共产党面临马克思主义大众化的艰巨任务。鉴于此,党将新闻宣传的导向功能与意识形态领域的深刻变化结合,利用规模宏大的广播收音网、全面覆盖的报刊宣传网、加速布局的国家通讯网络、初步成型的新闻摄影与新闻漫画宣传等形式大力推进马克思主义大众化传播,构建了覆盖全国的马克思主义话语体系。

任何一个成熟的社会都要选择与其经济基础相适应的思想理论作为指导,并处理好两对关系,即内生的理论基础与外向的指导作用的关系,以及指导思想一元化与意识形态多样化的关系。马克思主义具有对多元理论的包容性、对新中国各种现实问题的解释力、对其他思想文化的整合力、对各种腐朽思想的批判力[4],在新中国成立后被正式确立为党的指导思想。但值得注意的是,残留的旧思想、旧观念不会随着社会变革而改变,新的意识形态也不会被人民群

---

[1] 杨鲜兰:《大众化是马克思主义的本质要求》,《湖北大学学报(哲学社会科学版)》2008年第3期。
[2] 《马克思恩格斯选集》第一卷,人民出版社2012年版,第9页。
[3] 王迁、邓淑华:《关于马克思主义大众化内涵、功能和目的的新认识》,《毛泽东思想研究》2015年第2期。
[4] 陈锡喜:《关于坚持马克思主义在意识形态领域的指导地位的理论辨析》,《思想理论教育》2009年第15期。

众主动接受，需借助新闻宣传等手段，实现马克思主义大众化。马克思主义认为，意识形态是在社会利益分化条件下对反映不同利益的价值观的理论表达[①]；意识形态的本质是某一阶级或某一社会集团赋予所代表的特殊利益以现实意义的普遍性。人民群众是历史的创造者，马克思主义代表最广大人民的根本利益，以解放全人类为终极价值目标，具有普适性和先进性。因此，新中国成立初期，马克思主义的大众化也具有史无前例的深刻内容和广阔的传播空间。新政权一方面建立了全面覆盖的新闻宣传网络，为凝聚人民共识、重塑社会信仰构建重要渠道；另一方面积极创办对象性栏目，促进马克思主义意识形态和社会主义价值观在社会各阶层各领域迅速普及。通过宣传，马克思主义的基本原理、科学体系作为党的思想武器，引导新政权的巩固和发展，其精神实质与根本方法也最终作为一种工具理性和方法论，在思想文化领域得到普及。原本作为党的指导思想的马克思主义成为整个国家的主流意识形态和体现中华民族凝聚力的精神信仰。

四、新中国成立初期新闻宣传：新闻宣传理论的研究支点

马克思主义新闻宣传理论是马克思主义对新闻宣传工作的根本看法，是马克思主义基本理论在新闻宣传领域的具体体现，也是围绕新闻宣传的本质、基本特征、功能，以及工作开展方式等构建的理论体系。[②] 新中国成立初期党的新闻宣传具有鲜明的阶级特色和时代风格，深入探研其历史使命、指导思想、体制机制、依靠力量、内容体系、渠道队伍、策略效果等内容，有助于审视新中国新闻宣传理论的创立过程和特色，也是研究我国新闻宣传理论的基本内涵与发展规律的支点。

首先，有助于从战略高度思考当前新闻宣传的责任定位，坚持马克思主义新闻理论的指导地位。马克思主义新闻理论在中国的传播发展始于五四新文化运动，至新中国成立初期已日臻完备和成熟。回溯历史，新中国成立初期是马克思主义新闻理论中国化发展的重要阶段，这一阶段新闻宣传的诸多原则性认识、战略性布局和策略性谋划，都是在马克思主义新闻思想指导下完成的。而这一阶段新闻宣传的重要使命与核心成就，就是建立马克思主义在意识形态领域的指导地位，确保党的中心工作完成。但近年来，随着体制的深刻转换、结

---

① 陈锡喜：《气壮理直 坚持马克思主义在意识形态领域的指导地位》，《中国高等教育》2014年第1期。

② 尕锋盘山：《中国共产党典型宣传工作研究》，西南大学2011年博士学位论文，第1页。

构的深刻调整、社会的深刻变革，多种价值观念和社会思潮相互激荡。其中一些社会思潮有着确切的政治内涵和指向，企图通过否定我国发展成就或共产党领导地位，西化、分化中国，最终彻底否定中国特色社会主义的道路、理论和制度。这些消极、退步的社会思潮模糊了新闻宣传的原则定位，甚至严重威胁我国意识形态建设。

新中国成立后中共中央召开第一次全国宣传工作会议，刘少奇在会议上提出："现在的情况和过去根本不同了。中国革命胜利了，我们有了更好的宣传马列主义的条件"[1]，我们的宣传工作者要"真正做到在全国范围内和全体规模上来宣传马列主义，用马列主义教育人民，提高全国人民的阶级觉悟和思想水平，为在我国建设社会主义和实现共产主义打下思想基础"[2]。会议通过的《中国共产党第一次全国宣传工作会议关于加强党的宣传教育工作的决议（草案）》也提出，"各级党委必须把向党内外进行马克思列宁主义的宣传教育工作，当作头等重要的任务，并把这一任务和各个时期的中心任务结合起来"[3]。六十多年后的今天，这一重要任务仍未改变。在当前社会全面转型的关键时期，新闻宣传更应肩负党和人民的重托，新闻工作者更应坚守新闻宣传的责任和使命。研究新中国成立初期党的新闻宣传，旨在探寻以正确的国家观、民族观、历史观引导群众——"划清是非界限、澄清模糊认识"；旨在明晰，新闻宣传应发挥舆论导向功能，引导人民坚定马克思主义信仰，坚定道路自信、理论自信、制度自信、文化自信，新闻工作者应做好时代的"风向标"和"守望者"，坚守马克思主义新闻思想，防止国内外错误社会思潮的渗透和蔓延。

其次，有助于把握新闻宣传调整与转变的基本遵循和原则性规定，形成对新闻宣传工作的规律性认识。规律的认识与总结是新中国成立初期新闻宣传研究中的一大难点，但从学术研究的使命和责任来看，这是提高当前新闻宣传工作科学化水平、推动新闻宣传引领时代发展的关键。发现规律首先需要对党的新闻宣传在新中国成立初期及前后发展过程中的经验教训和运动轨迹有理性认识。本书虽聚焦新中国成立初期这一时间段，但采用长时段研究法，关注对这段历史发展起决定作用的、有长时期影响的因素，并结合民主革命时期至新中国成立初期的新闻宣传的发展轨迹，力求形成对党的新闻宣传的规律性认识。同时，本书深入探讨新中国成立初期党的新闻宣传的外部环境与内在体系及运

---

[1] 《刘少奇选集》上卷，人民出版社1985年版，第80页。
[2] 《刘少奇选集》下卷，人民出版社1985年版，第91页。
[3] 中央宣传部办公厅编：《党的宣传工作会议概况和文献（1951—1992年）》，中共中央党校出版社1994年版，第8页。

行模式之间的逻辑关系，系统总结基本经验，以形成对这一时期新闻宣传运动规律的深入认识。

马克思曾指出："要使报刊完成自己的使命，必须承认它具有植物也具有的那种为我们所承认的东西，即承认它是有自己的内在规律。"① 而列宁认为，这种内在规律"就是关系"，"本质的关系或本质之间的关系"。② 探研新中国成立初期新闻宣传规律，其实是对新闻宣传与社会政治、宣传内容、宣传对象这三对关系的把握。具体析之，新中国成立初期形成了政治性、客观性、群众性的新闻宣传规律，影响至今。新闻宣传与社会政治经济环境以及统治阶级的政治价值密切相关，新闻理论内容的演革更新以及新闻理论体系的框架结构设计也受到特定的意识形态的制约。③ 由此，无产阶级的新闻工作者要有坚定的阶级立场和人民立场，"为人民利益而战""为真理而战"。新闻宣传需要在实事求是、客观公正的基础上，实现宣传内容全面化、宣传渠道立体化和宣传队伍专业化。基于新闻宣传历史性考察的规律与经验总结，更好地认识新时期新闻宣传工作的情势和方位，把握新闻宣传调整与转变的基本遵循和原则性规定，为新形势下推进新闻宣传工作提供借鉴和指导。

最后，有利于为新时期我国新闻宣传的改革发展提供理论指导，指明具体方向。习近平总书记在中央党校建校 80 周年庆祝大会暨 2013 年春季学期开学典礼上曾提到，现在很多同志由于"不懂规律、不懂门道、缺乏知识、缺乏本领"，在做具体工作时往往面临"新办法不会用，老办法不管用，硬办法不敢用，软办法不顶用"的尴尬局面。④ 党的宣传工作历来是各项工作的重点，要掌握新闻宣传的规律、悟出门道，避免新闻宣传工作"事与愿违"、新闻宣传效果"南辕北辙"，应做到两点：一是在实践中探索，二是在继承中创新。当前的宣传条件与宣传环境与六十多年前已不可同日而语，但新中国成立初期的新闻宣传仍有许多富有生命力、值得继承和发扬的优良传统。例如，"在政治上必须同中央保持一致，以保证党的中心任务完成的传统""坚持把马克思主义理论同我国革命和建设的实际紧密结合起来，做到宣传工作'有的放矢'的传统""坚持实事求是，敢于讲真话的传统""坚持与群众打成一片，虚心向群众学习，关心群众疾苦并为群众说话的民主、平等的传统""坚持言行一致、

---

① 《马克思恩格斯全集》第一卷，人民出版社 1995 年版，第 397 页。
② 谢龙：《马克思主义哲学原理》，人民出版社 1995 年版，第 117 页。
③ 童兵：《马克思主义新闻理论的坚守与创新》，《新闻爱好者》2016 年第 10 期。
④ 习近平：《在中央党校建校 80 周年庆祝大会暨 2013 年春季学期开学典礼上的讲话》，人民出版社 2013 年版，第 5 页。

以身作则、言教与身教相结合的传统""坚持全党做宣传工作的传统",等等。① 但是,新中国成立初期不断完善的宣传理论与宣传实践仍存在不足,值得反思。例如,新闻界在批判电影《武训传》、批判《红楼梦》研究等思想文化批判中的"一边倒"现象,在学习苏联新闻工作经验中的教条主义倾向,都在中国新闻史上产生过一定的负面影响。因此,当前新闻宣传的实践与改革,应建立在对宣传传统和经验"进行再认识,让新的宣传实践重新检验、筛选、修正、补充、发展这些历史上形成的传统和积累起来的经验"②的基础上,科学指导新时期的新闻宣传工作。

新中国成立初期中国共产党的新闻宣传实践为当前新闻宣传工作提供了历史镜鉴。应将奠定党的执政合法性基础作为新闻宣传的根本主张;欲形成马克思主义意识形态与舆论导向,必须充分发挥宣传机构的喉舌功能;凝聚人民共识是培育国家民族意识与阶级意识的重要条件;完善机构设置,构建层次分明的新闻宣传体系是宣传工作取得实效的组织保障。新中国成立初期新闻宣传的目标设计、理念设计、制度设计和动力设计等,为当今新媒体环境下新闻宣传工作提供了丰富实践经验和重要理论指导。面对当前媒介生态的新变化和信息传播的新特点,新闻宣传应在坚守马克思主义理论,坚持党性与人民性统一的基础上,构建中国特色话语体系,增强宣传内容的阐释力;完善新闻宣传体制机制,把握战略策略的转换力;创新新闻宣传方法业态,提升表达方式的亲和力;拓展新闻宣传辐射范围,保持与国际环境的协调力。

---

① 林之达主编:《中国共产党宣传史》,四川人民出版社 1990 年版,第 2 页。
② 林之达主编:《中国共产党宣传史》,四川人民出版社 1990 年版,第 11 页。

主要参考文献

一、经典著作

《邓小平文选》第二卷，人民出版社1994年版。
《邓小平西南工作文集》，中央文献出版社2006年版。
《列宁全集》第五卷，人民出版社1986年版。
《列宁全集》第十一卷，人民出版社1987年版。
《列宁全集》第三十四卷，人民出版社1985年版。
《列宁全集》第四十四卷，人民出版社1990年版。
《列宁选集》第一卷，人民出版社2012年版。
《列宁选集》第三卷，人民出版社1995年版、2012年版。
《列宁选集》第四卷，人民出版社2012年版。
《列宁选集》第五卷，人民出版社2012年版。
《刘少奇论党的建设》，中央文献出版社1991年版。
《刘少奇选集》上卷，人民出版社1981年版、1996年版、2004年版。
《刘少奇选集》下卷，人民出版社1985年版。
《马克思恩格斯全集》第一卷，人民出版社1956年版、1995年版。
《马克思恩格斯全集》第六卷，人民出版社1961年版。
《马克思恩格斯全集》第二十五卷，人民出版社2001年版。
《马克思恩格斯全集》第四十二卷，人民出版社1979年版。
《马克思恩格斯文集》第十卷，人民出版社2009年版。
《马克思恩格斯选集》第一卷，人民出版社1995年版、2012年版。
《马克思恩格斯选集》第四卷，人民出版社2012年版。
《毛泽东农村调查文集》，人民出版社1982年版。
《毛泽东文集》第一卷，人民出版社2001年版。
《毛泽东文集》第二卷，人民出版社1993年版。

《毛泽东文集》第三卷，人民出版社 1996 年版。
《毛泽东文集》第五卷，人民出版社 1996 年版。
《毛泽东文集》第七卷，人民出版社 1999 年版。
《毛泽东新闻工作文选》，新华出版社 1983 年版。
《毛泽东选集》第二卷，人民出版社 1991 年版。
《毛泽东选集》第四卷，人民出版社 1991 年版。
《毛泽东著作选读》下册，人民出版社 1986 年版。
《习近平谈治国理政》（第一卷），外文出版社 2014 年版。
《恽代英文集》下卷，人民出版社 1984 年版。

二、原始档案

《北京市"中苏友好月"工作报告》，北京市档案馆藏，1-12-99。
《北京市工矿企业宣传鼓动工作报告》（1950 年），北京市档案馆藏，1-12-37。
《川西成都人民广播电台收音员条例》，四川省档案馆藏，建国后资料目录（第二册）-8-2/10。
《关于处理上海私营广播电台的意见》，上海市档案馆藏，A22-2-9。
《关于广播工作的决定（草案）》，四川省档案馆藏，建国后资料目录（第二册）-8-2/8。
《关于目前新闻工作的四个问题——胡乔木署长在全国新闻工作会议上的报告》（1950 年 3 月 29 日），四川省档案馆藏，建国后资料目录（第二册）-8-2/8。
《关于省市区新闻机关员额暂行编制的决定（草案）》（1950 年 4 月 14 日），四川省档案馆藏，建国后资料目录（第二册）-8-2/8。
《关于苏南宣传工作会议的报告》，江苏省档案馆藏，3006-107。
《关于小报》，上海市档案馆藏，Q431-1-74。
《关于亦报发行工作的材料》，上海市档案馆藏，G21-1-278。
《华北、华东、中南、西南、西北各地宣传干部在东北参观后向中央宣传部的报告》，四川省档案馆藏，建川 003-103。
《抗美援朝宣传工作计划》（1953 年），北京市档案馆藏，1-12-125。
《六区区委宣传部一九五二年下半年宣传工作计划》，北京市档案馆藏，38-2-380。
《内蒙小组、京津小组讨论〈中央关于加强党在农村宣传工作的决议（草案）〉

的情况》，四川省档案馆藏，建川054－68。

《市委宣传部组织及工作计划》（1949年），北京市档案馆藏，1－12－7。

《市宣关于建立区传委会和发展宣传的初步意见》，南京市档案馆藏，4009－1－0002。

《四川人民广播电台一九五三年工作情况》，四川省档案馆藏，建川128－3。

《苏南区党委宣传部关于在互助组建立与加强宣传员工作制度的情况及今后意见》，江苏省档案馆藏，3006－109。

《宣传部整风总结报告》（1950年），北京市档案馆藏，1－12－41。

《怎样加强宣传员的训练工作》，江苏省档案馆藏，3006－107。

《中共北京市委宣传部关于工作制度的几项暂行规定》（1955年），北京市档案馆藏，38－2－391。

《中共中央西南局宣传部关于普选宣传工作计划》，四川省档案馆藏，建川003－40。

《中国共产党第一次全国宣传工作会议关于加强党的宣传教育工作的决定（草案）》（1951年），成都市档案馆藏，54－1－15。

《中国共产党中央委员会发布关于在全党建立对人民群众的宣传网的决定》，江苏省档案馆藏，3006－203。

北京市人民政府新闻统计处统计：《北京市新闻、出版、印刷、发行业职工总人数统计表》，北京市档案馆藏，81－84。

川南区首届报纸工作会议大会秘书处编印：《川南区首届报纸工作会议资料》，四川省档案馆藏，建国后资料目录（第二册）－8－9/8。

川南区首届报纸工作会议大会秘书处编印：《中共中央中南局关于加强报纸工作中马克思列宁主义和毛泽东思想的决定》，四川省档案馆藏，建国后资料目录（第二册）－8－9/8。

川西成都人民广播电台主编：《发展人民的广播事业》（1951年），四川省档案馆藏，建国后资料目录（第二册）－8－2/10。

华北局宣传部整理：《刘少奇同志在第一次全国宣传会议上的结论》（1951年5月23日），北京市档案馆藏，1－6－436。

解放日报编辑委员会编印：《加强报纸思想性与群众性的工作计划》（1951年7月15日），上海市档案馆藏，A22－2－54。

解放日报编辑委员会编印：《解放日报一九五一年（四、五、六月）报导提要》，上海市档案馆藏，A22－2－54。

上海市委宣传部：《宣传鼓动员情况简报》，上海市档案馆藏，A22－1－4。

四川日报编委会编印：《关于加强党委对报纸领导的意见》（1954年），四川省档案馆藏，建川003-118。

四川日报编委会编印：《四川日报一年来报道工作总结》（1954年），四川省档案馆藏，建川003-118。

四川省成都市庆祝第六届国庆节筹备处：《一九五五年国庆节游行呼喊口号》，成都市档案馆藏，56-1-4。

四川省人民政府新闻出版处整理：《四川省报纸、出版资料》（1952年），四川省档案馆藏，建国后资料目录（第二册）-8-7/8。

四川省委宣传部转发：《中央宣传部关于改进报纸上关于宪法草案和宪法草案的全民讨论的宣传和报道的通知》，四川省档案馆藏，建川003-111。

西北局宣传部印发：《西北局报纸工作会议的总结》，四川省档案馆藏，建川003-113。

西南区新闻工作会议秘书处编印：《新闻工作参考资料》（1950年），四川省档案馆藏，建国后资料目录（第二册）-8-2/8。

中共北京市委宣传部编印：《中共北京市委宣传部关于执行〈中央关于宣传五年计划应注意事项的通知〉的计划》，北京市档案馆藏，1-12-230。

中共成都市委：《关于禁毒宣传工作情况报告》，成都市档案馆藏，54-1-103。

中共成都市委：《禁烟运动宣传工作计划》，成都市档案馆藏，54-1-90。

中共成都市委办公厅：《中共成都市委宣传部一九五五年上半年工作计划要点》，成都市档案馆藏，54-1-491。

中共成都市委办公厅印：《关于1955年工矿宣传工作的基本情况和1956年工作任务意见》，成都市档案馆藏，54-1-491。

中共成都市委宣传部编印：《成都市黑板报工作暂行办法》（1950年），成都市档案馆藏，56-1-4。

中共成都市委宣传部印发：《关于"五一"前后向群众进行时事教育的情况报告》（1955年6月28日），成都市档案馆藏，54-1-491。

中共前门区委宣传部：《前门区委宣传部一九五二年工作总结》，北京市档案馆藏，38-1-580。

中共上海市委宣传部编印：《关于开展时事宣传的指示》，上海市档案馆藏，A22-1-4。

中共上海市委宣传部编印：《中共上海市委宣传部批转上海市民主妇女联合会宣传教育部对上海各报报道上海市妇女讨论宪法草案的意见的报告》，上海市档案馆藏，A22－1－153。

中共四川省委宣传部：《中共四川省委宣传部关于执行〈中央批转中央宣传部关于检查标语的报告〉的通知》（1955年），四川省档案馆藏，建川003－173。

中共中央西南局宣传部印：《中共中央西南局宣传部关于普选宣传工作计划》（1953年5月11日），四川省档案馆藏，建川003－40。

中共中央宣传部办公室印：《中共中央关于改进报纸工作的决议》（1954年7月17日），四川省档案馆藏，建川003－113。

中共中央宣传部办公室印：《中央宣传部批转人民出版社检查和改进工作的报告》，四川省档案馆藏，建川003－179。

中共中央宣传部印：《中央宣传部转发中国人民大学关于今年新闻系招生工作情况和问题的报告》（1955年10月15日），四川省档案馆藏，建川003－179。

中国共产党北京市委宣传部编：《北京志·报纸杂志篇》，北京市档案馆藏，1－12－864。

中国共产党北京市委宣传部编：《北京志·广播通讯社出版篇》，北京市档案馆藏，1－12－863。

中国共产党北京市委员会农村工作部编：《有关农村电话、邮电、广播问题函件》，北京市档案馆藏，1－14－442。

中国共产党北京市委员会宣传部编印：《解放后十年来北京人民广播事业（1949—1958）》，北京市档案馆藏，1－12－863。

中国共产党中央宣传部制发：《为动员一切力量把我国建设成为一个伟大的社会主义国家而斗争——关于党在过渡时期总路线的学习和宣传提纲》（1953年），四川省档案馆藏，建川003－85。

中央人民政府出版总署、第一届全国出版会议筹备委员会编：《第一届全国出版会议参考资料（第二辑）》（1950年），四川省档案馆藏，建国后资料目录（第二册）－8－3－2/9。

中央人民政府出版总署编印：《上海市公私出版业座谈会的报告》，四川省档案馆藏，建国后资料目录（第二册）－8－1－1/9。

中央人民政府出版总署整理：《中央人民政府政务院文化教育委员会郭沫若主任在人民政协全国委员会第二次会议上关于文化教育工作的报告》，四川省档案馆藏，建国后资料目录（第二册）－8－3－2/9。

中央宣传部办公室印发：《一九五四年国庆节宣传计划》，四川省档案馆藏，建川 003-113。

中央宣传部印发：《中央宣传部一九五四年第三季度工作计划要点》，四川省档案馆藏，建川 003-76。

中央宣传部印发：《中央宣传部转发西北局批转西北局宣传部关于切实贯彻中央和西北局加强群众切身经济问题宣传指示的报告》（1954 年 3 月 2 日），四川省档案馆藏，建川 003-106。

三、方志资料

北京市地方志编纂委员会编：《北京志·新闻出版广播电视卷·广播电视志》，北京出版社 2006 年版。

北京市地方志编纂委员会编：《北京志·新闻出版广播电视卷·报业·通讯社志》，北京出版社 2006 年版。

北京市地方志编纂委员会编：《北京志·新闻出版广播电视卷·期刊志》，北京出版社 2006 年版。

四、文献文件

《中国共产党第二十次全国代表大会文件汇编》，人民出版社 2022 年版。

国务院法制办公室：《中华人民共和国法规汇编（1949—1952）》第一卷，中国法制出版社 2005 年版。

中共中央文献研究室、中国延安干部学院：《延安时期党的重要领导人著作选读》上册，中央文献出版社 2014 年版。

中共中央文献研究室、中央档案馆：《建国以来刘少奇文稿》第三册，中央文献出版社 2005 年版。

中共中央文献研究室：《建国以来重要文献选编》第一册，中央文献出版社 1992 年版。

中共中央文献研究室：《建国以来重要文献选编》第二册，中央文献出版社 1992 年版。

中共中央文献研究室：《建国以来重要文献选编》第三册，中央文献出版社 1992 年版。

中共中央文献研究室：《建国以来重要文献选编》第四册，中央文献出版社 1993 年版。

中共中央文献研究室：《建国以来重要文献选编》第六册，中央文献出版社 1993 年版。

中共中央文献研究室：《建国以来重要文献选编》第七册，中央文献出版社1993年版。

中共中央文献研究室：《建国以来重要文献选编》第九册，中央文献出版社1994年版。

中共中央文献研究室：《习近平关于全面深化改革论述摘编》，中央文献出版社2014年版。

中共中央文献研究室：《习近平关于社会主义文化建设论述摘编》，中央文献出版社2017年版。

中共中央宣传部办公厅、中央档案馆编研部：《中国共产党宣传工作文献选编（1915—1937）》，学习出版社1996年版。

中共中央宣传部办公厅、中央档案馆编研部：《中国共产党宣传工作文献选编（1937—1949）》，学习出版社1996年版。

中共中央宣传部办公厅、中央档案馆编研部：《中国共产党宣传工作文献选编（1949—1956）》，学习出版社1996年版。

中共中央宣传部新闻局：《马克思主义新闻工作文献选读》，人民出版社1990年版。

中国社会科学院新闻研究所：《中国共产党新闻工作文件汇编》上卷，新华出版社1980年版。

中国社会科学院新闻研究所：《中国共产党新闻工作文件汇编》下卷，新华出版社1980年版。

中国社会科学院新闻研究所：《中国共产党新闻工作文件汇编》中卷，新华出版社1980年版。

中国新闻学联合会、中国社会科学院新闻研究所：《中国新闻年鉴》，中国社会科学出版社1988年版。

中央档案馆：《中共中央文献选集》第十一册（一九三六—一九三八），中共中央党校出版社1991年版。

中央档案馆、中共中央文献研究室：《中共中央文件选集（1949年10月—1966年5月）》第五册，人民出版社2013年版。

中央档案馆、中共中央文献研究室：《中共中央文件选集（1949年10月—1966年5月）》第十五册，人民出版社2013年版。

中央档案馆、中共中央文献研究室：《中共中央文件选集（1949年10月—1966年5月）》第二十八册，人民出版社2013年版。

中央宣传部办公厅：《党的宣传工作会议概况和文献（1951—1992）》，中共中央党校出版社 1994 年版。

五、中外著作

艾四林、王明初：《社会主义主流意识形态与当今中国社会思潮》，人民出版社 2014 年版。

布赖恩·麦克奈尔：《政治传播学引论》，殷祺译，新华出版社 2005 年版。

蔡长水、高新民：《毛泽东与中国共产党的建设》，浙江人民出版社 1993 年版。

蔡仲德：《冯友兰先生年谱初编》，河南人民出版社 1994 年版。

陈昌凤：《中国新闻传播史：传媒社会学的视角（第二版）》，清华大学出版社 2009 年版。

陈建云：《中国当代新闻传播法制史论》，山东人民出版社 2005 年版。

陈力丹：《精神交往论——马克思恩格斯的传播观》，中国人民大学出版社 2008 年版。

陈力丹、易正林：《传播学关键词》，北京师范大学出版社 2009 年版。

陈新汉：《社会主义核心价值体系论研究》，北京师范大学出版社 2012 年版。

陈学明等：《二十世纪西方马克思主义哲学》，人民出版社 2012 年版。

陈益元：《革命与乡村——建国初期农村基层政权建设研究：1949—1957》，上海社会科学院出版社 2006 年版。

党静萍：《多元信息环境下公务员的传媒素养研究》，人民出版社 2011 年版，第 41 页。

翟昌民：《回首建国初——从新民主主义向社会主义过渡的回顾与思考》，中共中央党校出版社 2005 年版。

丁柏铨等：《执政党与大众传媒——基于党的执政能力建设的研究》，江苏人民出版社 2010 年版。

丁淦林：《中国新闻事业史》，高等教育出版社 2002 年版。

范敬宜、王君超：《党报宣传艺术新论》下册，人民日报出版社 2009 年版。

方汉奇、丁淦林、黄瑚等：《中国新闻传播史》，中国人民大学出版社 2002 年版。

费正清：《剑桥中华人民共和国史》，谢亮生等译，中国社会科学出版社 1992 年版。

甘惜分：《新闻学大辞典》，河南人民出版社 1993 年版。

高中伟：《新中国成立初期城市基层社会组织的重构研究——以成都为中心的考察》，四川大学出版社 2011 年版。

郭建宁：《社会主义核心价值观基本内容释义》，人民出版社 2014 年版。

郭镇之：《中外广播电视史》，复旦大学出版社 2008 年版。

国际战略研究基金会：《环球同此凉热——一代领袖们的国际战略思想》，中央文献出版社 1993 年版。

哈罗德·D. 拉斯韦尔（Harold D. Lasswell）：《世界大战中的宣传技巧》，张洁、田青译，中国人民大学出版社 2003 年版。

何泌：《中华人民共和国史》，高等教育出版社 1997 年版。

黑格尔：《黑格尔通信百封》，苗力田译，上海人民出版社 1981 年版。

胡隆辉：《当代中国意识形态论》，河南人民出版社 2004 年版。

蒋建华、冯婉蓁、季弘：《中华人民共和国资料手册（1949—1999）》，社会科学文献出版社 1999 年版。

金钊：《十三届四中全会以来的执政党建设》，人民出版社 2006 年版。

李良荣：《新闻学导论》，高等教育出版社 1999 年版。

李普曼：《舆论学》，林珊译，华夏出版社 1989 年版。

廖盖隆、庄浦明：《中华人民共和国编年史（1949—2009）》，人民出版社 2010 年版。

林之达：《中国共产党宣传史》，四川人民出版社 1990 年版。

刘洪潮：《怎样做对外宣传报道》，中国传媒大学出版社 2005 年版。

刘建明：《宣传舆论学大辞典》，经济日报出版社 1993 年版。

刘江船：《建国前中国共产党新闻管理思想研究》，吉林人民出版社 2007 年版。

刘李胜、时永松：《政治宣传学》，湖北人民出版社 1992 年版。

刘仕清：《永恒的生命线：中国共产党 80 年思想政治工作的回眸与前瞻》，湖南大学出版社 2001 年版。

刘云莱：《新华社史话》，新华出版社 1988 年版。

罗以澄、吕尚彬：《中国社会转型下的传媒环境与传媒发展》，武汉大学出版社 2010 年版。

马胜荣：《走向世界：新华社国际报道 70 年》，新华出版社 2001 年版。

梅荣政、杨军：《理论是非辨——用社会主义核心价值体系引领多样化社会思潮》，中国社会科学出版社 2013 年版。

潘维、玛雅：《人民共和国六十年与中国模式》，生活·读书·新知三联书店 2010 年版。

彭继红：《中国共产党意识形态工作研究：1949—2009》，湖南大学出版社 2011 年版。

人民出版社编辑部:《怎样建立宣传网》,人民出版社1951年版。

沙健孙:《毛泽东思想通论》,人民出版社2013年版。

邵华泽:《马克思主义新闻观及其在当代中国的运用和发展》,人民出版社2009年版。

邵培仁、何扬明、张健康:《20世纪中国新闻学与传播学(宣传学和舆论学)》,复旦大学出版社2002年版。

沈良桂:《新闻开拓规律探》,新华出版社1991年版。

石本惠:《党的先进性建设与执政党的意识形态建构》,上海人民出版社2010年版。

宋惠昌:《当代意识形态研究》,中共中央党校出版社1993年版。

孙健:《中华人民共和国经济史》,中国人民大学出版社1992年版。

孙其昂:《社会学视野中的思想政治工作》,中国物价出版社2002年版。

孙旭培:《新闻学新论》,当代中国出版社1994年版。

童兵、林涵:《20世纪中国新闻学与传播学(理论新闻学卷)》,复旦大学出版社2001年版。

王刚:《马克思主义中国化的起源语境研究》,人民出版社2011年版。

王瑞芳:《土地制度变动与中国乡村社会变革——以新中国成立初期土地改革运动为中心的考察》,社会科学文献出版社2010年版,第157页。

王员:《建国初期党的思想政治教育及其基本经验》,社会科学文献出版社2013年版。

吴廷俊:《中国新闻史新修》,复旦大学出版社2014年版。

习少颖:《1949—1966年中国对外宣传史研究》,华中科技大学出版社2010年版。

谢龙:《马克思主义哲学原理》,人民出版社1995年版。

徐宝璜:《新闻学》,中国人民大学出版社1994年版。

徐培汀:《中国新闻传播学说史》,重庆出版社2006年版。

阎志民:《毛泽东的意识形态学说》,陕西人民出版社1993年版。

杨春华、星华:《列宁论报刊与新闻写作》,新华出版社1983年版。

姚遥:《新中国对外宣传史》,清华大学出版社2014年版。

叶圣陶:《旅途日记五种——北上日记》,生活·读书·新知三联书店2002年版。

于昆:《变迁与重构:新中国成立初期社会心态研究(1949—1956)》,中国社会科学出版社2014年版。

张昆：《政治传播与历史思维》，华中科技大学出版社 2010 年版。

张昆：《中外新闻传播思想史导论》，复旦大学出版社 2006 年版。

张品良：《传播学视域下的中央苏区马克思主义大众化》，中共党史出版社 2016 年版。

张启华、张树军：《中国共产党思想理论发展史》上卷，人民出版社 2011 年版。

张蔚萍：《毛泽东思想政治工作学说》，陕西人民出版社 1993 年版。

张晓峰、赵鸿燕：《政治传播研究：理论、载体、形态、符号》，中国传媒大学出版社 2011 年版。

张之华：《中国新闻事业史文选》，中国人民大学出版社 1999 年版。

郑保卫：《马克思主义新闻思想研究》，中国人民大学出版社 2005 年版。

郑永廷等：《社会主义意识形态发展研究》，人民出版社 2002 年版。

朱兆中：《中国社会主义意识形态建设纵论》，上海人民出版社 2003 年版。

庄福龄：《简明马克思主义史》，人民出版社 2004 年版。

六、研究论文

Lee, Chin-Chuan. "Mass Media: of China, about China", in *Voices of China: The Interplay of Politics and Journalism*. New York: The Guilford Press, 1990.

才华：《中国马克思主义宣传机构建设理论研究》，南开大学 2013 年博士学位论文。

陈佳俊、史龙鳞：《动员与管控：新中国群团制度的形成与发展》，《社会发展研究》2015 年第 3 期。

陈晋：《毛泽东的文化创新之路》，《中国人民大学学报》2003 年第 6 期。

陈力丹：《刘少奇对党的新闻理论的贡献》，《新闻采编》1998 年第 6 期。

陈锡喜：《关于"坚持马克思主义在意识形态领域的指导地位"的理论辨析》，《思想理论教育》2009 年第 15 期。

陈锡喜：《气壮理直　坚持马克思主义在意识形态领域的指导地位》，《中国高等教育》2014 年第 1 期。

谌颖：《建国初民众对工人领导权态度的转变——基于〈人民日报〉的历史考察》，《传承》2015 年第 10 期。

程曼丽：《中国共产党新闻思想探析》，《新闻与传播研究》2001 年第 3 期。

崔萌：《建构与误读：1950 至 1970 年代〈人民日报〉话语中的美国形象》，首都师范大学 2013 年博士学位论文。

丁柏铨：《论新闻活动的内在规律》，《南京大学学报（哲学·人文科学·社会科学）》1998 年第 1 期。

丁骋：《中国大陆民营报纸退场的探究（1949—1954）》，华中师范大学 2012 年博士学位论文。

董兴杰、才华：《中共宣传思想工作机构建设的历史调查——以宣传部系统为例》，《河北师范大学学报（哲学社会科学版）》2012 年第 1 期。

董志凯：《三大改造对我国工业化初创阶段的两重作用》，《中共党史研究》1989 年第 1 期。

段春义：《新中国成立初期的人民群众宣传网建设——以上海为例》，《党的文献》2016 年第 5 期。

范守信：《建国初期的政党运动》，《党史研究》1983 年第 5 期。

房成祥：《论农业社会主义改造与国情》，《陕西师大学报》1991 年第 3 期。

尕锋盘山：《中国共产党典型宣传工作研究》，西南大学 2011 年博士学位论文。

郭沂：《国家意识形态与民族主体价值相辅相成——全球化时代马克思主义与儒学关系的再思考》，《哲学动态》2007 年第 3 期。

郭永钧、陈伏球：《浅论新中国阶级结构的发展演变及现状》，《社会科学战线》1990 年第 4 期。

黄艾：《"人民本位"：建国初期广播事业的"公共"话语实践》，《现代传播（中国传媒大学学报）》2014 年第 12 期。

黄旦、肖晶：《走自己的路：新中国新闻教育改革的"先声"——1956 年的复旦大学新闻系》，《新闻大学》2009 年第 3 期。

蒋建农：《关于新中国外交方针的几个问题》，《当代中国史研究》1996 年第 2 期。

金文恺：《全球化与国际传播：媒体与公民的世界性互动》，《新闻爱好者》2016 年第 10 期。

靳道亮：《抗美援朝运动与乡村社会国家意识的塑造》，《史学月刊》2009 年第 10 期。

李彬：《专业性还是人民性：新中国新闻业的一点断想》，《经济导刊》2014 年第 6 期。

李建忠：《是主观选择还是历史必然——20 世纪 50 年代农业合作化动因的再认识》，《广西社会科学》2008 年第 7 期。

李金铮：《土地改革中的农民心态：以 1937—1949 年的华北乡村为中心》，《近代史研究》2006年第4期。

李军林：《从"5W"模式看马克思主义在中国的早期传播的特点》，《湖南师范大学社会科学学报》2007年第1期。

李良荣、李琳：《浅谈新闻规律》，《新闻大学》1997年第4期。

李良荣：《论中国新闻媒体的双轨制——再论中国新闻媒体的双重性》，《现代传播》2003年第4期。

李希光：《解剖一篇宣传式新闻》，《新闻记者》2003年第7期。

李秀忠：《应重视加强对中共宣传工作的研究》，《党史研究与教学》1990年第1期。

李宗建：《建国以来中国共产党宣传思想工作转变研究》，南开大学2013年博士学位论文。

梁晓：《建国初期土地改革运动中宣传动员研究综述》，《内蒙古农业大学学报（社会科学版）》2015年第4期。

林春：《马克思主义与中国在世界历史中定位的政治》，《领导者》2010年总第35期。

林如鹏、汤景泰：《政治逻辑、技术逻辑与市场逻辑：论习近平的媒体融合发展思想》，《新闻与传播研究》2016年第11期。

刘建明：《中国共产党新闻思想的光辉历程》，《中国广播电视学刊》2011年第7期。

龙伟：《上海解放初期中共对小报的改造与整编》，《中共党史研究》2015年第3期。

卢迎春：《论当代中国大众传媒的政治功能》，苏州大学2010年博士学位论文。

罗谦芳：《建国初期党的自身建设的回顾与思考》，《教学与研究》1994年第6期。

欧阳雪梅：《论毛泽东批判〈武训传〉的缘由及意义》，《毛泽东研究》2014年第2期。

欧阳雪梅：《毛泽东与马克思主义在我国思想文化领域指导地位的确立》，《毛泽东研究》2016年第3期。

彭正德：《土改中的诉苦：农民政治认同形成的一种心理机制——以湖南省醴陵县为个案》，《中共党史研究》2009年第6期。

任远：《试论建国以来社会主义价值共识的实现方式》，《内蒙古师范大学学报（哲学社会科学版）》2015年第1期。

童兵：《报纸：经济基础通过新闻手段的反映——毛泽东新闻思想要点之一》，

《新闻与写作》1993年第6期。

童兵：《马克思主义新闻理论的坚守与创新》，《新闻爱好者》2016年第10期。

王琛：《新中国党报60年的发展与变革》，《深圳大学学报（人文社会科学版）》2009年第3期。

王国庆：《毛泽东新闻宣传思想初探》，《延边大学学报（社会科学版）》1994年第2期。

王利民：《晋察冀边区党的新闻宣传研究》，河北大学2014年博士学位论文。

王迁、邓淑华：《关于马克思主义大众化内涵、功能和目的的新认识》，《毛泽东思想研究》2015年第2期。

王尚银：《社会阶层结构变动对政治变化的影响》，《东岳论丛》2006年第6期。

王先俊：《建国初期的社会变迁与党对思想文化的整合》，《当代中国史研究》2003年第3期。

王晓梅：《1956年人民日报改版探源》，复旦大学2005年博士学位论文。

王欣媛：《三反运动中的文艺宣传工作》，《三峡大学学报（人文社会科学版）》2014年第6期。

吴风：《政党政治与新闻党性原则》，《山西大学学报（哲学社会科学版）》2013年第3期。

夏文蓉：《论周恩来的新闻思想》，《南京大学学报（哲学·人文科学·社会科学）》1996年第4期。

谢迪斌：《论新中国成立初期中共对乡村村落的改造与重建》，《中共党史研究》2012年第8期。

谢加书、李怡：《列宁的宣传思想工作群众观探析》，《南京政治学院学报》2013年第4期。

兴杰、才华：《中共宣传思想工作机构建设的历史调查——以宣传部系统为例》，《河北师范大学学报（哲学社会科学版）》2012年第1期。

徐勇：《"宣传下乡"：中国共产党对乡土社会的动员与整合》，《中共党史研究》2010年第10期。

薛传会：《新中国两次法律革命与新闻法制建设》，《当代传播》2009年第2期。

杨凤城：《新中国建立初期的文化转型研究》，《党史研究与教学》2008年第2期。

杨鲜兰：《大众化是马克思主义的本质要求》，《湖北大学学报（哲学社会科学版)》2008年第3期。

杨雪冬:《中国国家建构简论:侧重于过程的考察》,《学术季刊》2002年第2期。

姚朝华:《新中国主流意识形态话语体系变迁及发展研究——基于〈人民日报〉核心话语嬗变的分析》,复旦大学2014年博士学位论文。

易如:《"马克思主义":从符号到大众化——传播的视角》,复旦大学2009年博士学位论文。

尹紫薇:《新中国基本外交方针的历史回顾与思考》,《学理论》2012年第30期。

于化民:《"三大政策"与独立自主的新中国外交》,《安徽史学》2007年第5期。

于江涛:《中国特色社会主义制度与新民主主义制度的历史关联》,《科学社会主义》2014年第5期。

喻国明:《大数据对于新闻业态重构的革命性改变》,《新闻与写作》2014年第4期。

张莉、孙熙国:《劳动群众本位:建国以来马克思主义传播的根本向度》,《中国特色社会主义研究》2012年第2期。

张志丹:《阶级意识:马克思意识形态概念的精神实质》,《社会科学》2015年第11期。

章兴鸣:《新闻传播体制与政治制度关系的实证分析——1949—1956年中国的政治传播》,《南通大学学报(社会科学版)》2009年第4期。

赵付科:《新中国成立初期中国共产党巩固新生政权的历史经验》,《社会主义研究》2011年第5期。

赵鹏:《抗美援朝运动初期〈人民日报〉宣传方式分析》,《中共党史研究》2010年第7期。

赵中颉:《列宁新闻思想简论》,《西南政法大学学报》2002年第3期。

郑保卫:《试论中国共产党新闻新思想的历史地位》,《国际新闻界》2005年第2期。

郑银凤、林伯海:《当代中国马克思主义劳动价值观的变迁、弘扬和发展》,《思想理论教育导刊》2016年第1期。

周良书:《"新中国"观念的生成和国家形象的初步建构》,《北京师范大学学报(社会科学版)》2016年第4期。

周武军:《大众传播媒介的政治功能研究》,吉林大学2008年博士学位论文。

致　谢

　　独坐校园一隅，目之所及，夏意舒展，花鸟吟唱。置身熟悉的景致中，心境却与往常大不相同。博士毕业论文即将出版，回望博士求学的春秋三载，从一开始茫然不知所措，到最后能够以虔敬之心、以十足的耐性，与论文选题达成某种默契，可谓悲欣交集，甘苦尽尝。其间得到了太多人的厚爱与帮助，在此仅以淡笺素语致谢，感恩及感谢之情永存心底。

　　感谢恩师高中伟教授。师者之风，长者之德，如春风化雨，润物无声。博士毕业论文从选题、开题、起草，到修改、定稿，字里行间都浸润着老师的心血。一次次讨论、修正、再讨论、再修正，如此循环往复——从旨趣到内涵，从理路到框架，从方法到表达，从学术规范到研究创新，在老师悉心指导下，论文渐渐成型、完善。直至送外审前夕，老师仍在不辞辛劳地批阅我的论文，层层叠叠的批注嵌于二十余万字中，精确到字词和标点的使用，令学生感佩至深。学术之路异常艰苦，得遇恩师，引领我发现了这份艰苦与煎熬中承载的智识和快乐。多年来，老师教给我为学之径，也传授我为人之道，言之切切，行为世范。学生学识粗疏，尚不能完全实现老师洞见，达成老师期望，但老师的宽容、耐心、毅力和责任感，老师严谨治学的态度和不倦求索的精神，都将使我受益终身。

　　感谢我的硕士生导师刘吕红教授。老师引领我迈进学术之门，感谢老师的知遇之恩。

　　感谢四川大学马克思主义学院王国敏教授、曹萍教授、蒋永穆教授、李文星教授，四川大学历史文化学院原祖杰教授，四川大学国际关系学院黄金辉教授，为论文提出的宝贵意见和建议。各位老师在学术上探赜索隐，在写作中朝思夕虑、琢之磨之的精神更是我们晚学后辈学习的榜样。感谢冯兵教授、刘肖教授、付志刚副教授对论文的建议和帮助，你们针对选题展开的推敲和思考使论文被赋予更加广泛的内涵。感谢赵淑亮老师、黄怡文老师、李明凤老师在论文搜集资料、条理文字方面给予的帮助。

　　感谢参加论文答辩的王韶兴教授、苏志宏教授、邓淑华教授，以及五位匿名评审专家。论文中不乏浅薄和不妥之处，谢谢各位老师耐心指出，并为拙作修改提供中肯的建议。

感谢与我激扬文字的同窗学友，正因为与你们携手共行，读博生涯才能够酣畅又深刻。数年同窗结下的深厚情谊，我将一生珍视。

论文在资料收集过程中得到了中国国家图书馆、北京市档案馆、上海市档案馆、南京市档案馆、四川省档案馆、成都市档案馆、四川大学图书馆有关人员的帮助，在出版过程中得到了四川大学出版社多位老师的支持和帮助，在此谨表示深深的感谢。新中国成立初期相关档案资料大部分为繁体字印刷或书写，因年代久远，部分字迹模糊，已难以辨识。感谢同门秦仆、吴林骥、陈丽萍、余强，感谢挚友万腾、青雪燕、陈娅，感谢家人邱兰、李响、曹钟声，为论文前期整理核对史料提供的大量帮助。感谢我的丈夫邱超老师和我们的父母。三十年的生命里，父母沉沉地将我托向高处，又在每一次我跌落时牢牢接住。独自闭关写作的大半年时间，母亲日日为我送汤送饭。父亲问及论文，只寥寥数语，但多年前那句——"天不会塌，如果塌了，我帮你顶回去"，早已胜过万语千言。舐犊之情，培育之恩，女儿一生难报。丈夫无论加班多晚，都不忘对我嘘寒问暖，不间断地送来生活品和营养品，体贴入微，有求必应。公公婆婆时时牵挂着我的身体，尽可能减轻我的心理压力——感谢你们的包容与理解。在无数个枯坐于桌前的深夜里，在无数次论文遭遇瓶颈感觉失落与挫败时，每每想到你们，都能重拾勇气和动力。你们无条件的支持和无微不至的照顾赋予了没有任何优势的我最大的优势——时间，认真思考和写作的时间，完成人生中第一份学术理想的时间。

感谢所有关心帮助过我的人。寥寥数笔，难叙胸臆，愿师长安康，同窗及友人如意。学海森森，博士毕业论文出版仅是学术思考和人生历程的另一个起点。我将心存感恩，继续努力前行。

最后，谨以此书献给我的姨妈。生死暌隔，但永远不会忘记您的关怀。谢谢您，深深地——思念您。

邱　爽

2022 年 6 月 20 日于川大望江·文科楼